인도에 등장한 김정은, 그 후의 북한 풍경

인도에 등장한 김정은, 그 후의 북한 풍경

초판 1쇄 발행   2015년 4월 3일

지은이 | 김 승 재
펴낸이 | 윤 관 백
펴낸곳 | 도서출판 선인

편집주간| 김명기
편   집 | 박애리, 이경남, 김지현, 최진아, 심상보, 임현지

등   록 | 제5-77호(1998.11.4)
주   소 | 서울시 마포구 마포대로 4다길 4 곳마루 B/D 1층
전   화 | 02)718-6258   팩스 | 02)718-6253
E-mail | sunin72@chol.com
홈페이지| sninbook.com

ISBN   978-89-5933-877-1   03300

정가 18,000원

이 책은 홍성현 언론기금의 지원을 받아 저술 · 출판되었습니다.

인도에 등장한 김정은, 그 후의 북한 풍경

남한기자가 탐사한 북한과 북한 사람들

김 승 재

정세현(前 통일부 장관)

중국은 '북한의 창'이라고 할 수 있다. 북한과 교류가 가장 많고 북한 사람들이 가장 많이 진출해 있는 나라도 중국이기 때문이다. YTN 김승재 기자는 중국 베이징에서 3년여 동안 특파원으로 일하면서 중국 못지않게 북한에 대해서도 취재를 많이 했다. 그의 저서 『인도에 등장한 김정은, 그 후의 북한 풍경』은 베이징 특파원 시절 김승재 기자의 다양한 '북한 체험'이 담겨 있다. 이러한 점은 국내에서 출간된 다른 북한 관련 서적에서는 찾아보기 어려운 특징이라고 할 수 있다.

　이 책에서 단연 눈길을 끄는 대목은 '24살 김정은의 인도 행적'이다. 그동안 김정은의 해외 행적에 관해 확인된 것은 10대 시절 스위스 유학이 전부였다. 그런데 김 기자는 1년여에 걸친 취재를 통해 24살짜리 김정은이 2007년 10월 인도를 다녀온 사실을 처음으로 확인했다. 당시 김정은을 만난 인사를 장기간 취재하면서 사실 관계를 거듭 확인하고, 함께 촬영한 사진까지 확보했다고 하니 김정은의 인도행은 분명한 사실로 보인다. 김정은은 2006년 12월 김일성군사종합대학을 졸업하면서 사실상 김정일의 후계자로 내정된 것으로 알려졌다. 때문에 2007년 10월 김정은의 인도 행보는 후계자 수업의 일환이었다고 해석할 수도 있다. 김정은이 인도에 간 것은 제4회 세계군인체육대회 참석 때문이었다고 한다. 마침 올해 10월에 제6회 세계군인체육대회가 경북 문경에서 열리고 북한도 선수단을 파견할 예정이라고 하니, 김정은의 과거 인도 행보에 더욱 관심이 간다. 김승재 기자는 이 책에서 얼어붙은 남북 관계를 개선하기 위해 남과 북이 스포츠 분야에서 돌파구를 마련할 것을 제안하고 있다. 우리 당국자들이 적극 검토해볼 필요가 있다고 본다.

북한의 '넘버 2'로 종종 거론돼온 최룡해의 아들에 관한 정보도 눈길을 끈다. 김 기자는 최룡해의 30대 아들이 베이징에서 경제 관료로 근무하고 있고, 오진우 전 인민무력부장의 손녀와 부부 사이라고 전했다. 최룡해의 아버지인 최현과 오진우는 북한의 대표적인 항일 빨치산 1세대다. 두 사람 모두 인민무력부장을 지냈다. 최현의 손자와 오진우의 손녀가 부부라니 북한 파워엘리트들의 권력 혼맥도를 엿볼 수 있어 흥미롭다.

베이징 특파원 시절 김 기자는 만나기 어려운 북한의 고위급 인사를 다수 만났다. 이런 경험은 기자는 물론이고 북한 정보를 다루는 사람들로서도 갖기 어렵다. 김 기자가 그렇게 만난 인사 가운데 한 명이 "북한이 핵잠수함을 여러 대 보유하고 있다"고 말했다고 책에 소개돼 있다. 북한 인사가 했다는 발언 내용의 사실성 여부는 물론 확인이 필요한 부분이지만, 사실이라면 매우 놀라운 일이다. 특히 이 인사의 다른 과거 발언의 신뢰도가 높았다고 하니 우리 당국의 각별한 관심과 사실관계 확인이 필요해 보인다.

김 기자는 베이징 특파원 부임 초기인 2010년 4월, "5월이나 6월 북한이 3차 핵실험을 할 가능성이 높다"는 보도를 했다. 김 기자의 보도는 당시 한-미 양국 정부가 부인하며 한바탕 오보 소동으로 치부됐었다. 그러나 스웨덴에서는 2012년 4월, 중국에서는 2014년 11월, 미국에서는 2015년 2월에 "2010년 5월 북한이 핵실험을 했을 것"이라는 과학자들의 발표가 이어지고 있다. 김 기자의 취재 소스가 신뢰할만하다는 것을 보여주는 대목이라 하겠다.

2012년 2월에는 2011년 말 북한이 제정하거나 개정한 경제 관련 14개 법령의 전문을 입수해서 보도한 적이 있다. 이밖에도 북-중 접경 지역에 있는 북한인력 고용 현지에 잠입 취재한 결과를 토대로 해외 북한인력 실태를 장기간 심층 보도하기도 했다. 이 모든 것들은 김승재 기자가 직접 발로 뛰며 일궈낸 결과물들이다.

김 기자는 특파원 생활을 마치고 귀국한 이후에도 특파원 시절에 구축한 취재 네트워크를 활용해 1년여 동안 주간지와 월간지 등에 북한 관련 기고를 하면서 흥미로운 북한 정보를 꾸준히 전하고 있다. 그의 글의 특징은 기자로서 fact finding을 치열하게 한다는 점이다. 오늘날 북한과 관련해서 온갖 자극적이고 확인되지 않은 설들이 그럴 듯하게 포장돼서 여론에 노출되는 경우가 허다하다. 북한 관련, 무책임한 소문이 난무하는 현실에서 유난히 '사실 추구'에 집착하는 김승재 기자의 글은 그래서 더욱 의미가 크다.

이 책은 물론 학술 서적이 아니다. 그러나 북한 연구자들에게는 참고할만한 충분한 가치가 있는 북한 관련 정보의 파편들을 제공할 것이다. 북한을 알고자 하는 일반인들에게는 쉽고 재미있으면서도 신뢰할만한 정보를 전해 줄 것이다. 꼭 한번 읽어 볼만한 책이라고 생각해서 일독을 권한다.

2015년 3월

인도에 등장한 '24세 김정은' 탐사

2013년 9월 초 X를 서울에서 처음 만났다. 중국 베이징에서 알고 지내
온 북한 취재원과 함께였다. 첫 만남에서도, 그리고 첫 인상에서도 그
는 필자가 만나온 많은 대북 소식통 중의 하나일 뿐이었다. 하지만 그
로부터 한 달 뒤 X가 "소주나 한 잔 하자"고 하면서 상황은 바뀌었다.
소주잔을 기울이면서 그가 보물을 안고 있음을 알았다. 1차 삼겹살집
에서 소맥(소주·맥주)폭탄주를 돌리면서 그의 삶 속으로 흠뻑 빠져들
었다. 2차 호프집에서는 더욱 놀라운 이야기를 들었다. 당시 준비하던
책을 장식할 멋진 그림이 그려지고 있었다.

  하지만 X는 아직 자신의 비밀을 대외적으로 공개할 마음의 준비가
돼 있지 않았다. 시간을 두고 설득하기 시작했고, 8개월 만에 결실을
맺었다. 2014년 6월 그가 자신의 비밀을 공개하기로 마음을 먹은 것이
다. 그때부터 5개월간 그의 기억, 그의 이야기 하나 하나를 탐사해들어
갔다. 그 과정은 마치 미지의 fact를 찾아가는 탐정처럼 즐겁고도 긴박
했다. 그에게서 첫 이야기를 들은 지 1년여 만에 탐사는 끝났다. 필자
앞에 나타난 것은 '인도에 등장한 24세 청년 김정은의 민낯'이었다.
2006년 말 김일성군사종합대학을 졸업하면서 후계자로 내정된 김정은
이 2007년 10월 인도에 등장한 것이다.

  탐사를 마무리할 무렵인 2014년 9월. 파란 하늘과 흰 구름이 멋들어

지게 어우러진 어느 가을날 북한 정보를 다루는 정부 쪽 인사를 만났다. 2007년 가을 인도에서 김정은이 나타날 가능성에 대해 물었다. 그는 단호하게 '제로 퍼센트'라고 답했다. 거기에 갔다는 정황도 없을뿐더러 인도에 갈 이유도 전혀 없다는 것이었다. "북한이 지원하는 파키스탄이라면 몰라도 하물며 그 나라의 적국인데…" 나도 모르게 웃음이 나왔다. 그의 답변은 마치 필자에게 "당신은 불가능한 것을 가능하게 만들었소"라는 칭찬처럼 들렸다.

이 책의 첫 장을 통해 독자 여러분도 필자가 그랬던 것처럼 긴박한 탐사의 즐거움을 맛볼 수 있을 것이다. 김정은이 후계자로 내정된 직후인 2007년 가을 왜 인도로 갔는지, 그곳에서 그의 모습은 어떠했는지, X는 그를 만나 무슨 이야기를 했는지, 김정은은 거기에서 어떤 반응을 보였는지, 그리고 당시 김정은의 경험이 오늘날 북한에서 어떻게 투영되고 있는지… 물론 이 모든 것은 세계 최초로 밝혀지는 것이다. 다만 한 가지 아쉬운 점은 인도에 등장한 '후계자 김정은'의 모습을 공개하지 못 한다는 점이다. X는 필자에게 김정은과 함께 찍은 사진을 건네며 한 가지 조건을 달았다. 절대 기사나 책을 통해 공개하면 안 된다는…

북한 격동기 베이징 특파원 생활

YTN의 기자인 필자는 중국 베이징에서 3년 두 달간 특파원 생활을 했다. 2010년 1월부터 2013년 3월까지다. 이 시기 중국은 세계 빅2로 우뚝 섰고, 후진타오(胡錦濤) 시대가 저물며 시진핑(習近平) 시대를 맞이했다. 무엇보다도 '북한 이슈'가 전 세계의 이목을 끌어당겼다. 필자가 베이징에 도착한 직후 천안함 침몰 사건이 터졌고, 연평도 포격 도발이 있었다. 김정일 국방위원장의 생애 8차례 중국 방문 가운데 4차례 방중이 필자의 특파원 시기 발생했다. 급기야 김정일의 사망과 뒤이은 김정은의 등극, 그리고 북한의 미사일 발사와 제3차 핵실험 감행까지… 세계를 뒤흔든 북한 발 빅뉴스가 숨 가쁘게 진행됐다. 격변기의 북한, 닫힌 사회를 바라볼 수 있는 유일한 창은 중국이었다. 세계는 '빅2'로서뿐만 아니라 '북한의 후견국'으로서 중국을 주목했다. 필자는 특파원 기간 중국 여러 곳을 돌아다니며 다양한 종류의 북한 취재를 했다. 북한 관련 보도는 4백여 건이나 됐다. 북한 속으로 몰입하다보니 담당 부장으로부터 "제발 북한 보도는 이제 그만 하라"는 압력(?)을 받기도 했다. 하지만 그런 지시는 오래 유지될 수 없었다. 북한 발 대형 이슈가 터지면서 서울 본사에서 중국의 특파원에게 주문해야 할 뉴스의 포커스는 결국 북한이었기 때문이다.

범인(凡人)부터 고위급까지…다양한 북한 인사들과의 만남

북한의 이웃, 중국에서 필자는 여러 종류의 북한인을 만났다. 일반인도 있었고 고위급 인사도 있었다. 이들과 폭음을 하고 노래를 부르기도 했고, 때로는 맨 정신에 조용히 비밀리에 만나기도 했다. 어떤 이는 뚜렷한 자본주의 시각과 개방적 태도로 필자를 놀라게 했다. 또 어떤 이는 남한인보다 더 닳고 닳은 모습으로 필자를 질리게 했다. 만날 당시에는 몰랐지만 훗날 알고 보니 필자가 만난 이들 가운데는 북한 고위 자제들의 모임인 봉화조(烽火組) 소속 멤버도 있었다. 북한인 외에도 다양한 부류의 '북한 정보원'을 만났다. 그들은 중국인과 미국인, 한국인이었다. 대부분 비밀 유지를 만남의 조건으로 제시했다. 베이징과 상하이, 그리고 북·중 접경 도시 여러 곳에서 필자는 이들과 조용히 만났다.

취재 과정의 사연도 적지 않다. 황당한 교통사고를 당하는가 하면 취재 도중 중국 공안 당국에 수차례 억류당하기도 했다. 중국 당국이 필자의 취재를 막기만 한 것은 아니었다. 친절하게도 출입금지 구역 안으로 안내해주며 북한 취재를 도와준 공안 요원도 있었다. 정말 중국은 재미있고도 놀라운 나라였다. 대부분 북한 취재는 "행여 들키지나 않을까" 초긴장 속에서 이뤄졌다. 잠입 취재를 하던 어느 날 문득 이런 생각이 들었다. "도대체 내 직업이 뭐지? 기자인가? 정보 요원인가?"

특파원 생활 겪은 경험과 정보를 책으로 내기 위해 지인들의 조언을 듣는 와중에 동아일보사의 주간지인 주간동아 기고를 하게 됐다. 2013년 8월부터 매주 한 차례 1년여 기간 기고를 하면서 필자는 중국 내 취재원들과 꾸준히 연락을 하게 됐고, 덕분에 '현재 진행형'의 싱싱한 북한소식을 계속 접하게 됐다. 이 책은 주간동아와 동아일보사의 월간지인 신동아에 기고했던 내용 가운데 일부를 수정 보완해 담고 있다. 필자는 또 원광대 한중관계연구원의 초빙교수 자격으로도 수차례 기고를 했는데 이 책은 이러한 기고문 내용도 담았다.

이 책은 북한에 대해 아무 것도 모르던 필자가 북한을 알기 위해 맨발로 뛰어다닌 흔적이다. 체계적이고 학문적인 기록은 아니다. 그저 북한을 알기 위해 이리 뛰고 저리 뛰며 취득한 정보를 사실 그대로 기록했을 뿐이다. 닫힌 사회, 북한을 알고 싶어 하는 일반 독자라면 큰 부담 없이 필자와 함께 출발하면 될 것이다. 북한을 전문적으로 연구하는 학자들에게는 북한을 현실적으로 이해하는데 흥미로운 정보를 제공할 것이다. 남북 관계의 특수한 환경 하에 남한 기자로서 북한을 어떻게 바라볼 것인가? 필자는 기사를 쓸 때나 글을 쓸 때나 늘 좌(左)나 우(右) 어느 한 쪽의 이념에 편향되지 않으려고 노력했다. 미확인 북한 정보가 홍수처럼 쏟아지는 현실 속에서 필자는 이 책을 쓰는 동안 한 가지 원칙만은 꼭 지키고자 노력했다. 보거나 들은 사실(事實), 오로지 fact에 충실할 것.

| 차례

01

인도에 등장한 '후계자 김정은'

■■■■

인도 하이데라바드(Hyderabad)에서 만난 북한 젊은이

2014년 6월 1일 인도의 29번째 주가 출범했다. 인도 중남부의 안드라프라데시 주(Andhra Pradesh州)에서 분리한 텔랑가나 주(Telangana州)이다. 텔랑가나 주의 주도(州都)는 '인도의 실리콘밸리'로 불리는 하이데라바드(Hyderabad). 인도에서 5번째로 큰 도시로 8백여 만 명이 살고 있다. 그런데 이 도시는 안드라프라데시 주의 주도 또한 겸하고 있다. 안드라프라데시 주가 "하이데라바드를 빼앗아 가면 텔랑가나 주 분리를 반대하겠다"고 버티자, 인도 중앙정부는 중재안을 내놨다. 향후 10년간 하이데라바드가 두 주의 주도를 겸하도록 한 것이다. 하이데라바드는 그만큼 탐나는 도시였다.

하이데라바드는 1998년 말 IT산업의 부흥을 맞았다. 세계 최대 소프트웨어 업체인 마이크로소프트사가 최초로 하이데라바드에 진출한 것도 이 때였다. 2014년 2월 빌 게이츠와 스티브 발머를 잇는 마이크로소프트의 3번째 최고경영자(CEO)가 된 사티아 나델라(Satya Nadella). 그가 태어난 곳도 하이데라바드이다. 현재는 AMD와 구글, 도시바, 아마존 등 세계 유수의 기업은 물론 대웅제약과 LG연구개발소 등 한국 기업도 진출해 있다.

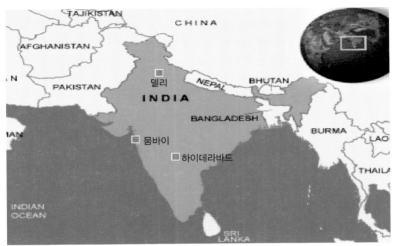
인도의 실리콘밸리인 하이데바라드는 2007년 가을 세계군인체육대회로 주목받았다.

　인도의 실리콘밸리, 하이데라바드는 2007년 가을에는 전혀 다른 분
야에서 주목을 받았다. '군인 올림픽'으로 불리는 세계군인체육대회가
열렸기 때문이다. 제4회 대회였다. 세계군인체육대회는 세계 군인 간
의 우의 증진과 유대 강화를 도모하고, 세계 평화 유지에 기여한다는
취지로 4년마다 열린다. 경기는 일반 종목과 군사 종목이 섞여 있다.
1995년 9월 이탈리아 로마에서 첫 대회가, 2011년 브라질 리우데자네이
루에서 제 5회 대회가 열렸다. 2015년에는 제6회 대회가 한국의 경상북
도 문경에서 열린다.
　하이데라바드에서 열린 제4회 대회 개최 기간은 2007년 10월 14일부
터 21일까지 8일간. 남한과 북한 등 모두 101개 나라에서 4천 7백여 명
이 참가해 15개 종목의 경기를 펼쳤다. 한국의 축구계 인사 X는 선수단
과는 별도로 10월 14일 하이데라바드로 향하는 비행기에 올랐다. 남북
간 군인 축구 경기와 관련한 구상, 그리고 우리 선수단을 응원, 격려하
기 위한 목적이 있었다. X는 공항에 내리자마자 택시를 타고 예약해둔

'Kasani 호텔'로 갔다. 호텔은 번화한 시내 중심가에 있었다. 도심에서 조금만 벗어나도 주변엔 판자촌이 즐비했다. 그곳은 가난하지만 천진난만한 아이들의 웃음이 넘쳐났다. 10월 중순이지만 하이데라바드는 한낮 기온이 30도에 육박했다.

X가 도착한 10월 14일은 현지 시각 오후 4시 무렵에 세계군인체육대회 개막식이 예정돼 있었다. X는 호텔에서 여장을 풀자마자 곧바로 개막식이 열리는 가치바올리 주경기장 쪽으로 향했다. 개막식을 보기 위해서였다. 개막식이 열리는 경기장에 도착했지만 안으로 들어갈 순 없었다. 출입 ID카드를 소지하지 않았던 것. 개막식 일정보다 일찍 도착해서인지 아직 경기장으로 들어가는 이는 아무도 없었다. 입구에서 서성이고 있는데 저 멀리 남성 2명이 경기장 쪽으로 걸어오는 모습이 보였다. 20대로 보이는 젊은이와 40대 정도의 중년 남성이었다.

그런데 두 사람의 모습이 대조를 이뤘다. 젊은이는 트레이닝 바지에 반팔 티셔츠의 편한 옷차림이었고, 중년 남성은 정장 바지와 와이셔츠 차림이었다. 특히 젊은이의 외모와 걸음걸이가 인상적이었다. 배를 불룩하게 내민 채로 털레털레 팔을 빠르게 휘저으며 걸었다. 젊은이는 한 손에 휴대전화를 들고 있었다. 외양이 한국 사람인 거 같아 X는 이들에게 다가가 먼저 인사를 했다. "안녕하십니까? 오디서 오셨나요?" "조선에서 왔습네다." X는 반가웠다. 평양을 수차례 오가면서 북한 주민들이 전혀 낯설지 않았던 것. 그래서 곧바로 "저도 조국(祖國: 북한을 의미-필자 주)을 자주 방문한 적이 있습니다"라며 북한식 어투로 말을 건넸다. 평양 방문 사실을 알리자 이들은 반색하며 X를 맞았다.

개막식을 보러 왔는지를 묻자 북측 남성들은 그렇다고 답했다. X는 자신도 개막식을 보고 싶은데 ID카드가 없어서 경기장 안으로 들어가지 못하고 있다고 말했다. 그랬더니 젊은이가 자신들을 따라 오라고 했다. 이들은 경기장 관리인 쪽으로 다가갔다. 중년의 남성이 무언가를 말하니 관리인이 이들을 데리고 경기장 쪽으로 향했다. X는 얼른 이들을 따라붙었다. 그런데 경기장으로 들어갈 때 입구가 일반 관객들이 다니는 통로가 아니었다. 선수나 경기 관계자들이 출입하는 통로였다. "꽤 특별한 사람들인가 보다"라고 X는 생각했다.

젊은이와 중년 남성이 스탠드의 흰 색 좌석에 앉자 X도 함께 앉았다. X가 가운데 앉고 그의 왼쪽에 젊은이, 오른쪽에 중년 남성이 앉았다. 그 넓은 경기장 스탠드에 세 명의 남자뿐이었다. 이들은 제4회 세계군인체육대회 개막식의 최초 입장객이었다. X는 주로 젊은이와 대화를 나눴다. 자신과 대화가 통할 법한 중년의 남성은 자중하는 모습이었다. X는 젊은이에게 자신이 평양을 다녀오게 된 이유부터 꺼냈다. 축구 때문이었다. X는 할 이야기가 많았기에 열변을 토했다. 젊은이는 경청했다. X와 젊은이가 대화를 나누는 동안 중년의 남성은 입도 뻥긋 하지 않은 채 조용히 앉아 있었다.

X는 우선 자신과 북한 축구와의 깊은 인연을 설명했다. 첫 인연은 2005년 1월 중국 윈난성(雲南省)의 성도(省都)인 쿤밍(昆明)에서 시작됐다. 쿤밍은 4계절이 봄이고 고산 지대여서 특히 동계 훈련 지역으로 적합하다. 그래서 레알 마드리드(Real Madrid)를 비롯한 유럽 프로축구팀의 겨울철 전지훈련의 메카로도 불린다. 쿤밍에는 한국인이 2004년 1월경 설립한 '남양국제축구학교'가 있다. 당시 X는 이 학교에서 근무했다. '남양국제축구학교'는 당시만 해도 아시아 최대 규모의 국제축구학교로 한국의 유소년과 성인 축구팀이 겨울철 전지훈련을 위해 찾는 장소였다.

그런데 학교의 존재를 알게 된 북한이 남양국제축구학교에서의 훈련을 희망했다. 2006년 독일 월드컵 아시아 예선전을 앞두고 동계 훈련

2006년 10월 남양국제축구학교 남북 청소년 친선 경기에서 남측 선수들과 함께 촬영한 전·현직 국회의원들: 강기정(왼쪽 5번째), 최규식(왼쪽 8번째), 양형일(왼쪽 9번째), 김재윤(왼쪽 10번째)

장소가 필요했던 것. 남양국제축구학교 측이 이를 수용하면서 북한의 국가대표 축구팀인 4·25 축구단이 처음으로 이 학교를 이용하게 됐다. 2005년 1월의 일이었다. 학교 측은 4·25 축구단에 한 달 정도 숙식을 제공하며 훈련하도록 했다. X는 북한 축구팀을 처음으로 보면서 깊은 관심을 가졌다. 북한 팀의 강점과 약점을 읽었고, 발전 가능성을 확인했다. 4·25 축구단 훈련에 만족한 북한은 이후 4·25 축구단의 유소년 팀도 남양국제축구학교로 보내 수시로 훈련을 하게 했다. X는 북한 축구단 사람들과 자연스럽게 알고 지내게 됐다. 그리고 2005년 10월 처음으로 평양을 찾았다. 남양국제축구학교의 유소년 팀을 이끌고 가 북한의 유소년 팀과 친선 경기를 가진 것이다. 이후 X는 수시로 평양을 찾게 됐다. 짧게는 며칠에서 길게는 보름 일정이었다.

　　X는 젊은이에게 북한 축구 발전을 위해서는 무엇보다 축구 꿈나무를 조기에 발굴해 축구 선진국의 교육 프로그램을 통해 육성하는 것이 중요하다고 말했다. 축구 꿈나무 교육 방식으로는 크게 두 가지를 제

안했다. 첫째는 유럽 등 축구 선진국으로의 조기 축구 유학. 둘째는 외국에 나가지 못하는 학생들을 위해 외국의 유능한 지도자를 불러 들여 국내에서 교육할 수 있는 국제축구학교를 건립하는 것. 북한은 이 두 가지만 잘 하면 얼마든지 축구 강국이 될 수 있다고 X는 강조했다. 아울러 국가대표 팀도 국제대회 참가나 외국 팀과의 친선경기를 통해 현대축구의 전술 변화에 대처해야 한다고 덧붙였다.

　X는 그리고 북한 축구의 발전 가능성에 대해 강조했다. 한국이 2002년 한일 월드컵에서 대성공을 거둘 수 있었던 배경에는 여러 가지가 있겠지만 특히 주효했던 것이 '많은 훈련량' 때문임을 언급했다. 통상 한국의 국가대표팀은 개별 선수들이 프로 팀에서 뛰기 때문에 단체 합숙 훈련이 한 달 이내에 불과하곤 했다. 하지만 당시 거스 히딩크(Guus Hiddink) 한국 대표팀 감독에게는 선수들이 두 달 넘게 합숙 훈련할 수 있도록 특혜가 제공됐다. 이것이 한국 축구팀의 팀워크를 높이는 데 크게 기여했다. 축구는 결국 팀워크다. 그런 측면에서 보면 북한은 가능성이 풍부하다. 정부 주도 아래 장기적으로 단체 훈련을 할 수 있는 조건을 갖추고 있기 때문이다. X의 이야기를 듣는 북한 젊은이는 고개를 끄덕이며 두 눈을 반짝였다.

■ ■ ■

"김정은입네다"

이야기를 하는 사이 개막식이 진행됐다. 한국 팀에 이어 북한 팀이 입장했다. 개막식은 식전과 식후 행사를 더해 모두 4시간이나 진행됐다. X는 두 북한 남성과 상당히 오랜 시간을 함께 했다. 경기장에 들어올 때 하늘은 해가 뜨겁게 빛났지만 이야기가 깊어지면서 어느덧 어두워졌다. 한참 대화를 나누던 X는 개막식장 안 스탠드 좌석이 국가 별로 배정돼 있다는 사실을 나중에야 알았다. 자신도 모르게 북한 쪽 좌석에 앉아 계속 이야기하고 있었던 것이다. 다소 불안했고, 일어서야만 할 것 같았다. 그래서 기회가 닿으면 다음에 다시 보자며 명함을 건넸다. 중년의 남성도 자신의 명함을 줬다. 영문으로 된 명함에는 김○○, 인도 뉴델리에 있는 북한 대사관의 2등 서기관으로 적혀 있었다. 하지만 젊은이는 명함을 받기만 할 뿐 주지 않았다. X는 성함이 어떻게 되느냐고 물었다.

SECOND SECRETARY
Embassy of the
Democratic People's Republic of Korea

E - 455, Greater Kailash, Part - II   Tel. :
New Delhi-110 048   Fax :
E -mail :   @yahoo.com   Mobile :

김정은을 수행한 인도 주재 북한대사관 2등서기관의 명함

개막식에서 한국 선수단 입장 장면- 국방일보

"김정은입네다."

"어? 김정은? 그거 여자 이름 아닙니까? 제 사촌 처제 이름과 똑같네요. 남쪽에서는 그 이름은 주로 여자들이 많이 쓰지요."

청년 김정은은 "아, 그런가요?"라며 웃었다.

이렇게 해서 '김정은'이라는 이름은 X의 머리에 확실하게 각인됐다. 그는 김정은이라는 청년이 북한에서 힘깨나 쓰는 집안 출신이라고 생각했다. 자신보다 나이가 한참 많은 중년 남성이 옆에서 모시고 있는 점, 알고 보니 이 중년 인사가 뉴델리의 대사관에서 근무하는 간부이기까지 하다니 젊은이는 분명 '로열 패밀리'이겠거니 생각했다. 뉴델리에서 하이데라바드까지 날아와 이 젊은이를 모시고 있으니 말이다. 기념사진을 찍고 싶었다. 사진이나 찍자고 했더니 김정은은 흔쾌히 응했다. 관중석 주변 인물에게 부탁해 앉은 자리에서 3명이 함께 촬영했다. 촬영을 마친 뒤 이들은 다음에 또 보자며 인사하고는 헤어졌다.

X는 한국 쪽 좌석으로 이동한 뒤 개막식 행사가 다 끝날 무렵 경기장을 나섰다. 시원한 하이데라바드의 밤공기를 들이 마시며 숙소로 가

인도 하이데라바드 대회에 참가한 북한 선수들(20세 여자 축구 선수)

는 택시를 잡아탔다. X는 자신이 이 날 만나 열심히 대화를 나눈 상대
가 어떤 인물인지 전혀 모르고 있었다. 당시만 해도 '김정은'이라는 이
름은 세상에 알려져 있지 않았기 때문이다.

　제4회 세계군인체육대회에서는 육상과 수영 등 일반 종목 외에 철인
3종과 육군 5종, 고공강하 등 군인 종목에서 다양한 경기가 펼쳐졌다.
한국 팀의 성적은 나빴다. 금메달 2개, 은메달 4개, 동메달 7개로 종합
16위를 기록했다. 목표로 했던 5위에 비해 훨씬 못 미치는 것이었다.
반면 북한은 금 3, 은 8, 동 10으로 11위를 기록했다.

　X는 하이데라바드에서 북측 체육계 인사들도 우연히 만났다. 과거
중국 쿤밍과 평양을 오가며 알게 된 인사들이었다. 이들과의 대화를
통해 X는 북한 선수단이 고려항공 전세기를 타고 하이데라바드에 도착
한 사실, 그리고 선수단이 경기를 마치고 귀국할 때까지 전세기가 공항
에서 계속 대기 중이라는 사실을 알게 됐다. 북한과 인도 간에는 직항
노선이 없기에 전세기를 타고 온 것인데 10일 정도 기간을 비행기가
공항에서 체류한 것이다. 당시 전세기로 선수단이 온 것은 북한이 유
일했다. 특히 비행기가 공항에서 대기하는 경우는 매우 드문 일이다.

제4회 세계군인체육대회 폐막식 장면- 국방일보 보도 사진

공항 대기에 적잖은 비용이 발생하고, 체류 기간 비행기 운영을 못 하는 등 막대한 기회비용을 날려버리기 때문이다.

10월 21일 세계군인체육대회 폐막식이 가치바올리 주경기장에서 열렸다. 폐막식 행사에 참여하기 위해 X는 이번에는 동료 ID카드를 빌렸다. 폐막식 행사장으로 들어가는 길목에서 X는 김정은 일행을 또 다시 우연히 만났다. 김정은은 개막식 때와 똑같은 복장이었다. 여전히 운동복 차림의 편한 복장에 휴대전화를 손에 든 채 특유의 걸음걸이로 걸어오고 있었다. 그의 걸음걸이는 멀리서도 한 눈에 띄었다. X는 평양을 그렇게 자주 다녀보고 북한 사람도 많이 만나봤지만 이런 외모와 언행의 젊은이는 처음이라고 다시 한 번 생각했다.

서로 마주치자 김정은도 X도 모두 크게 반겼다. X가 김정은에게 좋은 인상을 남긴 것이 분명했다. 그는 같이 사진을 찍자고 했고 김정은 역시 좋다고 응했다. 이렇게 해서 행사장 앞에서 김정은 일행과 2번째 사진을 찍었다. 폐막식장 바로 앞에서였다. 때마침 지나가던 X의 지인도 얼떨결에 함께 포즈를 취했다. X는 이들과 두 번째 사진 촬영을 하고는 다음에 또 보자며 인사를 하고는 헤어졌다.

폐막식 때 X는 개막식 때와 달리 남한 측에 배정된 자리에 앉았다. 자리에 앉고 잠시 후 그가 아는 북측의 간부급 인사, K가 헐레벌떡 달려왔다. K는 "급히 할 말이 있다"며 X의 손을 이끌고 좌석 뒤 통로로 끌고 갔다. K는 심각한 표정으로 "꼭 좀 부탁한다"며 말을 꺼냈다. 선수단이 입장할 때 남북 선수단의 순서를 바꿔달라는 것이었다. 개막식 때는 남쪽 선수단이 먼저 입장했으니 폐막식에는 북쪽 선수단이 먼저 입장하게 해달라는 부탁이었다. 남북한 선수단은 국가별 입장 순서에 따라 입장하는 것이었다. 하지만 워낙 다급하고 절박하게 부탁하는데다, 대회의 성격 자체가 군인끼리의 우호 증진을 위한 것이기에 입장 순서 바꾸는 게 그리 불가능할 것 같지는 않겠다는 생각이 들었다. 그래서 X는 우리 측 선수단 관계자에게 이러한 뜻을 전달했다. 우리 쪽 관계자는 잠시 생각하더니 흔쾌히 응해줬다. 이렇게 해서 폐막식 바로 직전 남북 선수단의 입장 순서가 바뀌게 됐다. 개막식에서 남한과 북한 순서로 입장했던 것이 폐막식에서는 북한과 남한 순으로 뒤바뀐 것이다.

당시 K는 왜 갑자기 그러한 부탁을 하게 된 것이었을까? 청년 김정은이 선수단 입장 순서에 대해 "왜 남조선이 우리보다 먼저 입장하는 거냐?"라고 한 마디 한 때문일까? 혹은 미래의 지도자 김정은에게 확실하게 눈도장을 찍기 위해 북한 선수단 간부들이 '성과'를 보여준다며 급히 움직인 것일까? 이유야 무엇이 됐든 폐막식을 불과 몇 분 앞두고 이뤄진 결과에 후계자 김정은이 대만족을 표한 것만은 분명해 보인다.

폐막식까지 인도에서의 모든 일정을 끝낸 X는 하이데라바드에서 가장 크다는 백화점을 찾았다. 귀국 선물을 준비하기 위해서였다. 백화점에 들어서 쇼핑을 막 시작하는데 1층에서 또 다시 청년 김정은을 마주쳤다. 세 번째 우연한 만남이었다. 이번엔 지난번 두 차례의 만남 때

동행했던 이등 서기관이 보이지 않았다. 멀리서 X를 알아본 김정은은 무척 반가워하는 표정을 짓고는 X에게 손짓을 하며 이리 오라고 불렀다. X는 다소 불쾌했다. 나이도 어린 사람이 한창 연장자인 자신에게 손짓을 하며 '이리 오라'고 부르니 말이다. 하지만 크게 개의치 않고 김정은에게 다가갔다. 서로 귀국 선물을 사러 왔느냐며 인사를 주고받았다. 김정은은 자신이 100달러짜리밖에 없다며 혹시 소액 달러로 교환할 돈이 있는지를 물었다. X가 자신도 소액 달러가 없다고 하자 김정은은 알았다고 하더니 갑자기 떠오른 듯 "아 참 할 얘기가 있습니다"라고 말하더니 X를 붙잡으며 어디론가 끌고 가려고 했다. 하지만 그는 당시 더 깊은 대화를 나누기엔 부담스러운 상황이었다. 자신과 함께 백화점을 찾은 다른 여러 남한 인사들이 주변에 있었기 때문이다. 그래서 X는 김정은에게 "혼자 온 게 아니라 일행이 있어서 곤란하다"는 뜻을 비치고는 김정은과 헤어졌다.

이것이 김정은과의 세 번째이자 마지막 만남이었다. 김정은이 자신에게 하고 싶은 이야기는 무엇이었을까? X는 그 때 그 순간 김정은의 말을 듣지 않은 것을 땅을 치고 후회하고 있다.

■■■

2년 뒤 언론에 등장한 김정은

2007년 10월 인도 하이데라바드에서 우연히 세 번이나 만난 김정은. X는 귀국 이후 김정은의 존재를 까맣게 잊고 지냈다. 그러다 2009년 가을이 돼서야 언론 보도를 보고 자신이 만난 사람이 북한의 차기 지도자일 수도 있겠다고 생각하기 시작했다.

　김정은이 후계자가 될 것을 가장 먼저 예측한 인물은 일본인 후지모토 겐지(藤本健二)이다. 그는 1988년부터 2001년까지 13년간 김정일 국방위원장의 전속 요리사로 일한 뒤 탈북했다. 후지모토는 2003년에 발간한 『김정일의 요리사』에서 김정은이 형인 김정철을 제치고 후계자가 될 것을 예상했다. 당시 후지모토가 '김정은'을 '김정운'으로 표기했기 때문에 김정일의 3남은 김정운으로 계속 알려져 왔다. ('김정운'이 아니라 '김정은'으로 밝혀지자 후지모토는 '운'과 '은'의 구별이 어려운 일본어 발음에서 오는 문제였다고 훗날 밝혔다.)

　후지모토의 주장 이후 한국과 일본의 학계와 언론계에서는 "김정일의 후계자는 김정은이다, 아니다"를 놓고 찬반 논란이 끊이지 않았다. 그러다 2009년 9월 8일 일본 마이니치(毎日)신문이 북한 내부 문건을 입수, 보도하면서 논란은 진화됐다. 마이니치신문이 입수한 문건은 '존경하는 김정은 대장 동지의 위대성 교양자료'였다. 북한 인민무력부와 국가안전보위부에서 교재로 사용한 것으로 보이는 이 문건에는 북한이 후계자 김정은을 신성화하고 후계 구도를 확립하기 위한 내용이 담겨 있었다.

마이니치가 입수한 문건에 등장한 이름이 '김정은'으로 기록돼 있고, 기타 북한 내부용 선전벽보 등에서도 '김정은'이라는 이름이 잇달아 공개되면서 그동안 '김정운'으로 알고 있던 우리 정부도 2009년 10월 6일 그의 이름을 '김정은'으로 공식 수정했다.

2009년 9월과 10월 후계자 김정은에 대한 기사가 언론에 쏟아져 나오자 X는 귀가 번쩍 뜨였다. "뭐? 김정은? 혹시…" 관련 기사를 찾기 시작했다. 하지만 아직 '청년 김정은'의 사진은 나타나지 않을 시기였다. X는 자신이 만난 인물이 '후계자 김정은'이 맞는지 서둘러 확인하고 싶었다. 그래서 북한 정보에 밝은 A를 찾아갔다.

X는 A에게 자신의 캐논 디지털 카메라로 촬영한 사진을 보여주며 그간의 상황을 모두 설명했다. 설명을 듣고 사진을 살펴본 A는 X에게 '후계자 김정은'이 분명해 보인다며 이 사진으로 돈을 벌자고 제안했다. 자신이 다리를 놓겠다며 일본 언론에 팔자는 것이었다. X는 한 번 알아나 보라고 했다. 그리고 며칠 뒤 A가 X를 찾아왔다. 한 일본 언론에서 한국 돈 1억 원을 줄 테니 팔라고 했다는 것이었다. 하지만 X는 팔지 않았다. 그에게 중요한 것은 돈이 아니었다. X의 머릿속에는 새로운 계획이 그려지고 있었다.

■■■

연출되지 않은 '후계자 김정은'

필자는 X가 김정은과 함께 촬영한 사진 2장을 면밀하게 관찰했다. 개막식이 열린 경기장 안과 폐막식 행사장 앞에서 각각 촬영한 것이다. 우선 개막식 사진은 인도 하이데라바드 가치바올리 주경기장 안에서 김 2등 서기관과 X, 김정은 이렇게 3명이 관중석에 앉아 있는 장면이다. 뒷줄에는 군부대 정복을 입은 외국인들이 앉아 있다. 촬영 시점은 해가 진 저녁 무렵이다. 당시 현지 동행 취재를 한 국방일보 보도를 보면 이 날 행사가 현지 시각으로 오후 4시 시작해 식전과 식후 행사를 포함해 오후 8시까지 모두 4시간 동안 진행됐다고 돼 있다. 김정은 일행 뒷줄에 앉아 있는 정복 입은 외국인들은 개막식 입장 행사를 마친 뒤 자리에 앉아 있는 것으로 보인다. 군인 정복을 입은 인사들이 가득 자리를 메우고 있고 주변이 어두운 점으로 미뤄 촬영 시점은 개막식의 식전 행사를 마친 뒤 식후 행사가 진행되는 때로 추정된다.

개막식 사진에서 찍힌 청년 김정은의 표정은 여유로워 보이고 살짝 미소가 담겼다. 옷은 회색 라운드 티를 입었다. 목에는 노란색 줄이 달린 행사장 비표와 검은색 줄의 카메라를 걸고 있다. 오른손에는 붉은 바탕의 대회 깃발을 쥐고 있다. 지금의 김정은과 비교하면 살은 많이 빠져 있다. 얼굴엔 앳된 티가 역력하다. 지금과는 많이 다른 모습이다. 인도 대사관의 김 2등 서기관은 진달래 빛깔 와이셔츠를 접어 올려 반팔 차림으로 앉았다. 머리숱이 다소 빠진 모습이다.

폐막식 사진에는 4명이 등장한다. 폐막식 행사가 열리는 실내 경기장 입구 앞에서 촬영했다. 사진 속 왼 쪽부터 김 2등 서기관, X, 우연히 사진 촬영 때 합류한 우리 국방부 관계자, 그리고 맨 오른 쪽에 김정은이 서 있다. 김 2등 서기기관은 개막식 때의 똑같은 와이셔츠에 감색으로 보이는 정장 바지 차림이다. 4명 뒤로 군인체육대회 참가국 국기가 쭉 서 있고 폐막식 입장을 준비하는 행렬이 보인다. 김정은 뒤 쪽에는 북한 군복을 입은 건장한 남성이 걸어가고 있다.

폐막식 사진은 개막식 사진과 달리 서서 촬영을 해 전신이 드러난 상태로 김정은의 키를 추정할 수 있다. X의 키가 166cm인데 김정은은 이보다 약간 더 커 170cm 정도 되는 것으로 보인다. 김정은은 오른손 방향으로 다소 기울어진 채로 삐딱하게 서 있다. 옷은 개막식 때의 회색 라운드 티에 흰색 체육복 바지 차림 그대로이다. 오른손에는 검은색 휴대전화를, 왼손에는 끈을 늘어뜨린 상태로 검은색 카메라를 들고 있다. 배는 불룩 튀어 나온 모습이 사진으로도 확인된다. 노란색 줄이 달린 비표를 목에 차고 있다. 이 사진에서 김정은은 햇빛 때문인지 다소 인상을 찡그리고 있다. 개막식 때 사진에서 풋풋한 젊은이의 인상을 엿볼 수 있다면 폐막식 때 사진에서는 찌푸린 인상 속에서 지금의 카리스마가 살짝 보이기도 한다. 하지만 결론적으로 사진 2장 속 김정은의 모습은 허름하고 평범하면서 자유로운 젊은이의 차림이다. 세계에서 가장 폐쇄적인 국가를 이끌어갈 후계자의 흔적을 찾아보긴 힘들다. 전혀 가공하지 않은, 있는 그대로의 24살 청년 김정은의 모습이 그대로 노출된 것이다. 개막식과 폐막식 때 복장과는 달리 하이데라바드에서의 마지막 날 백화점에 등장했을 때 김정은은 단추가 있는 반팔 남방에 면바지를 입어 깔끔한 캐주얼 차림이었다고 X는 전했다.

X가 만난 김정은은 현재 북한의 조선노동당 제1비서가 맞을까? 분명히 그렇다고 본다. 뒷받침하는 근거는 여럿이다. 우선 체형이 현재 김정은 제1비서를 상당히 닮았다. 배가 불룩하게 나온 모습이나 키가 유사하다. 다만 갓 대학을 졸업한 시기여서 그런지 전체적으로 지금보다 살이 빠져 있다. 얼굴에서도 '지도자 김정은'의 카리스마가 '연출'되지 않고 있다.

X가 세 차례나 목격한 그의 언행과 걸음걸이가 현재의 김정은임을 명확하게 보여준다. 20대 젊은이의 말과 행동에 아무런 거침이 없었다는 점, 배를 내밀고 양 팔을 휘저으며 걷는 모습은 누구도 흉내 낼 수 없다는 점 등이 그렇다. 또 그를 수행한 중년의 인물이 인도의 뉴델리 대사관에서 왔고 20대 젊은이 옆에서 늘 다소곳하게 지키고 있었다는 점도 김정은의 높은 지위를 보여준다. X는 김정은을 처음 만났을 때부터 쭉 자신이 평양에서 만난 여느 사람들과는 달라도 너무 다른 점이 참 인상적이었다고 거듭 언급했다. 보통 남한 사람 앞에서는 각별히 주의하고 피하는 일반 북한인들의 모습과는 사뭇 달랐다는 것이다.

무엇보다도 김정은 스스로 자신을 분명하게 '김정은'이라고 소개한 점이 중요하다. 2007년 10월이면 김정은의 이름은 세상에 전혀 알려지지 않은 시기였다. 이 당당한 젊은이는 자신이 좋아하는 축구 이야기를 신명나게 해주며 북한 축구 발전을 위한 조언까지 해준 X가 마음에 들었을 것이고 그래서 자신의 이름을 아무런 거리낌 없이 말했을 것이다.

필자는 처음에 혹시 X가 이름을 잘못 기억하고 있을 가능성은 없나 의심을 했다. 하지만 결코 그럴 수 없었던 것이 X와 가까운 사촌처제의 이름이 바로 김정은이었던 것. 그래서 바로 이 이름 문제 때문에 김정은에게 "제 처제 이름과 같다. 남쪽에서 김정은이라는 이름은 여자들이 주로 쓴다"는 말까지 했고 이에 대해 김정은이 웃으면서 "그렇냐?"라는 반응을 보인 것이다. 이런 대화를 나누고도 이름을 잘못 들었다고 할 순 없을 것이다.

또 선수단을 태우고 온 고려항공 전세기가 대회 시작부터 끝날 때까지 공항에서 체류한 점도 주목된다. 앞서 언급했듯 비행기를 장기간 공항에 체류시키는 것은 막대한 비용이 들기 때문에 '정말 특별한 상황'이 아니면 선택하는 경우가 매우 드물다. 북한의 후계자가 혹시 북한으로 급히 돌아갈 비상 상황에 대비해 그가 타고 온 비행기가 공항에서 계속 대기했을 것으로 추정된다.

더욱 확실을 기하기 위해 필자는 X로부터 건네받은 사진 2장을 갖고 한 성형외과 전문의를 찾아 자문을 구했다. 그는 사진 속 김정은에 대해 현재의 김정은 제1비서가 맞다고 평가했다. 2010년에 공개된 스위스 베른 리베펠트-슈타인휠츨리 공립학교에 다니던 10대 김정은의 얼굴과 매우 유사한 이목구비의 특징을 갖고 있다는 것이다. 특히 김정은은 손이 상당히 예쁘고 여성스러운데 사진 속 김정은의 손 또한 그러한 특징을 그대로 안고 있다고 분석했다.

북한이 성년이 된 '후계자 김정은'의 모습을 처음으로 공개한 것은 2010년 9월 30일이다. 북한에서 44년 만에 소집된 제3차 당 대표자회를 통해서였다. ('당 대표자회'는 북한의 3대 주요 권력기관의 하나인 '당 중앙위원회'가 노동당의 최고지도기관인 당 대회와 당 대회 사이에 필요에 따라 소집하는 회의이다. 노동당 규약은 당 대표자회에서 당의 노선과 정책 및 전략, 전술에 관한 긴급한 문제들을 토의, 결정한다고 규정하고 있다.)

당시 김정은 중앙군사위 부위원장은 김정일 국방위원장과 함께 평양 금수산기념궁전 앞에서 기념 촬영을 했다. 당 중앙기관 인사들과

제3차 노동당 대표자회 참가자들도 함께 촬영했다. 그리고 북한 조선중앙TV는 이 날 당대표자회에 참석한 후계자 김정은이 김정일 국방위원장이 입장하자 기립하고 있는 모습을 방송했다.

북한매체가 첫 공개한 후계자 김정은
노동신문 2010년 9월 30일

'후계자 김정은'의 모습이 첫 공개되자 세계 언론은 그의 모습이 할아버지 김일성 주석을 빼닮았다며 그의 일거수일투족을 집중 비교 분석했다. 그리고 성형 의혹이 잇달았다.

2001년부터 2004년 8월까지 주한 대사를 지낸 토머스 허바드(Thomas Hubbard)는 2010년 10월 초순 뉴욕 맨해튼 코리아 소사이어티에서 열린 한 토론회에서 "김정은이 할아버지 김일성과 너무 많이 닮았다"면서 "성형수술을 한 것이 아닌가 하는 생각이 들 정도"라고 말했다.

구체적으로 김정은 성형 수술을 주장한 인물은 현 새누리당 국회의원인 하태경 전 열린북한방송 대표이다. 2011년 6월말 당시 하태경 대표는 김정은이 후계자로 내정된 뒤 공식 석상에 등장하기 전까지 모두 6차례 성형 수술을 했다고 주장했다. 하 대표는 영국 런던의 기자회견에서 이처럼 밝혔다. 당시 기자 간담회는 정치범수용소에 27년간 수감됐다 탈북한 여성 등과 함께 북한 인권 실태를 고발하기 위해 마련한 것이었다. 하 대표는 북한은 내부적으로 2007년 초 김정은을 후계자로 내정했으며 김정은이 2010년 9월 공식 등장하기까지 3년 정도 모두 6차례에 걸쳐 크고 작은 성형수술을 받았다는 말을 현직 북한 고위 관계자로부터 들었다고 말했다. 하 대표는 "김일성의 외모를 닮게 한 김정은의 성형 수술은 김일성의 카리스마를 후계에 활용하기 위한 작업"

이라면서 "김 위원장의 전속 요리사를 지낸 일본인 후지모토 겐지도 첫 공개된 김정은의 얼굴이 스위스 유학시절의 모습과 너무도 달라 알아보지 못했다고 밝힌 바 있다"고 언급했다.

하지만 반대 의견 또한 있다. 2012년 7월 하순 2주 일정으로 북한을 찾아 김정은을 만난 김정일의 요리사, 일본인 후지모토 겐지는 성형 의혹을 부인했다. 정성장 세종연구소 수석연구위원은 월간중앙 2013년 8월호 기고를 통해 후지모토와의 인터뷰를 다음과 같이 실었다.

일부 전문가는 김정은이 할아버지 김일성과 비슷해 보이기 위해 성형수술을 받았다고 주장하는데, 김정은의 과거 모습을 본 사람으로서 이 같은 주장에 대해 어떻게 생각하는가?

"(웃으면서) 성형 수술할 필요가 없다. 여자도 아닌데…. 성형 수술은 웃기는 소문이다."

2007년 10월 인도 하이데라바드에 등장한 청년 김정은은 어떤 의미가 있는가? 무엇보다 후계자로 내정된 직후의 해외 일정이라는 점에서 주목된다. 김정은은 2006년 말이나 2007년 초에 후계자로 내정됐을 것이라는 관측이 우세하다. 세종연구소의 정성장 수석연구위원은 저서 『현대 북한의 정치』에서 다음과 같이 언급했다.

김정은이 후계자로 내정된 시점은 2006년 말경인 것으로 보인다. 김정은은 2001년 스위스 베른에서 귀국한 후 2002년부터 2006년 12월까지 군 간부 양성기관인 김일성군사종합대학에서 군사학을 공부했다. 북한 군대에서 2009년 5~6월경 작성되어 배포된 것으로 추정되는 대외비 문건인 「존경하는 김정은 대장 동지의 위대성 교양 자료」는 "의미 깊은 2006년 12월 24일, 존경하는 김정은 대장 동지는 김일성군사종합대학 졸업증서와 기장이 수여된 자리에서 주체의 선군혁명위업을 빛나게 이으실 것을 바라

시었다"라고 언급하고 있다. 북한이 김정은의 졸업식 날과 '주체의 선군 혁명위업 계승' 의지를 연결하는 것은 이때가 김정은이 김정일의 후계자로 내정되는 결정적인 순간이었음을 시사한다.

이밖에 정보기관 등 다양한 경로를 통해서도 김정은의 후계자 내정시기는 2006년 말부터 2007년 초 사이라는 분석이 나오고 있다. 이런 측면에서 본다면 김정은이 2007년 10월 인도 하이데라바드에 간 것은 후계자로 내정된 직후인 셈이다. 그렇다면 후계자 김정은이 굳이 인도까지 간 이유는 무엇일까?

우선, 후계자 신분으로 국제 사회의 견문을 쌓기 위한 차원일 가능성이 제기된다. 그리고 김정은이 군사종합대학을 졸업한 직후였고, 북한이 중시하는 군인체육대회라는 점도 작용한 것으로 해석된다. 4년마다 열리는 군인 최고의 경기에 직접 참여함으로써 군에 대한 지휘권을 분명히 하고 출전 군인들의 사기를 진작시키는 효과를 노렸을 것으로 예상된다. 후계자 김정은은 해외에서 최대한 눈에 띄지 않기 위해 가장 평범하면서도 허름한 복장으로 다닌 것으로 추정된다. 2010년 9월의 등장처럼 후계자 김정은의 등장을 가장 극적인 것으로 만들기 위해서는 해외에서 그의 모습이 미리 노출돼선 안 되기 때문이다.

■■■■

김정은, '축구 해외파 육성' 지시

X가 제4회 세계군인체육대회 개막식 때 청년 김정은에게 제안한 북한 축구 발전 제안은 묘하게도 2013년 실현됐다. 북한은 평양에 국제축구학교를 건설했고, 축구 꿈나무를 유럽으로 유학 보냈다.

북한은 2013년 5월 세계적인 축구 선수 양성을 목표로 평양국제축구학교를 개교했다. 김정은 제1비서가 학교 건립을 지시했고, 학교 이름도 직접 지어주는가 하면 개교 이후 학교를 직접 방문하기도 했다고 북한 매체들은 보도했다. 학교는 평양의 능라도(綾羅島)에 있는 5·1 경기장 바로 옆에 건립했다. 능라도의 5·1 경기장은 "15만 명의 관중을 수용할 수 있어 세계 최대 규모"라고 북한이 자랑하는 경기장이다. 평양국제축구학교는 축구에 소질이 있는 7~13세의 청소년을 엄선해 엘리트 교육을 시키고 있고, 실력이 떨어지면 퇴학시키는 등 엄격한 교육방법을 적용하고 있다.

2013년 8월 연합뉴스는 재일본조선인총연합회 월간지에 실린 평양국제축구학교 현철윤 교장의 인터뷰 기사를 인용 보도했다. 그 내용을 정리하면 다음과 같다. "다른 나라의 우수한 축구 전문가들을 초청하는 사업을 활발히 벌이고 있는데 현재 독일과 스페인의 우수한 축구 감독

능라도 5.1 경기장

들이 학교에 초빙된 상태이다. 북한의 학생들을 축구 기술이 발전된
다른 나라들에 유학 보내는 사업도 진행되게 되는데 유학 기간의 모든
교육비와 생활비는 국가가 부담하게 된다. 또 북한으로 축구 유학을
오기를 희망하는 다른 나라 학생들이 있다면 특별한 시험을 거치지 않
고 100% 받아들여 공부시키는 원칙을 적용하고 있다."

　평양국제축구학교는 축구에 소질이 있는 청소년을 선발해 단순히
축구만이 아니라 영어와 수학 등 엘리트 교육을 병행한다는 점에서 중
국 윈난성 쿤밍의 남양국제축구학교와 유사하다.

　축구 엘리트 교육으로 2014년에는 가시적인 성과가 이어졌다. 북한
팀은 우선 9월 태국 방콕에서 열린 아시아의 16세 이하 축구 경기인 '아
시아축구연맹(AFC) U-16 챔피언십'에서 우승을 차지했다. 결승전은 남
한 팀과 펼쳐졌는데 북한이 남한에 2:1로 역전승했다. 북한 16세 이하
축구 대표팀 연광무 감독은 언론 인터뷰에서 "대회에 출전한 북한의 주
전 선수 11명 가운데 6명이 유럽에서 선진축구를 배운 선수들"이라며
해외파의 활약이 우승 비결이라고 언급했다.

북한 선수들이 교육을 받은 곳은 스페인과 이탈리아. 스페인에는 세계 축구 유망주들의 기술을 교육하는 바르셀로나의 축구 학교인 마르세 재단에, 이탈리아에는 페루자 소재 '이탈리아 사커 매니지먼트'에 각각 축구 꿈나무를 보내고 있다. 비용은 전액 정부 지원이다.

이와 관련해 국내 소개된 기사를 보면 "축구 팬으로 알려진 김정은 제1 비서의 아이디어로 북한 축구의 경기력 향상을 위해 해외유학을 떠났다"고 돼 있다. 모두 하이데라바드에서 후계자 김정은에게 열변을 토했던 X의 조언을 떠올리게 하는 대목이다.

10월에는 19세 이하 아시아 챔피언십에서도 준우승을 하며 두각을 나타냈다. 대회 4강전에서 우즈베키스탄을 5:0으로 완파하면서 결승전에 진출했고, 결승전에서 아쉽게도 카타르에 0:1로 지면서 준우승을 차지했다. 이 대회에서 한국은 조별리그에서 탈락했던 터라 북한의 성적이 더욱 돋보였다.

2014년 11월 경기도 연천군에서는 15세 이하(U-15) 소년 국제 축구 대회가 열렸다. 남북한과 중국, 우즈베키스탄 등 4개국 6개 팀이 참여한 대회였다. 이 대회에 북한은 4·25체육단 소속의 유소년 축구선수단 30여 명을 보냈다. 북한 유소년 축구단이 남한을 찾은 것은 2007년 10월 강진 유소년축구대회 이후 7년 만이었다. 이 대회에서 북한은 유일하게 무실점을 기록하며 우승을 차지했다. 이 대회는 사실상 남북한 간의 경기가 주목적이었다. 박근혜 정부에서 남북한 간만의 경기를 허락하지 않기 때문에 국제 대회 형식을 취한 것이다.

북한 축구팀은 성인 대회인 인천아시안게임에서도 발전된 기량을 유감없이 발휘하며 두각을 나타냈다. 여자 축구팀이 우승을, 남자 축구팀이 준우승을 차지한 것이다. 북한은 여자 축구가 원래 강하기 때문에 여자팀 우승은 놀라운 일이 아니었다. 상대적으로 약했던 남자 축구가 크게 발전해 준우승을 기록한 것이 더 의미가 있었다. 해외 유학 등 축구 강국의 선진 기술을 습득함으로서 얻어낸 결과였다.

북한은 남자와 여자 축구를 동시에 시작했다. 여자 축구는 다른 나라에 비해 일찍 시작한 편이었다. 그렇다 보니 축구의 역사가 길고 노하우도 쌓여 세계 대회에서 종종 우승을 차지했다. X는 2007년 중국 원난성 쿤밍에서 있었던 일화를 소개했다. 남양축구학교에 북한 12세 이하 여자 축구팀이 훈련을 왔다. 그런데 이들을 살펴본 X는 깜짝 놀랐다. 모두 하나같이 축구공을 한 번도 제대로 다뤄 본 적이 없는 아이들이었다. 어찌 된 영문인지 알아보니 모두 달리기를 잘한다고 해서 전국 각지에서 선발된 것. 즉 북한은 잘 뛰는 아이들을 어릴 때부터 전국에서 끌어 모아 집중적으로 축구 훈련을 시켜 나가는 것이었다. 어린 나이부터 가능성 있는 아이들을 뽑아 집중적으로 육성을 하니 북한 여자 축구는 강할 수밖에 없다.

하이데라바드에 참여한 북한 선수단의 주요 인사들은 김정은 시대 들어 주요 엘리트로 승승장구했다. 대표적인 인물이 김정은 시대 체육

능라도 경기장 앞 보조구장에서 훈련 중인 남한 유소년 선수들 2006년(좌) 김일성 경기장에서 친선경기 후 남북 유소년 축구선수들 2006년(우)

상을 역임한 리종무. 리종무는 하이데바드 세계군인체육대회에 참가한 북한 선수단의 단장이었다. 리종무는 당시 북한의 국가대표 축구팀이라 할 4·25 체육단의 위원장(또는 단장)으로 북한 선수단을 이끌고 하이데라바드를 찾았다. 하이데라바드를 찾은 4·25 체육단의 외사과장 K도 김정은 시대에 주요 보직을 차지했다. 모두 하이데라바드에서 후계자 김정은을 지근거리에서 잘 보좌하고, 좋은 성과를 올리면서 김정은의 눈에 들었기 때문으로 풀이된다.

리종무는 김정은 시대인 2012년 10월부터 2014년 5월까지 체육상(體育相)을 역임했다. 체육상에서 물러날 당시 경질설이 돌았지만 이후 중장 계급을 달고 군에 복귀한 것으로 확인됐다. 2014년 8월 조선중앙TV는 리종무가 별 두 개의 중장 계급장이 달린 군복을 입고 김정은 제1비서를 밀착 수행하는 장면을 방송했다. 그의 현재 직함은 확인되지 않고 있지만, 북한 군 체육계에서 상당한 영향력을 발휘하는 것으로 전해진다.

X는 리종무와도 잘 아는 사이이다. 평양 방문 때 리종무 당시 4·25 체육단의 위원장과 친분을 쌓은 것. X는 하이데라바드에서도 리종무를

우연히 만났다. 리종무는 수행원 10여 명을 데리고 선수단을 격려하러 이동하는 길에 X를 만나 "여기에 어쩐 일이십네까?"라고 물었고 이에 X는 웃으면서 "위원장 동지 만나 뵈러 왔지요"하고 농담 섞인 인사를 짧게 하고는 헤어졌다.

2006년 당시 4·25 체육단 위원장 리종무와 X가 함께 김일성 경기장에서 촬영한 사진. 왼쪽의 모자 쓰고 있는 인물이 리종무

X는 현재 두 가지 목표를 가지고 있다. 2018년 러시아 월드컵에서 북한 팀의 4강 신화를 위해 노력하는 것, 그리고 평양 국제축구학교를 아시아 축구의 성지로 만들겠다는 목표이다. X는 우리 민족의 신체적 조건에 맞는 축구 전술을 개발한다면 목표 달성이 가능하다고 믿고 있다. 정치가 아닌 스포츠 분야에서 한반도 평화를 구현해보겠다는 의지이다. 과연 그의 꿈은 이뤄질 수 있을까?

" " "

"北 선수, K-리그에서 뛸 수 있다"

2015년 초 필자는 과감하게 축구 해외파 육성에 나서고 있는 김정은 체제 북한의 '파격적인 축구 구상'에 관해 취재했다. 2014년 11월 경기도 연천군에서 열린 15세 이하(U-15) 소년 국제축구 대회 기간에 있었던 일이다. 북한 4·25체육단 소속의 유소년 축구선수단을 이끌고 온 북한 대표단은 남한 대표단과 만나 식사를 하며 환담을 나눴다. 이 자리에서 북한 체육계 고위급 인사가 남측 인사에게 놀라운 발언을 했다. "우리 축구 선수를 남쪽에 보낼 의향이 있다. 조건만 맞으면 남쪽에서 뛰게 할 수 있다"라고 말한 것이다. 즉 북한 선수가 한국의 프로축구 리그인 K-리그에 진출하는 것을 허용할 수 있다는 이야기다.

지금까지 북한 체육 선수가 남한 프로팀에서 활동한 경우는 한 차례도 없었다. 수원삼성블루윙즈 소속의 축구 선수, 정대세는 종종 북한 출신 선수로 오해받곤 하지만, 한국인 아버지와 북한인 어머니 사이에 일본에서 태어난 재일교포 3세이다.

북한 축구 선수들도 해외에서 활동하고 있다. 스위스에서는 박광룡과 차종혁이 프로 리그에서 뛰고 있다. 박광룡은 FC바젤에서 한국 선수 박주호와 함께 뛰어 주목을 받았었다. 일본에서는 리광일과 량용기가 프로팀에서 활동 중이다. 이밖에 러시아와 태국, 중국 등에도 북한 선수들이 해외파로 활동 중이다.

만일 북한 선수가 실제로 K-리그 진출을 하게 된다면 이는 분명 빅 뉴스일 뿐만 아니라 남북 간 관계 개선에도 적잖은 역할을 하게 될 것으로 기대된다. 우선 통일에 무관심한 세대에게 북한이 언젠가는 함께 가야할 한민족임을 지속적으로 일깨워주게 될 것이다. 아울러 축구의 팀플레이를 통해 그들도 함께 소통하고 협력할 수 있는 대상임을 이해하게 될 것이다. 또 국내 프로축구계도 관심과 흥행이 제고됨으로써 한국 축구가 한층 더 발전하는 계기가 될 수 있을 것이다.

2014년 11월 연천 소년 국제축구대회 '환송 만찬' 장면

■■■

"김정은, 신분 감춘 채 6개월간 사병 생활"

필자의 베이징 특파원 기간 북한의 고위급 인사들의 입에서 나온 김정은 노동당 제1비서에 대한 일화가 있어 소개한다. 우선, 김정은의 비밀스러운 군 생활에 대한 것으로 북한 고위급 인사가 전한 것이다. 그 내용은 다음과 같다.

"김정은은 젊은 시절 신분을 감춘 채 최전방 부대에 신병으로 입소해 6개월 정도 고된 군 생활을 체험했다. 지도자 수업 차원이었다. 일반 병사와 똑같이 불침번도 서고 얼차려까지 받았다. 6개월 군 생활 동안 호위병 1명이 대동했을 뿐 해당 부대에서는 누구도 김정은의 신분을 몰랐다. 이렇게 군 생활을 하다 보니 김정은은 내무반 생활과 초병 생활의 어려움과 열악함을 속속들이 알게 됐다.

이후 지도자 신분으로 군 부대 시찰을 가면 겉으로 드러나지 않는 부분을 지적할 수 있게 됐다. 한 번은 김정은이 부대 시찰을 갔을 때 돼지우리에 있는 돼지들이 심하게 울어댔다. 그러자 김정은은 "돼지는 우리가 바뀌면 울게 돼 있다. 내가 시찰 나온다고 하니까 동네 돼지들 다 잡아다 모아 놓으니 이렇게 우는 거 아닌가?"라고 지적했다. 또 다른 부대 시찰 때는 열병식을 하는 사병들을 둘러보더니 뒷줄에 서 있는 사병들을 앞으로 끌고 나오며 이런 말을 했다. "앞줄에 있는 사병들은 건장한데 뒤에 있는 사병들은 왜 이 모양인가? 제대로 먹이질 않으니 이처럼 마른 것 아니냐'라며 부대 지휘관을 질책했다. 이는 모두 김정은 자신이 군 부대 생활을 하면서 직접 체험했기에 지적이 가능한 것이었다."

북한 보위부 소속의 한 간부는 김정은에 대해 다음과 같은 일화를 전했다.

"김일성 주석 생존 시절, 김 주석은 손자들을 데리고 놀면서 주변의 밤나무를 가리키며 "할아버지한테 누가 저 밤 따줄래?'하고 물었다. 정은의 형인 정철과 정남 등은 서로 "제가 따겠다"고 말했다, 그런데 제일 어린 정은이 "저는 톱으로 밤나무를 베어서 통째로 갖다 드리겠다"라고 말했다."

두 일화 모두 진위 여부 확인은 어렵다. 또 '김정은 우상화' 차원에서 만들어낸 일화일 가능성도 있다.

02

내가 만난 북한 사람들

■■■

북 고위급 인사, "북, 핵잠수함 보유"를 말하다

'2010년 북한 3차 핵실험' 첫 보도

2010년 4월 20일 YTN 베이징 특파원에 부임한 지 석 달째 되던 날. 필자는 세상을 시끄럽게 할 보도를 했다. "북한이 그 해 5월이나 6월 제3차 핵실험을 실시할 가능성이 높다"는 보도였다. 전 달인 3월 26일 발생한 천안함 침몰 사건으로 당시 한반도는 긴장감이 한껏 고조돼 있던 시기. 이런 와중에 북한이 핵실험을 한다니 세계 언론의 주목을 받을 사안이었다. 취재원은 과거 북한의 1,2차 핵실험을 사전에 인지했다고 말하는 인사였다. 그는 "3차 핵실험은 과거 1,2차 때와는 달리 자체 기술력이 상당히 반영되고 완성도 또한 높아질 것"이라고 설명했다.

보도는 적잖은 파장을 불러 일으켰고, 미 국무부 정례 브리핑에서도 다뤄졌다. 하지만, 미 국무부 대변인은 관련 질문을 받은 뒤 "미국은 그런 보도에 회의적"이라고 말했다. 많은 북한 관련 보도가 그렇듯 당시 필자의 보도 역시 한바탕 오보 소동으로 여겨졌다. 그릇된 보도로 세상을 시끄럽게 했다는 비난 시선도 따가웠다.

하지만 필자의 취재원은 자신의 정보가 '확실하다'고 거듭 강조하며,

김정은 노동당 제1비서의 신형 반함선(대함)로켓 시험발사 참관 장면- 노동신문 2015년 2월 7일 1면

앞으로 관련 정보가 하나 둘 나올 것이니 두고 보자고 말했다. 그러면서 또 다른 정보를 전했는데 그 내용은 다음과 같다.

"북한의 핵 기술자 100여 명이 신분을 위장해 이란의 여러 지역에 들어가 있다. 북한은 이미 오래 전부터 이란과 핵 기술자 교류를 빈번하게 해오고 있었다. 미 정보 당국은 이란에 들어온 북한 인사들의 여권 번호까지 파악하고 있다. 한국 국정원도 이들의 동태 파악을 추적하고 있다. 이란 핵 기술자들도 최근 평양에 들어갔는데, 이들의 움직임도 미 정보 당국은 파악하고 있다."

그러면서 한국과 미국, 일본 정보 당국이 북한의 2010년 3차 핵실험 정보를 공유하고 있고, 상황을 예의주시하고 있다고 덧붙였다.

필자의 보도 바로 다음 달인 5월 12일 북한의 노동당 기관지인 노동신문은 1면 기사를 통해 "핵융합 반응을 성공시키는 자랑찬 성과를 이룩했다"면서 "핵융합 성공은 발전하는 북한의 첨단과학 기술 면모를 과시한 일대 사변"이라고 보도했다. 1,2차 핵실험보다 진일보한 핵실험이라는 필자의 보도와 유사한 내용이었다. 하지만 북한 노동신문 보도에 대해 한국과 미국 정부는 회의적인 반응을 보였다.

그런데 한국과 미국 정부의 반응과 달리 '2010년 5월 북한의 핵실험'을 인정하는 전문가들의 주장이 세계 곳곳에서 이어졌다. 이와 관련해 연합뉴스 등 언론 매체들의 보도를 보면 다음과 같다. 2012년 4월 스웨덴 국방연구소의 대기과학자인 '에릭 라스 데 예르'는 세계적인 권위를 가진 군사과학 저널 『과학과 세계안보』에 게재한 논문에서 "북한이 2010년 4월과 5월 두 차례 핵실험을 했다"고 밝혔다. 그는 근거로 '한국과 일본, 러시아의 핵물질 감시 관측소와 포괄적핵실험금지조약기구(CTBTO)의 국제 모니터링 시스템이 수집한 한반도 상공의 대기 데이터 분석 결과'를 제시했다.

2014년 11월에는 중국과학기술대학 연구팀이 지구물리학 국제학술지 『지진학연구소식』에 게재한 논문에서 "북한이 2010년 5월 12일 소규모 핵실험을 한 사실을 '미진(微震)검측 방식'을 통해 확인했다"고 밝혔다. 2015년 2월 중순에는 마이클 쇼프너 미국 프린스턴대 연구원과 율리히 쿤 독일 함부르크대 연구원이 미국 핵과학자 회보에서 북한의 2010년 5월 핵실험 가능성을 밝혔다. 이들 연구원은 그 근거로 '2015년 1월 발생된 지진파 분석 결과'를 언급했다. "2010년 5월 동아시아 지역에서 방사능 핵종과 비활성 기체를 탐지하는 복수의 관측소가 핵실험 과정에서 나온 것으로 보이는 다양한 핵종을 포집했다"는 설명이었다.

2010년 4월 20일 당시 필자의 보도는 오보로 낙인 찍혔지만, 이후 진행 과정은 필자의 보도가 오히려 특종이었을 가능성을 보여주고 있다. 북한 기사는 오보와 특종이 종이 한 장 차이라는 것을 여실히 보여주는 사례라 하겠다.

"북, 핵잠수함 보유"

2010년 북한의 3차 핵실험 관련 취재에 이어 베이징 특파원 기간 필자는 또 다른 주목할 만한 이야기를 들었다. 2013년 북한의 고위층 인사가 한 발언으로 이 책에서 처음 공개한다. 미국의 대북 제재와 관련한 내용이 대화 소재로 떠오르자 북측 인사가 돌연 흥분하더니 핵잠수함(주: 핵잠수함은 핵무기를 실었는지 여부에 상관없이 핵에너지에서 추진 동력을 얻는 잠수함을 뜻한다)과 관련한 발언을 하기 시작했다. 당시 그의 발언은 다음과 같다.

"대륙 간 탄도 미사일로 미국을 때릴 게 뭐 있나? 잠수함으로 때리면 되는데… 2010년에 이미 미국을 때릴 핵잠수함 보여줬다. 좌표를 보여줬다."

그의 핵잠수함 발언에 깜짝 놀라 필자는 북측이 핵잠수함을 보유하고 있느냐고 물었다.

"그걸 몰랐나? 한 두 대 뿐인가? 핵잠수함에서는 3~4개월 잠수해서 견딜 수 있다. 디젤 잠수함은 산소가 없어서 안 되고, 수면 위로 올라오면 위성과 정찰기로 실시간 감시하기 때문에 안 된다."

더 이상 깊은 대화를 나눌 순 없는 상황이 아쉬웠다.

북한 고위급 인사의 이러한 발언은 어떻게 평가해야 할까? 한 군사·무기 전문가는 자신의 신분을 공개하지 않는 조건으로 다음과 같은 언급을 했다.

"북한 고위급 인사가 그런 발언을 했다는 자체가 놀라운 일이다. 핵잠수함이 3-4개월 잠수해서 견딜 수 있다는 표현, 또 디젤 잠수함은 산소 공급을 위해 주기적으로 수면 위로 올라와야하기 때문에 위성과 정찰기에 노출이 된다는 표현 모두 맞는 말이다. 재래식 잠수함은 장기간 잠수할 수 없기 때문에 주기적으로 수면 위로 올라오면서 위성센서 등에 노출된다. 재래식 잠수함으로 미국을 공격한다는 것은 사실상 불가능하기 때문에 북한이 장기간 잠수 가능한 핵잠수함을 개발할 것이라는 관측은 계속 있어왔다. 하지만, 지금까지 북한이 핵잠수함을 이미 보유하고 있다는 것은 나온 적이 없는 이야기다. 만일 북한 고위급 인사의 이 발언이 사실이라면 북한은 굉장히 이른 시기에 핵잠수함을 보유한 셈이고, 이는 매우 놀라운 일이다."

만일 사실이라면 이와 관련한 정보를 한국과 미국 정보는 이미 알고 있는 것 아니냐고 묻자 그는 이렇게 답했다.

"북한의 핵잠수함 보유 사실을 한국과 미국 정부가 인지하고 있는지 여부는 알 길이 없다. 설령 양국 정부가 그런 사실을 인지하고 있더라도 대외적으로는 전략적 차원에서 결코 발표할 수 없을 것이다."

우연히 터져 나온 북한 고위급 인사의 발언은 과연 사실일까? 우선, 북한 특유의 과장이나 허풍일 가능성을 배제할 수 없다. 북한이 종종 하듯 미국을 공격할 만큼 충분히 강하다는 것을 보여주기 위한 과시 차원에서 말이다. 하지만 필자로선 그의 말이 단순한 허풍으로만 여겨지진 않는다. 그가 내뱉은 발언 가운데 훗날 사실로 드러난 경우가 적지 않았기 때문이다. 특히 그는 북한 권력층 자제들의 모임인 봉화조 멤버이고, 미국을 상대로 하는 북한 외교가 유력 인사와도 절친한 사이이다. 필자는 이 인사가 흥분 상태에서 부지불식간에 자신이 알고 있는 진실을 내뱉었을 가능성도 있다고 본다.

■ ■ ■

그녀에게 닥친 '가혹한 운명'

천안함 침몰 사건이 발생한 2010년 3월 26일. 이날 오전 중국 랴오닝성
(遼寧省) 뤼순(旅順)에서는 남북한 인사들이 만나고 있었다. 안중근 의
사 순국 100주년 기념행사 자리였다. 뤼순 감옥에서 형장의 이슬로 사
라진 안 의사의 넋을 기리는 자리. 남한에서는 당시 박진 의원 등 국회
외교통일위원회 위원들이, 북한에서는 장재언 조선종교인협의회장 등
6명이 참석했다. 필자가 특파원으로 부임한 지 두 달이 갓 지난 시점이
었다.

　필자는 안 의사 관련 취재를 마치고 다롄(大連)에서 베이징 복귀를
준비하던 중 천안함 침몰 소식을 들었다. 한국의 많은 특파원들이 랴
오닝성 단둥(丹東)으로 모여들었다. 단둥은 압록강을 사이에 두고 북
한 신의주와 마주하는 지역이다. 중국에서 가장 많은 북한 사람이 찾
는 지역으로, 북한 이슈가 터질 때마다 세계 언론이 단골로 찾는 곳이
기도 하다. 단둥 거리는 기자들로 가득했다. 북한에 대해서는 모든 것
이 생소한 새내기 중국 특파원도 무엇인가 찾으려고 밑도 끝도 없이
뛰어다녔다. 발품을 팔고 다니던 어느 날, 드디어 북한 주민과 접촉할
수 있다는 취재원을 만났다.

천안함 침몰 사건이 발생한 2010년 3월 26일 중국 랴오닝성(遼寧省) 뤼순(旅順)에서 열린 안중근 의사 순국 100주년 기념행사 (ytn 보도 화면)

2010년 3월 30일 밤, 필자와 카메라맨은 취재원 A씨와 함께 단둥 시내 모처로 향했다. 일단 남한 기자 신분은 감추기로 했다. 어둠 속에서 만난 사람들은 50대 여성 2명으로, 평양 시민이었다. 예상보다 살집이 두둑했고 여유도 있어 보였다. 준비된 승합차에 함께 타고 시내의 한 아파트로 이동했다. 조심스럽게 몇 가지를 물었다. 천안함 침몰 사건에 대해 아는지, 요즘 평양 분위기는 어떤지. 이들은 천안함 침몰 사건에 대해서는 전혀 모르고 있었다. 평양 생활에 대해서는 시민들이 아주 잘 살고 있다는 얘기를 거듭 강조했다.

이들과 함께 찾아간 아파트에선 남성 2명이 기다리고 있었다. 한 명은 목사, 다른 한 명은 평양 여성들을 만나기로 한 남한의 친척이었다. 목사의 도움으로 남북한 주민이 비밀리에 만나는 현장이었던 것. 친척 안부를 물으며 이런저런 얘기를 나누는 것을 보니 이전에도 만난 적이 있었다. 이들의 만남을 우리는 조용히 촬영했다.

친척 간 대화가 마무리될 무렵, 필자가 신분을 밝혔다. 난리가 났다. 모임을 주선한 목사가 당장 분노를 터뜨렸다. "보도하기만 하면 가만두

지 않겠다"는 엄포도 이어졌다. 평양에서 온 두 여인은 "보도하면 우리 모두 죽게 된다"면서 울음을 터뜨렸다. 도무지 설득이 불가능한 상황이었다. 취재를 접은 채 걱정하지 말라고 달래며 나오는데 남한 친척 남성이 따라 나왔다. 엘리베이터 앞에서 필자의 두 손을 부여잡은 그도 눈물을 보였다. "제발 살려주세요. 부탁합니다." 결국 필자는 기사를 포기했다. 특파원 기간 처음 만난 북한 주민 이야기는 이렇게 사라졌다.

기회는 이내 다시 찾아왔다. 며칠 뒤 필자는 또 다른 북한 여성을 만났다. 취재원으로부터 탈북 여성이 단둥의 한 식당에서 일한다는 정보를 얻고 곧바로 식당을 방문했다. 음식을 주문하면서 여성을 살폈다. 바짝 마른 작은 몸, 두 뺨은 동상에 걸린 듯 붉다. 말투는 분명 북한 말투였다. 이튿날 점심, 다시 식당을 찾아 방을 잡았다. 여성이 주문을 받으러 오자 재빨리 말을 건넸다.

"북쪽에서 왔죠? 걱정하지 말아요. 절대로 해가 되는 일은 없을 테니. 따로 만나 얘기 좀 할 수 있겠어요?"

여성은 깜짝 놀랐다. 수차례 안심시킨 뒤에야 휴대전화 번호를 받을 수 있었다. 여성은 일을 다 마친 밤늦게나 나올 수 있다고 했다. 4월 6일 우리는 이 여성에 대한 정보를 제공해준 취재원의 집에서 여성을 만났다.

이 북한 여성 K씨가 전한 사연은 이렇다. 2008년 가을, 당시 19세였던 그는 북한에서 장거리 기차여행을 하고 있었다. 기차 안에서 한 중년 부부와 말을 나누던 그는 그들이 건네준 물을 마시고는 그만 정신을 잃고 쓰러졌다. 정신을 차려 보니 택시

2010년 4월 단둥에서 만난 K씨, 그는 납치의 트라우마가 있는 음료수를 끝내 입에 대지 않았다 (ytn 보도 화면)

안이었다. 도착한 곳은 중국 지린성(吉林省)의 한 모텔. 납치였다.

나중에 K가 알게 된 사실은 이렇다. K를 납치한 것은 조선족(재중국 동포)부부. 북한과 중국의 국경을 통과하는 과정에서 이들 부부는 북한군 경계병에게 8,000위안(한국 돈 130만 원 남짓)을 건넸다. 그러고는 중국에 넘어와 K를 1만 5,000위안(한국 돈 240만 원 정도)에 팔았다. 그 과정에는 중국 공안당국 관계자도 가담했다.

K는 북한에서 넘어온 다른 여성 7~8명과 단체생활을 했다. 북한에서의 생활이 너무 힘들어 스스로 원해서 팔려온 경우가 많았다. K는 모텔 생활을 하는 동안 중국인 청년을 만나 동거에 들어갔고, 딸을 낳았다. 그러나 자신을 노리개 취급하는 남자에게 질려 이내 탈출을 감행하게 된다. 졸지에 탈북자가 돼 갓난아기인 딸과 함께 북·중 접경지역을 전전하는 신세가 됐다. 돼지 사육장과 식당을 오가는 생활이 이어졌다.

K는 당시 두 살이 된 딸의 미래를 가장 걱정했다. 몸이 아무리 고돼도 아무 생각 없이 일만 할 수 있다면 좋으련만, 아이의 인생을 생각하면 그럴 수 없다며 울먹였다. K의 유일한 소원은 딸과 함께 한국에 가거나, 아예 중국인 신분으로 살아가는 것이었다. 뒷돈을 주고 중국인 신분증을 사는 데 필요한 비용은 3만 위안이라고 했다. 아침부터 밤늦게까지 3년을 내리 식당에서 일해야 벌 수 있는 돈이다. 가느다란 입에서 긴 한숨이 흘러나왔다.

2시간 가까이 얘기하는 동안 K는 입이 마른지 연신 혀로 입술을 적셨다. 음료수라도 좀 마셔가며 얘기하라고 권했지만, 그는 끝까지 탁자 위 음료수 잔에 손을 대지 않았다. "그 사건 이후로는 처음 만난 사람과의 자리에선 아무것도 마실 수가 없어요." 운명은 생각보다 많은 것을 바꿔놓은 듯했다.

북적이는 단둥 시내, 단둥에서 바라본 신의주, 단둥과 신의주를 잇는 단둥철교와 유람선(위로부터)

■■■

좌충우돌 北 최초 엑스포관(館)…日 언론 쫓겨나

피랍 북한 여성 취재를 마친 뒤 얼마 지나지 않아 필자는 상하이에서 뜻밖의 북한 취재를 하게 됐다. 2010년 5월 1일 개막한 상하이 엑스포장에서였다. 상하이 엑스포에는 북한도 참여해 엑스포관을 열었다. 북한이 엑스포관을 연 것은 이때가 처음이었다. 북한관은 한국관에서 100m 정도 떨어진 거리에 위치했다. 북한관은 모든 면에서 한국관과는 비교가 되지 않았다. 부지 면적은 한국관의 1/6이 채 안 되는 1,000㎡. 자체 건물을 지은 한국관과 달리 중국 측이 건설해서 제공하는 임대관(賃貸館)을 썼다. 북한관의 외관 역시 화려한 모양의 다른 국가관과 대비되며 단순, 소박한 모습이었다.

　필자는 엑스포 개막 첫 날 북한관을 찾았다. 카메라맨과 함께 북한관 안으로 들어가려는데 입구를 지키는 남성이 우리를 막았다. 한눈에 북한 사람임을 알아보고 한국어로 왜 막느냐고 물었더니 상대는 굳이 영어를 사용하며 방송 촬영은 안 된다고 답했다. 마침 서양의 방송 카메라맨이 안으로 들어가는 것을 보고 따졌다. "왜 저들은 되는데 우리는 안 되나? 남쪽에서 왔다고 차별하나? 엑스포에서는 모든 관을 다 공개하도록 돼 있는데 이럴 수가 있나?" 그랬더니 상대는 갑자기 한국어

2010 상하이엑스포 북한 전시관(상) 내부(하), 소박한 외관, 내부 역시 소박하다 (ytn 보도 화면)

로 말을 바꾸더니 태도를 누그러뜨렸다. "내가 언제 안 된다고 했는가? 줄을 서서 들어오라는 것이었지." 이렇게 싸우다시피 해서 북한관으로 들어갈 수 있었다.

단층 건물인 북한관의 주제는 '평양의 도시발전'. 1층에만 전시공간을 마련했다. 미사일 발사 등 북한의 위상을 알리는 홍보-선전 영상이 여러 대의 TV를 통해 반복해서 나왔다. 출구 쪽에는 각종 책자와 우표 등 북한 제품을 판매하는 코너를 별도로 마련해뒀다. 전체적으로 콘텐츠가 단순, 빈약하고 조잡하기까지 해 다른 국가관과는 뚜렷하게 대조를 이뤘다.

상하이엑스포 북한관 취재를 놓고 실랑이를 벌이는 일본 취재진과 북측 (ytn 보도 화면)

그런데 개장한 지 얼마 지나지 않아 취재진과의 마찰이 또 발생했다. 이번에는 일본 언론이 대상이었다. 일본의 한 방송 취재진이 전시된 대동강 모형 전시물의 문제점을 취재하는 모습을 보이자 북한 엑스포 관계자들이 달려들어 취재를 막아선 것. 상하이 엑스포 북한관장은 일본 취재진을 향해 "촬영 장면을 지우라. 안 지우면 취재를 중단시키겠다"고 위협했다. 일본 취재진이 지울 수 없다고 버티자 북한관 내부의 사무실로 끌고 들어갔다. 그리고 한참을 실랑이를 벌이더니 결국 일본 취재진은 취재를 포기하고 북한관에서 쫓겨났다. 일본 취재진을 쫓아낸 상하이 엑스포 북한관장을 붙잡고 북한관의 특징에 대해 질문을 했다. 북한관장은 "도시를 인민의 낙원으로 만들자는 게 우리의 주제니까 그렇게 알고 취재를 충분히 하라"고 말했다.

북한관 개장 이후 1시간쯤 지났을 때 또 다른 문제가 생겼다. 바닥에 물이 흥건하게 고이기 시작한 것. 전시장 한가운데 위치한 분수대에 이상이 생긴 것으로 보였다. 이래저래 문제가 많았지만 북한관을 둘러본 중국인들은 크게 개의치 않는 모습이었다. 많은 중국인들이 북한관에 대해 호감을 표시했다. 후베이성(湖北省)에서 온 한 청년은 "북한의 기념비와 여기에 걸려 있는 그림들이 중국과 비슷해서 친근함을 느낀다"고 말했다.

2015년 엑스포는 이탈리아의 상업과 금융, 공업, 예술 중심 도시인 밀라노 시에서 열린다. 국제화를 지향하는 김정은 체제의 성격으로 봤을 때 북한은 밀라노 엑스포에도 참가할 가능성이 커 보인다. 밀라노 엑스포에서도 북한관이 등장한다면, 5년 전 상하이 엑스포의 북한관과 얼마나 달라져 있을까? 필자에겐 이것이 밀라노 엑스포의 관전 포인트 가운데 하나가 되고 있다.

■■■

은밀한 '방북 취재' 타진, 고위급 인사 A는 OK했지만…

중국 특파원을 하는 동안 필자는 운이 좋은 편이었다. 기자로서 접하기 어려운 북한 엘리트들을 수차례 만났기 때문이다. 고위급도 있었고, 중간급도 있었다. 이들을 통해 필자는 세 가지 측면에서 북한 속내를 들여다볼 수 있는 기회를 얻었다. 첫째는 이명박 정부와 5·24 조치에 대한 북한의 속마음, 둘째는 김정일 사망이라는 급변 상황에 대처하는 북한의 움직임, 마지막으로 김정은 체제의 지향점이다.

이 때문에 '내가 만난 북한 엘리트'에 대해서는 할 이야기가 많다. 다만 이들의 신분에 대해, 그리고 일부 내용에 대해서는 구체적으로 기술할 수 없다는 점은 양해를 구한다. 신분이 노출되면 당사자는 물론 주변 인물들까지 곤란해질 수 있기 때문이다.

2011년 가을 어느 날 저녁, 중국 베이징에 있는 한 북한 식당을 찾았다. 김정일 국방위원장 사망이라는 초대형 이슈가 터지기 불과 몇 개월 전이었다. 종업원 안내에 따라 널찍한 룸 안으로 들어갔다. 중년의 북한 남성 A씨가 환한 웃음으로 필자를 맞았다. 적당히 살찐 외모에 상대를 반갑게 맞는 태도 때문인지 첫인상이 푸근하고 편했다. 그러나 그 구릿빛 얼굴 위 눈빛만은 강하고 날카로웠다.

필자는 명함을 건넸지만 그는 받기만 할 뿐 아무것도 주지 않았다. 자신이 누구인지 직책도 이름도 말하지 않았다. 여러 북한 인사를 만나다 보니 이런 풍경에 필자도 익숙해진 터였다. 그의 높은 신분은 이후 다른 경로를 통해 알게 됐다.

A를 만난 이유는 방북 취재 등을 논의하기 위해서였다. 천안함 침몰과 연평도 포격, 김정일 위원장의 유례없는 잇단 중국 방문(1년여 동안 4차례)까지…. 전 세계가 한반도를 쳐다보던 이 긴박한 시기, 기자라면 누구나 북한 내부 취재를 원했을 것이다.

식당 측에서는 고위층 인사가 남쪽 손님과 함께 온다는 사실을 미리 알고 있었다. 우리는 북한 술이 곁든 북한 음식을 함께 했다. 필자가 먼저 입을 열어 소속 회사 소개부터 꺼냈다. 좌나 우 어느 한쪽으로도 치우치지 않는 중립적인 보도가 특징이라고 강조했다. A는 "우리가 보기에도 YTN은 그렇게 나쁘지 않다. 괜찮은 편"이라는 반응을 보였다. A의 긍정적인 반응에 힘입어 필자는 곧바로 본론으로 들어갔다.

"직접 북한에 들어가 취재를 해보고 싶다. 취재는 북측에서 허용하는 지역에서만 하겠다. 몰래 취재는 하지 않는다."

희망 취재 포인트로는 세 곳을 제시했다. 평양 시내와 나선 특구(羅先津特區: 나진선봉 특구), 그리고 무산 광산(茂山鑛山) 등 자원개발 현장. 모두 북한의 개발과 변화를 엿볼 수 있는 지역이다. 그와 동시에 북측 처지에서도 공개하는 데 큰 부담이 없는 지역이라고 판단했다. A는 즉답을 피한 채 시간을 두고 생각해보자고만 말했다.

북한 식당은 식사하면서 여성들의 공연을 보는 게 특징이다. 이날도 식사를 하는데 공연 팀이 등장했다. 미모의 북한 여성들이 북한 노래와 춤을 선보였다. 특히 한 여성의 가야금 연주가 탁월했다. 줄을 뜯는 현란한 손놀림에서 나오는 명징한 소리. 감탄이 절로 나왔다. 중국에

북한 고위급 인사 A와 필자가 처음 만났던 중국 베이징에 있는 북한 식당

있는 동안 북한 식당에서 공연을 제법 본 편이지만, 그때처럼 보는 이
의 시선을 확 잡아당긴 연주는 기억에 없다. A 역시 이 여성의 가야금
연주 실력은 알아주는 수준이라고 했다. 중국에 나와 있는 북한 여성
가운데 단연 으뜸이라는 것이었다.

주거니 받거니 술잔이 돌고 분위기가 무르익는데, A가 돌연 가장 마
음에 드는 여성이 누구냐고 묻는다. "모두 미인이라서 다 좋다"고 답하
자 대뜸 한 명을 골라 춤을 추라고 한다. 필자가 머뭇거리자 강제로 한
명을 지목한다. 엉겁결에 2명 정도와 블루스를 춰야 했다. 베이징에 있
는 북한 식당에서 여성 종업원과 춤을 추는 것은 쉽지 않은 일이다. 북
측에서 이를 금하기 때문이다. 당시 A는 블루스를 추는 필자에게 "이렇
게 춤추는 것은 엄청난 특혜"라고 말하기도 했다.

북한 술을 마신 뒤에는 맥주와 양주를 섞은 폭탄주가 돌았다. 필자
는 술이 그다지 세지 않은 편이지만, 이날은 평소 주량에 비해 상당히
많이 마셨다. 하지만 취하지는 않았다. 취할 수가 없었다. 정신도 또렷
했다. 행여 실수를 해서는 안 된다는 중압감, 긴장감 때문이었으리라.

A와 평양 취재에 합의했던 러시아 레스토랑이 있던 식당가

취기가 오른 A가 노래를 부르자고 제안했다. 북한 식당이다 보니 노래책에 남한 노래는 없었다. 남쪽 노래가 없어서 곤란하다고 하자 "그럼 북쪽 노래로 한 곡조 뽑으라"고 한다. 아는 노래가 없다고 사양하니 이번에는 "그럼 나와 같이 부르자"고 조른다. 북한 노래는 대부분 김일성이나 김정일 찬양가였다. 아무리 술을 마셨대도 이런 노래를 따라 부르는 게 내킬 리 없다. "다음 기회가 오면 그때 부르겠다"며 그 대신 중국 노래를 골랐다. 대만 가수 덩리쥔(鄧麗君)의 '달빛이 내 마음을 비추네(月亮代我的心)'를 불렀다.

A는 "노래 잘하는구먼. 같은 동포인데 어떻게 중국 노래만 부르나. 우리 노래도 불러보라"며 계속 청했다. 난감해하던 차에 북한 여성이 부르는 노래가 귀에 들어왔다. '심장에 남는 사람'이었다. 필자가 "가사도, 곡도 좋다"고 하자 가수 조용필이 평양을 방문했을 때 부른 노래라고 소개해준다. 드디어 같이 부를 만한 노래를 찾았다. 함께 어깨동무를 하고 마이크를 잡았다. 그렇지만 역시나, 가사 마지막 구절에는 예의 '장군님 찬양'이 담겨 있었다. 이 부분에서는 입을 꾹 다물었다. 그

러든 말든 A는 내가 이 노래를 함께 부른 것만으로도 매우 기분이 좋아진 듯 보였다. 이런 기회를 놓칠 수는 없었다. A에게 북한 취재에 관해 다시 말을 꺼냈다.

"한반도가 많이 시끄럽다. 세계 언론이 너나 할 것 없이 주요 기사로 다룬다. 북측 처지에서 보면 얼토당토않은 보도도 있을 것이다. 그런 보도가 있다면 북쪽으로서는 화가 날 것 아닌가. 내 취재를 허용해 달라. 내가 들어가면 두 눈으로 분명하게 확인한 것을 토대로 보도하겠다. 악의적인 왜곡 보도는 하지 않겠다. 있는 그대로 보도하겠다."

A는 필자의 말에 관심을 보였다. 전혀 사실과 다른 보도가 수두룩하다며 분노를 터뜨렸다. 필자는 곧바로 말했다. "언론이 보도한 것 가운데 사실과 다른 게 있다면 말해 달라. 내가 보도할 수 있다. 그 대신 확실한 물증만 달라." 그러면서 '정치적 색깔이 없다'는 소속 회사의 강점을 재차 강조했다. A는 고개를 끄덕였다. 물론 그는 필자를 만나기 전 YTN에 대한 정보를 미리 확인했을 것이다.

A도 필자도 서로의 대화에 흡족해하는 분위기가 됐다. 필자는 이번 만남으로 끝내지 말고 앞으로도 계속 만남을 이어갔으면 좋겠다는 뜻을 전했다. A도 흔쾌히 "좋다"고 화답했다. 다만 전제조건을 달았다. 이 만남에 대해 누구에게도 말하지 말라는 요구였다. 그렇게 약속한 뒤 우리는 북한 식당에서의 거한 술자리를 마치고 헤어졌다.

첫 만남 이후 A와 필자는 몇 차례 통화하거나 만남을 가졌다. 연락은 그가 먼저 했다. 통화 첫마디는 늘 같았다. "안녕하십니까? ○○○○." 그와 필자가 사전에 약속한 일종의 암호였다. A와 다시 만났다. 이번엔 러시아 레스토랑에서였다.

A는 '평양 취재'가 가능할 것이라는 긍정적인 메시지를 들고 나왔다. 하지만 나선 특구 취재는 어렵다고 했다. 나선에 들어가려면 중국 쪽

승인도 받아야 하는데 난색을 보인다는 것이다. 또 무산 광산 등 자원 개발 현장 역시 힘들다고 했다.

그 정도로도 좋았다. 긴장과 긴박함이 넘치는 시기에 북한 중심으로 들어갈 수 있다는 것, 현장 분위기를 두 눈으로 똑똑히 확인할 수 있다는 것만으로도 의미가 있겠다 싶었다. 아무리 북측이 주선하는 제한된 취재라 해도 마다할 수 없는 기회였다. 이 무렵 평양은 도시 곳곳에서 개발 공사가 한창이었다. 북측 당국도 평양의 변화상, 개발상을 외부 언론이 보도해주는 게 오히려 홍보 효과가 크다고 판단했을 것이다.

하지만 정작 중요한 것은 나선이냐 평양이냐가 아니었다. 북한이 오케이를 하더라도 우리 정부의 승인이 없으면 방북 취재가 어렵기 때문이다. 당시 필자는 이 문제를 논의하려고 베이징 주중한국대사관 관계자를 몇 차례 만났다. 방북 취재에 대한 필자의 희망을 말하자 이 관계자는 쓴 웃음을 지으며 "아마 힘들 것"이라고 대답했다. 실제로 이명박 정부에서는 언론인의 방북 취재를 일체 불허했다. 결국 필자의 방북 취재 계획은 무산됐다. 이후 이런 결과를 알려주자 A는 실망하는 빛이 역력했다.

A는 '사상적으로 단단하게 무장돼 있어 빈틈이 없다'는 느낌을 주는 인물이다. 방북 취재와 관련한 대화를 나누는 과정에서도 이를 확인할 수 있었다. 그는 "중요한 것은 돈이 아니라 정신"이라는 말을 여러 차례 했다. 북한 취재를 허락할 것인지 말 것인지를 판단하는 가장 중요한 기준은 '어떤 시각으로 어떻게 보도하는가'라는 이야기였다. 그러면서 한국의 특정 언론사를 언급하며 그런 곳은 결코 허락할 수 없다고 했다.

통상 방북 취재를 위해서는 북측에 일정 비용을 지불하는 게 관행처럼 돼 있었다. 일부 인사들은 그 과정에서 일종의 수수료를 챙기기도 한다. 그러나 A는 "공화국에 돈은 얼마든지 있다. 최소한 나와 이야기할 때 돈은 중요치 않다"고 강조했다. 이런 반응은 방북 취재를 위해 그간 접촉했던 다른 인사들과는 분명 달랐다. 물론 그의 담당 분야가 달라서일 수 있다.

A와 대화를 나누는 동안 때로는 어떤 중압감이 느껴지기도 했다. 상대의 정보를 세밀하게 장악해 기선을 제압하려 한다는 느낌을 받았기 때문이다. 하지만 그가 입 밖으로 꺼낸 말 자체는 신뢰할 만했다. 가볍게 말하는 스타일이 아니었다. 되는 것을 안 된다고 하거나 안 되는 것을 된다고 하는 경우가 없었다. 예를 들어 필자는 그에게 김정일 국방위원장이나 후계자 김정은과의 인터뷰가 가능할지 물은 적이 있다. 돌아온 답은 "노(No)!"였다. 엄지손가락을 치키며 "이건 불가능하다"고 단호하게 말했다.

북한 측 인사나 정보원 중에는 도저히 가능하지 않은 것을 해주겠다고 말하는 이가 있다. 물론 사탕발림이다. 기자의 호기심을 자극해 이를 미끼로 밥이나 술을 얻어먹고, 때로는 돈을 요구하기도 한다. 한국 특파원에 비해 재원과 인적자원이 넉넉한 일본 특파원은 이런 경우를 훨씬 자주 겪는다. 하지만 A는 이런 면에서 결코 가볍게 언행하지 않았다. 장난치지 않는 인물이었다. 그는 훗날 베이징에서 한국의 유력 인사와도 비밀리에 만나 남북 현안에 대해 깊숙하고도 내밀한 대화를 나눴다.

■■■

아무리 취해도 자기검열…'최고 존엄' 거론 땐 얼음장

B를 처음 만난 것은 2012년 봄 김정은 체제가 막 들어선 시점이었다. A와 마찬가지로 B 역시 북한 고위급 인사다. 그는 필자가 만난 북한 사람 가운데 가장 놀랍고 기억에 남는 인물이다. 우리가 기존에 가진 북한 사람에 대한 이미지와는 너무 달랐기 때문이다.

첫 만남은 B를 잘 아는 지인 덕분에 성사됐다. 우연하고도 갑작스러운 만남에 필자는 바짝 긴장했다. 이유는 크게 두 가지. 기자 신분을 감춰야 한다는 부담감(신분을 밝혔다면 만남 자체가 불가능했을 것이다), 그리고 B의 높은 직위 때문이었다. 하지만 만남을 앞두고 느꼈던 긴장감은 막상 그를 만나자 눈 녹듯 사르르 없어져버렸다. 워낙 편하고 재미있는 그의 태도 때문이었다. 이후 우리는 여러 차례 만남을 가졌다.

B는 편안한 중·장년 이미지를 가졌다. 특히 말을 잘한다. 발언이 거침없고 자신감에 차 있다. 표현도 재미있어서 필자를 여러 차례 웃게 했다. 사고방식은 상상 이상으로 개방적이고 합리적인 편이었다. 얘기를 듣고 있자니 "이 사람과는 대화가 되겠는데…"라는 생각이 절로 들었다. B는 또 항상 일에 쫓겼다. 매번 업무상 통화로 바빴고 외부 일정도 많았다. 식사 약속을 잡기도 어려울 정도였다.

B는 북한 내부 문제점에 대해 과감하게 지적하기도 했다. 때때로 거침없이 비판하면서 고칠 것은 고쳐야 한다고 목소리를 높였다. 마치 외부 인사가 얘기하는 것 같았다. 북한의 고위급 인사가 내부 문제점을 성토하면서 입바른 소리를 한다는 사실에 적잖이 놀랐다.

언젠가 그가 북한 지도층 인사와 장시간 통화하는 내용을 우연히 들은 적이 있다. 대화 도중 남북 경제협력에 관한 내용이 나왔다. B가 금강산 관광에 대해 얘기를 하다가 갑자기 이런 말을 했다. "남쪽이 머저리입니까? 금강산 때 한 번 당했으면 됐지." 무슨 뜻일까.

금강산 관광 사업은 김대중 정부의 햇볕정책에 힘입어 현대그룹이 1998년 11월 시작했다. 북한도 경제 활성화 차원에서 2002년 금강산 지구를 관광특구로 지정했다. 하지만 이명박 정부 시절인 2008년 7월 북한군이 남측 관광객 박왕자 씨를 총격 살해하면서 관광 사업이 전면 중단됐다. 북한은 관광 재개를 주장했지만, 남한은 관광객의 신변안전을 보장하지 않는다면 재개는 불가능하다고 버텼다.

결국 북한은 2010년 4월 현대아산이 가진 독점사업권을 취소했다. 1년여 뒤인 2011년 11월에는 중국을 통한 금강산 국제관광을 시작했다. 이러한 조치에 대해 국제사회 비난이 거셌지만, 북측은 책임을 고스란히 남한에게 돌렸다. B가 전화통화에서 언급한 "남쪽이 머저리입니까? 금강산 때 한 번 당했으면 됐지"라는 표현은 국제 거래 관행을 인정하지 않는 북한의 떼쓰기에 대해 비판하는 발언으로 해석된다. 현대아산으로부터 독점사업권을 빼앗은 행위에 문제가 있다는 사실을 북한 지도부에서도 인지한다는 뜻이다.

늘 자유롭게 자기 소신을 얘기한 B이지만 그가 북한의 정치체제까지 비판한 것은 아니다. 오히려 정치적 발언은 최대한 자제했다. 주요 정치 현안이 대화 소재로 오를 때마다 북한 고위급 인사다운 발언을

중국의 첫 북한 단체 관광객 2010년 4월 13일 베이징 서두우 공항 (ytn 보도 화면)

했다. 천안함 사건이나 3차 핵실험 등에 대해 얘기할 때 그가 보인 반응은 북한이 발표한 공식 견해와 정확히 일치했다.

B를 만난 첫날부터 마지막 날까지 필자는 기자 신분을 감췄다. 만나면 조용히 그의 말을 경청하기만 했다. 필자가 기자라는 것을 모르는 그는 허심탄회하게 북한 현실에 대해 많은 얘기를 해줬다. 그의 얘기는 필자가 모르던, 그리고 많은 남한 사람이 알지 못하는 북한의 또 다른 측면을 이해하는 데 큰 도움을 줬다. 그가 했던 많은 얘기 가운데 상당수가 시간이 흐른 뒤 사실로 확인됐다. 공연히 허풍을 떤 게 아니었던 셈이다.

B 같은 인물이 요직에 오른다는 건 언젠가 북한이 변할 수도 있다는 희망을 품게 한다. 긍정적으로 보자면 김정은 체제의 청신호라고 읽을 수도 있었다. 이러한 분위기가 북한의 올바른 변화는 물론 우리와 중국, 나아가 세계평화를 위해서도 좋은 일이라고 생각한다면 지나치게 낙관적이고 순진한 것일까.

B와 더불어 북한의 변화 가능성에 기대를 걸게 한 인물이 또 있었다. 30대 젊은 엘리트인 C다. 필자는 그를 김정은 체제에서 만났다. 그 역

중국 베이징 주재 북한대사관 입구에서 경비를 서는 중국 공안요원(위)과 내부에 걸려 있는 '영도자 김정은' 구호

시 필자의 신분을 감춘 채 접촉했다. 그는 필자가 만난 북한 엘리트 가운데 가장 젊었다. 중진급 간부로 예의바르고 매너가 좋다는 인상을 주는 인물이었다. 중국어 구사력도 탁월했다.

　나중에 안 사실이지만, 그는 북한 지도층 인사의 자제였다. 중국 명문학교에서 학창 시절을 보냈다. 북한의 많은 엘리트는 이처럼 대를 이어가며 외국에서 교육받고 실전에서 업무를 익힌다. 그 정도 배경이라면 거만할 법도 하지만, C에게서는 그런 모습을 찾을 수 없었다. 오히려 매우 겸손했다. 화려한 집안 출신과 능력에 비춰볼 때 C는 앞으로 북한을 이끌 주요 직위에 오를 것이 확실시된다.

B나 C 같은 인물이 아무리 많아진다 해도 북한의 변화에는 한계가 있을 수밖에 없다는 견해가 있다. 물론 그럴 수 있다. 하지만 한계가 있다손 치더라도 아예 변화가 없는 것보다는 낫지 않겠는가.

D는 필자가 만난 북한 사람 가운데 가장 편한 인사였다. 통화도 자주 했고 만나기도 많이 만났다. D에게는 첫 만남 때부터 기자 신분을 밝혔다. 함께 한 술자리도 적잖았다. D가 편했던 이유는 그가 남한에 대해 잘 알았기 때문이다. 얘기를 나누다 보면 이 사람이 남한 사람인지, 북한 사람인지 헷갈릴 정도였다. 남한 노래와 문화를 소재로 농담을 주고받을 수 있는 사람이다. 어떤 때는 서울에서 유행하는 노래나 코미디, 유행어를 필자보다 더 많이 알았다. 머리 회전도 빠르고 주도면밀한 인물이었다.

그러나 D가 남한 사정에 밝다고 시각까지 바뀐 것은 결코 아니었다. 결정적 순간에는 언제나 신중하고 빈틈이 없었다. 김정일 국방위원장이 살아 있던 시절, 그와 취하도록 술을 마시면서 이런 대화를 나눈 적이 있다.

"남이나 북이나 권력자가 문제다. 정치라는 게 일반 국민을 위해야 하는데 권력 유지에만 관심이 있으니⋯." 무심결에 내뱉은 필자의 그같은 말에 곧바로 반격이 들어왔다. "우리가 어디 그런가. 그런 말 하지 마라." 필자가 다시 "북쪽만 그런 게 아니라 우리도 마찬가지다. 솔직히 사실이지 않나? 북쪽 인민이 행복해하는가?"라고 되받아쳤다. 그러자 그는 정색하며 "다시는 그런 말을 하지 마라. 최고 존엄에 관한 말은 하지 마라"고 경고하는 게 아닌가. 갑자기 술맛이 뚝 떨어졌다. 적잖은 시간을 함께 보냈는데 이 정도 대화조차 불가능하단 말인가.

그와 알고 지내는 내내 어떤 경우에도 그의 입에서 북한 체제를 비판하거나 북한 내부의 누군가를 비판하는 말을 들은 적이 없다. 상대가 기자이기 때문이었을까. 오히려 술을 마실수록 D는 정신이 더 또렷해지는 것처럼 느껴졌다. 아무리 취해도 자기검열의 긴장을 늦출 수 없는 현실, 언뜻 자유로운 것처럼 보이지만 사실은 전혀 그렇지 않은, 언제나 제3의 눈을 의식하며 살아야 하는 북한 엘리트의 씁쓰레한 현실을 엿볼 수 있었다.

E는 중국에 진출한 모 기관의 기관장이었다. 그를 생각하면 가장 먼저 떠오르는 이미지가 있다. '에프엠(FM)'과 '람보(Rambo)'다. 필자는 그를 주로 술자리에서 봤다. 다른 북측 인사와 만나는 자리에 동석하는 경우가 많았다. 언젠가 술자리에서 그의 팔과 허벅지를 만져본 적이 있다. 감탄사가 절로 튀어나왔다. 마치 바윗돌처럼 온몸이 탄탄한 근육이었던 것이다. 운동으로 다져진 몸이었다. 그는 국가안전보위부(우리의 국가정보원에 해당) 소속이 아니었다. 그럼에도 몸이 운동선수마냥 탄탄했던 것이다. 중국 베이징에 나와 있는 북한 인사 중에는 그처럼 근육질 몸을 가진 사람이 종종 있다. 십중팔구 군 출신 인사일 것이다.

하지만 그는 술에는 약했다. 조금만 마셔도 얼굴이 벌게졌다. 그래서 아예 과음하지 않았고, 당연히 취하는 법이 없었다. 쓸데없는 소리를 하는 적도 없었다. 늘 정제된 표현으로 신중하게 말했다. 술자리에서 필자를 유심히 살피던 그의 조심스러운 눈빛이 기억난다.

언젠가 다른 북측 인사와 함께 술을 마신 뒤 귀가하는 길에 그의 차를 얻어 탄 적이 있다. 일제 승용차였다. 운전을 어찌나 조심스럽게 하던지, 같이 있던 북측 인사가 빨리 좀 가자고 재촉해도 아랑곳하지 않았다. 그래서 그가 남긴 이미지는 '근육질의 람보'와 더불어 'FM'이었다.

북한 관련 취재원에 북한 사람만 있는 건 아니다. 중국에는 평양을 대상으로 사업하는 이가 적지 않다. 필자는 중국인과 한국인, 미국인

필자가 북한 정보원을 만날 때 이용하던 곳 중의 하나인 베이징 캠핀스키(Kempinski) 호텔 로비. 6자
회담 등 북한 관련 외교 활동의 무대로 뉴스에 자주 등장하는 곳이다.

등 다양한 대북 사업가를 만났다. 북한과 사업을 하는 것은 아니지만
북한 관련 정보를 취급하는 일을 직업으로 삼은 이들도 있다. 이들 역
시 필자에게는 소중한 취재원이었다. 이외에도 중국에 있는 우리 공관
관계자나 일본 특파원도 취재를 위해 만나야 할 사람들이었다.

북한 안팎의 다양한 취재원에게는 한결같은 공통점이 있다. 자기 신
분을 절대 노출하지 말 것을 조건으로 내건다는 점이다. 그 때문에 취재
과정에서 에피소드가 많았다. 어떤 이는 필자와 만나면서 자기 정보가
노출됐다며 화를 낸 뒤 연락을 끊었다. 또 어떤 이는 자신이 원하는 이
익을 얻으려고 고의로 거짓 정보를 흘려주기도 했다. 이들을 만난 뒤
필자는 오보도 하고, 특종도 했다. 북한을 취재해본 경험이 있는 기자라
면 모두 공감하는 사실 하나는 오보와 특종이 종이 한 장 차이라는 점이
다. 이 분야에서 일하는 언론인의 숙명이라 해도 좋을 것이다.

■■■
北 태권도 영웅의 추락

이번 글은 필자가 직접 북한인을 만나서 취재한 것은 아니다. 북한인을 자주 접촉하는 인사를 만나 장기간 취재한 것으로 이 책을 통해 처음 공개한다.

2014년 8월 6일 중국은 마약 밀수판매 혐의로 40대와 50대 한국인 2명을 사형에 처했다. 다음 날인 8월 7일에는 또 다른 50대 한국인 한 명이 같은 혐의로 사형에 처해졌다. 한국인이 중국에서 사형당한 것은 2004년 5월 이후 10년 만에 처음이고, 마약사범에 대한 사형 집행은 2001년 이후 13년 만이었다.

8월 7일 한국인 마약사범 추가 사형 집행 소식이 국내에 알려지기 바로 직전 중국의 취재원으로부터 연락이 왔다. 이 날 오전 북한인 1명에게도 마약 밀수판매 혐의로 사형이 집행됐다는 소식이었다. 그가 전해온 내용 가운데는 북한인의 구체적인 신상 정보와 혐의가 상세하게 담겨 있었기에 곧바로 YTN 속보로 방송했다. 당시 이 소식을 알려줬던 취재원이 앞서 2013년 알려준 또 다른 마약 관련 소식이 있다.

중국 공안 당국은 2012년 산둥성(山東省)에서 조직폭력배를 소탕했다. 이들을 상대로 조사를 하는 과정에 거대 마약 조직의 존재를 확인했다. 중국 당국은 조직폭력배 두목을 압박해 마약 제공자 등 마약 루트 정보를 제공받아 6개월 이상 추적했다. 정보를 제공한 조직폭력배 두목은 벌금 수백만 위안을 내고 풀려났다. 마약 당국은 산둥성 옌타이(烟台)에서 2013년 4월 마약 판매 조직을 검거했다. 외국인과 중국인이 포함된 거대 조직이었다. 당시 구속된 마약사범은 한국인 1명과 북한인 2명 등 외국인과 중국인을 더해 20명 안팎이었다. 1년 뒤인 2014년 4월 무렵 이들에 대해 법원 판결이 내려졌다. 북한인 2명에 대해서는 각각 징역 20년과 15년이 선고됐다. 화교 출신 한국인 Y씨에게는 징역 15년형이 선고됐다.

중국 당국에 붙잡힌 북한인 2명은 북한의 유명 태권도 선수 출신인 리(李)○○(이하 '리') 부부이다. '리'는 1965년 2월생으로 북한의 태권도 영웅으로 불리는 인물. 1980년대 북한의 국가대표 자격으로 세계 선수권대회에 출전해 1위를 하는 등 북한 태권도를 대표하는 인물 가운데 한 명이다. 2003년 10월에는 체육 감독 자격으로 북한 태권도 시범단을 이끌고 한국을 찾았다. 제주에서 열린 '민족통일평화체육문화축전'에 참석한 것. 당시 북한 시범단은 세계 선수권 대회 우승자가 다수 포함된 남녀 20명 정도로 구성됐다.

'리' 부부가 검거된 것은 2013년 4월 초 새벽. 옌타이 시 라이산(萊山)구의 황하이 청스(黃海城市)에 있는 자신의 집에서였다. 이 지역은 옌타이 시 한인들이 많이 거주하는 지역이다. 검거 당시 그의 집에서는 1kg이 넘는 마약이 발견됐다. '리' 부부는 검거되자마자 각기 다른 감옥에 격리 수감돼 조사를 받았다. '리'는 옌타이의 싱푸(幸福) 교도소에, 그의 부인은 옌타이 개발구 내 여자 구치소에 수감됐다. '리'가 잡히자 그에게 마약을 공급받던 한국인들이 모두 순식간에 옌타이에서 사라졌다. '리'의 18살 된 아들은 부모가 중국 당국에 검거된 이후 2~3일 뒤 북한으로 돌아갔다.

중 화 인 민 공 화 국
길림성연변조선족자치주중급인민법원
포 고

범죄자 오철남을 사형에 집행한데 관하여
마약밀수, 판매범 오철남, 남자, 1982년 5월 21일출생, 조선민주주의인민공화
국 국적, 중등전문학교문화, 조선함경북도립업기공학교 로동자, 조선함경북도회녕
시동명동 7반에 거주. 2010년 12월 24일에 체포되였다.
2010년 10월초부터 11월까지 범죄자 오철남은 단독 혹은 타인을 지시하여
경외로부터 얼음 3750그람을 밀수해 들여와 룡정시 삼합진 화전촌,
에 있는 도문강변의 변경에서 리룡철(이미 판결)한테 판매하였다. 동년
일 오전, 오철남은 재차 타인을 파견하여 경외로부터 995그람의 얼음을 ㅁ
대소촌 도문강변경에 가져왔으며 리룡철이 길H49597호 복전표농용차를

북한인 마약 사범의 사형 집행을 알리는 중국 옌볜조선족자치주 중급법원의 포고문

'리' 부부는 보름에 한 번씩 북한에서 마약 원액 1kg에서 5kg까지 들
여왔다. 마약 운반책은 주로 '리'의 부인이 도맡았다. '리' 부부는 미국
과 유럽으로도 수시로 다니며 5년 정도 마약 거래를 해왔다. '리'는 북
한에서 태권도 영웅으로 떠받들어지는 인물이지만, 그의 부인은 북한
에서 남편보다 더 파워가 있다고 '리' 부부를 잘 아는 인사가 필자에게
말했다. '리'의 부인은 김일성종합대를 나왔지만 구체적으로 어떤 인물
인지는 확인되지 않았다. '리' 부부의 마약 판매는 북한 정부의 지시를
받고 이뤄지는 것이었다. 이 때문에 '리' 부부 검거 당시 이 사실을 알
게 된 북한 국가안전보위부에 비상이 걸렸다. 조선족 변호사를 고용해
3만 달러를 준비시켰다. 그리고 "절대적으로 개인적으로 한 일이라고
진술하라"고 지시했다.

'리'는 중국에 진출한 북한 태권도를 총괄하는 인물로 중국 내 태권
도계에서 파워가 막강했다. 그는 특히 산둥성의 한인들 사이에서 북한
태권도의 산 증인으로 유명했다. 하지만, 마약 중독자들 사이에서는 마
약 공급책으로 더 유명했다. 한국에서의 철저한 마약 단속을 피해 중

국으로 도망 온 한국인 마약 중독자 상당수가 '리'의 존재를 알았다. 이들은 예외 없이 '리'를 찾아와 마약을 구했다. 그 가운데 한 명이 '리' 검거와 더불어 중국 당국에 구속됐고, 나머지는 '걸음아 나 살려라' 모조리 사라진 것이다.

조선중앙통신은 2002년 3월 보도에서 '리'를 다음과 같이 소개했다.

> "인민체육인 리○○는 태권도 전문가이다. 주체 54(1965)년 2월 13일생인 그의 키는 175센치메터, 몸무게는 75키로그람이다. 12살 때부터 태권도를 수련해 온 그는 10여 년 간 태권도 감독으로 활동하면서 우수한 태권도 선수들과 감독들을 수많이 키워 냈다. 그중에는 제8차, 9차, 11차 태권도세계선수권대회에서 1등을 한 인민체육인 장경옥도 있다. 그리고 인민체육인 김영순, 백춘옥과 12명의 공훈체육인들이 있다. 그는 지금 조선태권도위원회 선수단의 훈련과장으로 사업하고 있다."

'리' 부부가 체포되자 사형에 처해질 것이라는 관측이 지배적이었다. 하지만 1심에서 무기징역이 선고됐고, 2심 최종심에서 감형돼 '리'는 징역 20년 형을, 그의 부인은 15년 징역형을 각각 선고받았다. 그런데 이들의 마약 거래 규모가 상당히 컸음에도 불구하고 계속 감형된 것에 의문이 제기됐다. 일각에서는 북한의 지속적이고 집요한 로비가 통했다는 추측이 나왔다.

필자는 베이징 특파원 시절 마약과 관련해 잊지 못 할 기억이 하나 있다. 2011년 여름의 일이다. 북한 취재를 위해 지린성의 취재원 이 모 씨를 만났다. 취재를 마친 뒤 이 씨는 난데없이 혹시 마약 취재에도 관심이 있냐고 물었다. "기사거리가 되면 당연히 관심이 있다"고 하자 "마약 검사를 피할 수 있는 약이 중국에서 유통 중이고, 이를 구하는 한국인이 늘고 있다"고 말했다. 사실이라면 대책 마련이 시급한 사안이고 흥미롭기도 했다. 하지만 증거가 필요했다. 이 씨는 해당 약품을 줄 테니 한국에서 마약 검사를 해보라는 제안과 더불어 이 약을 써서 마약 검사를 무사통과한 사람을 소개해주겠다고 했다.

이렇게 해서 '마약 취재'를 위해 얼마 뒤 다시 지린성을 찾았다. 공항 커피숍에서 이 씨를 만나 취재원의 신분이 노출되지 않도록 세밀하게 시나리오를 짰다. 이제 당사자만 만나면 될 일이었다. 필자가 물었다. "자, 그럼 그 분은 어디 계시죠?" 이 씨가 필자 얼굴을 빤히 쳐다보며 웃었다. "여기 있잖아요." "네?" "바로 접니다." 맙소사. 필자가 알고 지내온 취재원이 바로 마약을 투약하고 검사를 피하기 위해 약품을 사용한 뒤 한국에 들어가 마약 검사를 통과한 당사자였던 것이다.

이후 필자는 이 씨의 신분이 노출되지 않도록 철저하게 보안을 유지하면서 취재를 한 뒤 "마약 검사 피하는 약 중국에서 유통"이라는 제목으로 방송을 내보냈다. 이 씨는 김정일 위원장 사망 직후 만난 자리에서는 중국에 진출한 북한 의사들의 동향을 전했다. 지린성 엔지의 한 병원을 지목하며 "이 병원의 의사 절반이 북한에서 왔다. 이들이 몰래 마약을 팔고 있다"고 말했다. 그런데 김정일 위원장 사망 직후 김정은 제1비서가 "앞으로 합법적인 경제 활동을 하라. 마약 거래 등의 불법 거래를 하지 말라"는 지시를 내려 이 병원에 파견된 북한 의사들이 기존의 마약을 급하게 처분하느라 난리가 났다는 말도 전했다. 이 씨는 자신이 해당 병원에서 마약을 구해 봐서 잘 알고 있다고 덧붙였다. 이 역시 취재할까 하는 생각이 들었지만 금세 접었다. 당시 예정됐던 취재 일정이 너무 빠듯한 탓도 있었지만, 무엇보다 사실 여부를 확인하는 과정에 '마약 거래'라는 불법 행위를 그것도 중국 땅에서 해야 한다는 부담감이 컸기 때문이다.

03

네 차례 경험한 김정일 방중

■■■

북·중 정상회담 도중 자리 박차고 일어난 김정일

김정일 국방위원장이 세상을 떠나기 전까지 중국 주재 한국 언론 특파원에게 가장 큰 이슈는 당연히 그의 방중(訪中)이었다. 철저히 비밀리에 진행하는 데다 전 세계적으로 관심을 끄는 뉴스이다 보니 특파원에게 가장 큰 고통과 스트레스를 주는 사안이기도 했다. "제발 내 임기만 피해서 오길…" 하는 게 특파원 대부분의 공통된 소원(?)이었다. 그런 '김정일 방중 사태'를 필자는 네 차례나 겪었다. 김 위원장의 생애 여덟 차례 방중 가운데 절반에 해당한다. 당연히 얽힌 사연도 많다. 취재 과정에 부끄러움도, 뿌듯함도 있었다.

특파원 부임 갓 두 달을 맞은 2010년 3월 말 필자는 북·중 접경 도시인 랴오닝성 단둥에 있었다. 천안함 침몰 사건 이후 북한 동향 파악과 함께 중국 방문이 임박했다는 김 위원장의 전용열차 취재를 위해서였다. 압록강 너머 신의주가 내려다보이는 단둥의 한 호텔은 한국과 일본 등에서 온 외신기자들로 버글버글했다. 이 호텔은 김 위원장 방중 같은 이슈가 터질 때마다 외신기자들이 단골로 찾는 숙소다. 단둥시와 호텔 처지에서는 이때가 성수기로, 기자들에게는 방값도 비싸게 받았다. 따지고 보면 전 세계를 상대로 단둥을 공짜로 홍보해주는 셈

아닌가. 단둥 시와 호텔 측은 북한에 감사의 대가를 지불해야 한다는 우스갯소리가 나올 정도였다.

김 위원장의 방중이 임박할 때면 밤마다 펼쳐지는 진풍경이 있다. 신의주가 보이는 방향의 호텔 창문으로 카메라 렌즈가 즐비하게 나온다. 방송과 신문 등 각 언론사의 카메라들이다. 단둥으로 언제 들어올지 모를 김 위원장의 전용열차를 촬영하려고 설치해놓은 것이다. 전용열차는 보통

압록강 변에 자리한 중국 단둥의 호텔

늦은 밤이나 이른 새벽 조용히 들어온다. 그래서 호텔에 있어도 기자들은 밤에 제대로 눈을 붙일 수 없다.

한국 방송사 특파원들은 회사와 상관없이 보통 시간대별로 조를 짜서 불침번을 서며 이른바 '뻗치기'를 한다. 이는 한국 방송사에서만 볼 수 있는 협업 시스템이다. 일본을 비롯한 다른 나라 언론은 모두 개별적으로 움직이기 때문에 이런 협업을 거의 하지 않는다(일본 언론이 협업 취재를 할 때는 취재 대상이 인위적으로 취재 언론사 수를 제한하는 경우 등 극히 한정적이다). 이 때문에 일본 기자들은 한국 언론의 이런 시스템을 부러워하곤 했다. 사실 이런 식의 협업이란 인원과 장비가 일본 언론에 비해 빈약한 한국 방송사들의 현실이 반영된 결과물일 뿐인데도 말이다.

단둥에서의 첫날 밤, 필자는 잠을 제대로 잘 수 없었다. 이때는 아직 한국 방송사끼리 협업 시스템이 가동되기 전이었다. 신의주와 단둥을 잇는 '중조우의교'(中朝友誼橋: 중국과 북한 간 우정의 다리. 단둥 현지에서는 압록강

철교 또는 단둥 철교라고 불린다) 수시로 내다봤다. 양쪽을 오가는 열차가 경적을 울려댔다. 경적 소리에 침대에서 후닥닥 일어났다가 김 위원장의 전용열차가 아닌 걸 확인하고는 침대에 다시 눕기를 수십 차례. 다른 언론사 기자들의 분주한 움직임에 화들짝 놀라 창문으로 달려간 적도 부지기수였다. 열차는 한 번 지나가면 그것으로 끝이다. 놓쳐서는 안 된다는 책임감과 긴장감에 자는 둥 마는 둥 첫날밤을 지새웠다.

단둥의 호텔에서 내려다본 '중조우의교(中朝友誼橋)' 전경. 건너편이 신의주다

당시 필자는 '김정일 방중'의 징후를 찾으려고 혈안이 돼 있었다. 드디어 뭔가를 찾았다고 판단한 것은 철교를 한참 쳐다보던 3월 31일이었다. 그날 단둥에는 하루 종일 옅은 비가 뿌리고 안개마저 짙었다. 철교 기둥 위로 군복 입은 남자 한 명이 올라가 오랫동안 기둥을 이리저리 살피는 게 보였다. 신의주 쪽에서도 남자 한 무리가 나와 철로 주변을 점검하는 모습이 눈에 띄었다. 현지 주민은 비와 안개로 시계가 좋지 않은 상황에서, 그것도 평일 오후에 이처럼 철교 곳곳을 점검하는 것은 이례적인 일이라고 말했다.

그 직전에는 중국에서 북한 쪽으로 남자 7명과 여자 1명이 무리를 지어 함께 들어가는 모습도 볼 수 있었다. 무리 가운데 남자 1명은 고성능 카메라를 지니고 있었다. 이들이 움직이자 그와 동시에 북한에서 중국 쪽으로 중국 군인 1명과 여자 2명이 나오기도 했다. 압록강 철교 위에 이처럼 많은 사람이 교차해 지나가는 것은 매우 드문 일이라는 게 현지 대북 소식통의 말이었다. 이를 리포트로 만들어 방송으로 내보냈다.

하지만 시간이 아무리 흘러도 김 위원장의 전용열차는 오지 않았다. 알고 보니 이날의 다리 점검은 일상적인 일이었고, 군복을 입은 이들도 군인이 아니라 일반 노동자였다. 중국에서는 노동자들이 군복 차림으로 일하는 경우가 많다는 걸 나중에야 알았다. 헛다리를 짚어도 한참 짚은 셈. '김정일 방중 임박'을 기정사실로 단정하고 그 징후를 찾으려다 보니 주변 상황이 모두 그렇게만 보인 것이다. 부끄러움이 몰려왔다.

결국 아무리 기다려도 오지 않는 전용열차 취재를 접고 베이징으로 복귀했다. 그런데 그로부터 한 달 뒤인 2010년 5월 3일 새벽, 김 위원장의 전용열차는 한국 기자들이 없는 시간대에 단둥 철교를 유유히 통과해 중국으로 진입했다. 그의 다섯 번째 방중이자 필자가 겪은 첫 번째 방중은 그렇게 다가왔다. 김 위원장의 3박 4일 방중 기간 필자는 사무실에서 숙식을 해야 했다. 2명 이상씩 주재하는 다른 방송사 특파원과 달리 YTN은 1명뿐이다. 이른 새벽부터 늦은 오후까지 수시로 생방송에 참여하려니 출퇴근은 엄두도 낼 수 없었다.

이때도 필자는 오보를 했다. 방중 당일인 5월 3일 김 위원장 일행은 첫 번째 행선지로 다롄(大連)을 택해 하루를 묵었다. 필자는 김 위원장 일행이 5월 3일 다롄을 출발해 당일 베이징에 도착할 것으로 예상된다고 보도했다. 여러 가지 상황이 그렇게 믿도록 만들었다. 소스는 중국통(中國通)으로 알려진 한 한국인. 베이징 남역(南驛)에 1급 경계령이 내려졌는데, 김 위원장 방중 때문인 것 같다는 게 그의 말이었다.

현장 확인 결과 실제로 남역(南驛) 일대에 통제선을 두르고 삼엄하게 경비를 서고 있었다. 기차역 안 매장도 모두 영업이 정지됐고 직원들의 출입도 전면 통제되고 있었다. 통제는 오후 시간대 1시간 반 동안 이어졌다. 더욱이 같은 시간 자칭린(賈慶林) 당시 중국 정치협상회의(政治協商會議) 주석(主席)이 남역 안으로 들어간 사실도 확인했다. 정치협상회의 주석은 중국 내 권력서열 4번째에 해당한다. 중요한 손님 영접 목적이 아니라면 움직이기 힘든 인물이다. 믿을 만한 취재원의 제보와 실제 현장 취재 결과를 바탕으로 김 위원장의 베이징 도착 가능성을 보도한 것이다.

하지만 전용열차는 5월 3일 오후가 아니라 이틀 뒤인 5일 오후에야 베이징 남역(南驛)에 도착했다. 자칭린 주석이 3일 오후 왜 베이징 남역에 갔는지는 끝내 확인되지 않았다. 다른 주요 인사를 맞으러 갔을 수도 있고, 혹은 김 위원장의 일정에 변화가 생긴 것일 수도 있다. 어쨌든 결과적으로 김 위원장은 5월 3일 다롄에서 숙박했으니 어느 경우에든 오보를 한 건 마찬가지였다.

김 위원장의 5번째 방중이 특히 눈길을 끈 이유는 그 시점 때문이었다. 당시 한국에서는 천안함 침몰 사건과 관련해 민군(民軍) 합동조사가 한창이었다. 이런 기간에 북·중 정상회담을 연다고 하니 다양한 추측이 불가피했다. 이에 대해 중국 외교부는 "김 위원장의 방중은 오래전부터 준비된 비공식 방문으로 천안함 사건과는 관련이 없다"고 밝혔다. 김 위원장은 후 주석을 만난 자리에서 "양국의 이전 지도자들이 마음을 다해 쌓아온 전통적 우의는 시간이 흐르고 세대가 교체돼도 변할 수 없다"고 말했다. 세대교체라는 표현이 들어갔다는 점에 주목해 양측 간 김정은 후계구도와 관련해 대화가 있었을 것이라는 관측이 나왔다.

2010년 5월 중국 베이징 중심도로 창안가(長安街)를 질주하는 김정일 북한 국방위원회 위원장의 차량 행렬 (ytn 보도 화면)

특파원 부임 석 달여 만에 처음 접한 대형 이슈에서 가장 기억에 남는 장면은 다음과 같다. 김 위원장 일행이 베이징 심장부로 진입할 무렵의 일이다. 톈진직할시(天津直轄市) 빈하이신구(滨海新区)에서 산업시설을 둘러본 뒤 김 위원장은 베이징으로 발걸음을 옮겼다. 일행이 탄 차량 30여 대가 베이징 시내 중심도로인 창안가(長安街)를 지나갔다.

당시 창안가 편도 4차선 도로는 전면 통제됐다. 필자는 창안가에 자리한 사무실에서 텅 빈 도로를 쌩쌩 달리는 김 위원장의 차량 행렬을 지켜봤다. 거의 언제나 차량이 정체되던 바로 그 도로가 이날만큼은 뻥 뚫린 것이다. 북·중 관계의 특수성을 한눈에 보여주는 장면이었다. 길가에는 일정 간격으로 무장 경찰과 교통경찰이 배치됐다. 미국 대통령이 왔을 때도 전면 통제하지 않던 창안가를 김 위원장을 맞으면서는 폐쇄하는 특급 경호로 대접한 것이다.

김 위원장의 다섯 번째 방중 기간 중엔 두 가지 특이한 점이 나타났다. 하나는 당초 김 위원장과 후 주석이 함께 하기로 했던 공연 관람이 성사되지 않은 것이다. 공연은 북한의 가무극 '홍루몽(紅樓夢)'. 이 가무극은 중국 고전소설을 개작한 것으로 북·중 우호의 상징으로 여겨

지곤 했다. 특히 바로 그 전해인 2009년 '북·중 친선의 해'를 맞아 '홍루몽'은 김 위원장의 지도 아래 현대판 가극으로 새롭게 태어났다. 이처럼 각별한 의미 때문에 정상회담 후 마지막 하이라이트 행사로 예정됐던 건데, 돌연 취소 소식이 들려온 것이다.

또 하나 특이한 점은 북한 매체의 보도 내용이었다. 김 위원장 귀환 이후 북한 매체는 그의 방중 사실을 전하면서도 정상회담에 대해서는 일절 언급하지 않았다. 베이징 방문 일정 자체를 아예 빼버린 채 다롄과 톈진 방문 결과만 자세히 보도하며 당시 방중 성격을 '중국 동북 지역 방문'으로 규정했다. 과거 네 차례의 김 위원장 방중 보도에서는 전례를 찾을 수 없는 일이었다. 언제나 정상회담 소식과 더불어 김 위원장이 중국 최고지도부로부터 얼마나 열렬히 환영받았는지가 가장 중요한 내용이었기 때문이다.

훗날 중국 내 한 취재원이 그 이유를 들려줬다. 정상회담장에서 후 주석은 김 위원장에게 다음과 같은 취지의 발언을 했다는 것이다.

"당신과 나는 동갑이지만 지도자 위치에 오른 것은 당신이 나보다 훨씬 먼저다. 그런데 오늘날 현실은 어떤가. 나는 13억 인구를 굶기지 않지만 당신은 2,500만 명도 제대로 먹여 살리지 못한다. 그래 놓고 우리에게 찾아와 식량을 달라고 한다. 북한과 중국은 사회주의 사업을 같은 시기 시작했는데 왜 현실은 이렇게 다른가. 북한도 이제는 변해야 한다. 당신도 덩샤오핑(鄧小平)처럼 개혁개방을 선택해야 하지 않겠는가?"

부하들을 주렁주렁 이끌고 온 자리에서 후 주석이 이처럼 질타하자 김 위원장은 크게 격분했다. 그리고 곧바로 다음 일정을 모두 취소하고 조기 귀환했다. 불과 석 달 뒤 다시 중국을 찾게 되리라는 사실을 전혀 알지 못한 채 말이다.

■■■

3대 세습 김정은 낙점…백두 혈통(白頭血統) 순례 '깜짝 행보'

2010년 8월 하순 필자는 중국 베이징 특파원 부임 이후 첫 여름휴가를 맞았다. 휴가 일정을 앞두고 사무실 직원들과 이런 농담을 주고받았다. "설마 휴가 도중에 불려오는 일은 없겠지? 괜히 불안하네." "에이, 걱정 마세요. 김정일만 안 오면 돼요." 그런데 그 말 그대로, 휴가 한복판에 김정일 북한 국방위원장이 중국을 찾았다. 2010년 5월 방중에 이어 불과 석 달여 만의 일이었다.

필자는 가족과 함께 산둥성(山東省) 칭다오(靑島) 시 바닷가에서 여유로운 시간을 보내고 있었다. 휴대전화에 뜬 회사 전화번호를 본 순간 불길한 예감이 들었다. 아니나 다를까, 다급한 목소리가 터져 나왔다. "지금 어디야? 당장 사무실로 복귀해. 또 김정일 방중이다." 모든 일정을 접은 채 가장 이른 베이징 행 비행기표 찾기에 들어갔다. 그 와중에도 회사로부터 다급한 전화가 이어졌다. "언제쯤 도착할 수 있나? 서둘러." 고(故) 김정일 위원장의 6번째 중국 방문, 필자에게 두 번째였던 김 위원장의 방중은 이렇게 시작됐다. 그해 8월 26일부터 30일까지 4박 5일간이었다.

김 위원장의 6번째 방중은 여러모로 예상을 깨는 상황 속에서 진행

백두산 천지

됐다. 방중 하루 전인 8월 25일 지미 카터 전 미국 대통령이 평양을 방문했다. 북한에 억류된 미국인 아이잘론 말리 곰즈(Aijalon Mahli Gomes) 씨의 석방 교섭이 명분이었다. 카터는 1994년 방북해 고 김일성 주석과 만나 1차 북핵 위기 당시의 긴장 완화에 기여한 바 있다. 따라서 2010년 8월 방북에서도 카터가 김 위원장과 면담할 것으로 관측됐다.

그런데 김 위원장 일행은 카터가 도착한 당일 밤 중국 방문 길에 올랐다. 김 위원장을 만나지 못한 카터는 8월 27일 곰즈 씨를 데리고 평양을 나와 조용히 귀국했다. 당시 많은 언론은 김 위원장이 카터를 따돌린 것은 무례한 행동이며 미국의 체면을 깎으려는 행보라는 취지로 보도했다. 하지만 일각에서는 카터가 방북에 앞서 김 위원장과의 면담이 어렵다는 내용을 사전에 통보받았다는 분석도 나왔다.

6번째 방중의 큰 특징은 후계자인 3남 김정은과 함께 한 '세습 행보'

얼어붙은 두만강 너머 황량한 북한 산과 나무가 많은 중국 산의 대조되는 풍경

였다는 점이다. 당시 김정은이 동행했다는 사실이 공개적으로 확인된
것은 아니다. 하지만 방중 기간에나 한참 시간이 흐른 뒤에나 필자의
취재원들은 김 위원장의 6번째 방중에 김정은이 동행했다고 언급했다.
김정일·김정은 부자의 동행 목격담은 중국 인터넷에서도 이어졌다.
중국인들은 김 위원장을 '큰 뚱뚱이', 김정은을 '작은 뚱뚱이'로 묘사하
며 목격담을 전했다. 당시 많은 언론이 김정은 동행의 증거를 찾으려
고 혈안이 됐지만 직접적인 증거는 찾지 못했다.

　김 위원장은 중국 지도부와 만난 자리에서 세습을 강조하는 발언을
수차례 했다. 북한 '조선중앙통신'이 전한 김 위원장의 발언은 다음과
같다. "복잡다단한 국제정세 속에 조·중(朝·中: 북·중) 친선의 바통
을 후대들에게 잘 넘겨주는 것은 우리의 역사적 사명", "대를 이어 조·
중 친선을 강화, 발전시켜 나가는 것은 동북아시아와 세계의 평화, 안

정을 수호하는 데 중요한 문제", "조 · 중 친선은 역사의 풍파와 시련을 이겨낸 친선으로 세대가 바뀌어도 달라질 것이 없다" 등이다. 후진타오 중국 국가주석도 이에 대해 "중 · 조 친선을 시대와 더불어 전진시키고 대를 이어 전해가는 것은 쌍방의 역사적 책임"이라고 화답했다.

석 달여 만에 중국을 다시 찾은 김 위원장 일행은 과거 5차례 방중 루트와는 전혀 다른 길을 택했다. 고 김일성 주석의 혁명 유적지를 돌아보겠다는 목적 때문이었다. 이른바 북한판 '성지 순례' 혹은 '백두 혈통 순례'인 셈이다. 중국 입국 경로도 과거 방중 때 이용했던 신의주-단둥 노선이 아니라 만포-지안 노선을 이용했다. 김 위원장 부자는 김 주석의 모교인 위원(毓文)중학교(지린 시 소재)와 김 주석의 항일유적지인 동북항일연군(東北抗日聯軍) 기념관(헤이룽장성(黑龍江省) 하얼빈(哈尔滨) 시 소재) 등을 찾았다. 지린성의 성도 창춘(長春) 시에서 후 주석과 북 · 중 정상회담을 마친 뒤 방중 마지막 날에도 김 위원장 부자는 하얼빈 근처 무단장(牡丹江)에 있는 김 주석의 항일 유적지를 순례했다. 방중 일정의 처음과 끝이 모두 김 주석의 '혁명 성지 순례'였던 것이다.

방중을 마치고 평양으로 귀환한 김 위원장은 한 달 뒤인 9월 27일 김정은에게 인민군 대장 칭호를 부여했다. 그리고 바로 다음 날 제3차 조선노동당 대표자회를 소집했다. 44년 만의 당 대표자회 개최였다. 이 자리에서 김정은은 당 중앙군사위원회 부위원장과 당 중앙위원회 위원으로 선임됐다. 김정은으로의 3대 권력세습에 공식 돌입함을 대내외적으로 선언한 것이다. 결국 김 위원장의 6번째 방중은 후계 공식화를 앞두고 할아버지와 아버지, 아들로 이어지는 혈통을 강조하면서 후계자 김정은의 입지를 분명히 하는 것이 목적이었다고 할 수 있다.

김 위원장의 방중 직후 중국 정부가 보인 반응도 흥미롭다. 중국 외교부는 김정은의 동행 여부를 묻는 기자들에게 "초청 명단에는 없었던 것으로 안다"고 답했다. 북한은 김정은의 국제무대 데뷔가 가장 극적인 시간대에 효과적으로 이뤄지길 원했고, 따라서 김정은의 동행을 비공개로 해달라는 요청을 중국 측에 했을 것이다. 이 때문에 중국은 김정은 동행에 대해 시인도 부인도 하지 않으면서 "초청 명단에 없었다"는 에두른 외교적 표현을 택한 것으로 풀이된다.

6번째 방중을 정리하고 귀환하는 길에 김 위원장은 마지막으로 투먼 역에 내렸다. 지린성 투먼은 함경북도 온성군과 마주하는 접경 도시다. 필자는 투먼 역에서 김 위원장이 한 발언 등 현장 상황을 상세히 들을 수 있었다. 김 위원장 일행은 투먼 역에 내려서 20분 정도 머물렀다. 당시 중국공산당 중앙서기처의 링지화(令計劃) 서기와 다이빙궈(戴秉國) 국무위원 및 지린성 고위 인사 등이 역으로 나와 김 위원장 일행을 환송했다. 김 위원장은 이 자리에서 "이 지역에 관심이 많다. 또 보자"는 말을 했다.

김 위원장이 투먼에 관심이 많다고 한 것은 중국 두만강 유역 개발 계획인 이른바 '창지투(長吉圖) 프로젝트', 즉 지린성의 창춘(長春)과 지린(吉林), 투먼(圖們) 일대를 개발하는 프로젝트를 염두에 둔 것으로 해석된다. 중국은 2010년 창지투 프로젝트를 국가사업으로 선정했다. 남부와 동부 연안에 비해 상대적으로 낙후한 동북지역을 새로운 경제 성장 축으로 키우려는 조치였다.

창지투 프로젝트는 북한 나진항, 청진항과 연계되지 않으면 성공하기 어렵다. 물류를 해결할 수 없기 때문이다. 나진항, 청진항을 통해 동해 출항권(出港權)을 확보한다면 중국은 엄청난 물류비 절감 효과를 얻게 된다. 또 중국의 태평양 진출이라는 측면에서도 함의(含意)가 적지 않다. 특히 나진항은 겨울에도 얼지 않는 부동항이라 러시아도 큰 관심을 갖고 있다. 이를 잘 아는 북한은 중국과 러시아를 상대로 줄다

중국 지린성 투먼과 북한 함경북도 온성군의 접경 표지석

리기를 해오고 있다.

6번째 방중에서 김 위원장은 창춘과 지린, 투먼 등 창지투 지역의 땅을 모두 밟았다. 북한과 가까운 중국 동북지역에 각별한 관심을 보인 것이다. 이는 김 위원장이 방중 일정을 마치고 귀환한 당일인 8월 30일 중국중앙(CC)TV의 보도에서도 읽을 수 있다.

"동북지역은 북한과 인접한 지역이고 지형과 공업 시스템이 비슷하다. 북한은 동북지역과의 교류협력 강화를 원하고, 중국은 그 방법을 열심히 연구할 것이다."

김 위원장이 투먼 땅을 밟은 것은 이때, 즉 2010년 8월 30일이 처음이었다. "김 위원장 방문 이후 투먼은 획기적으로 변할 것이다"라고 당시 지린성에 있던 필자의 취재원은 말했다. 그는 대표적인 변화로 '중국 정부의 북한 인력 고용'을 언급했다. 중국 최초로 정부 차원에서 북한 인력을 공식 수입할 것이라는 내용이었다. 이는 이듬해 사실로 확인됐다. 필자는 북한 인력 취재를 위해 수차례 투먼에 다녀왔다.

2010년 5월 방중 때 후 주석은 김 위원장에게 덩샤오핑의 개혁개방을 요구하며 질타성 발언을 했고, 이에 격분한 김 위원장은 후속 일정을 취소한 채 조기 귀환했다. 불과 석 달여 만에 다시 찾은 김 위원장에게 중국 지도부는 개혁개방을 거듭 요구했다. 후 주석은 중국이 개혁개방 30년을 통해 이룬 성과를 강조하며 김 위원장에게도 외부와의 협력을 통해 경제발전을 이룰 것을 권했다. 당시 북·중 정상회담에 대한 CCTV의 보도 내용은 이렇다.

"(후 주석은) '경제발전은 자력갱생(自力更生)도 중요하지만 외부와의 협력도 필요하다'면서 '이는 국가발전 가속화에 필수적인 것'이라고 말했다."

김 위원장은 이에 대해 아무런 반응을 보이지 않았지만 북한의 자존심인 자력갱생을 지적한 것이 내심 불쾌했을 것이다. 중국은 5번째 방중에 이어 6번째 방중에서도 북한의 자존심을 건드리면서 적극적인 훈수를 둔 것이다. 전면적 변화가 아닌 단편적 변화만 추구하는 북한에 대한 중국의 답답한 심정을 엿볼 수 있다.

김 위원장의 6번째 방중은 필자에게 특종의 흥분을 만끽하게 했다. 5번째 방중 때 남긴 오보의 부끄러움을 씻어버리기에 충분했다. 김 위원장 일행이 탄 전용열차는 8월 28일 밤 9시 넘어(현지시각) 창춘 역을 출발했다. 창춘에서 후 주석과의 정상회담 등 일정을 모두 마무리한 뒤였다. 그런데 창춘을 떠난 뒤 전용열차의 행적이 갑자기 사라졌다. 행방이 묘연해진 것이다. 모든 언론이 오리무중인 김 위원장의 행선지를 찾느라 동분서주했다.

이런 가운데 국내 한 언론사가 8월 29일 오전 11시(한국시각) 무렵 긴급 뉴스를 타전했다. 김 위원장 일행이 옌벤조선족자치주(延邊朝鮮族自治州)로 향한 것으로 보인다는 내용이었다. 긴급 타전된 기사의 바이라인(byline)에는 중국 3개 지역에 파견된 기자 3명의 이름이 올라 있었다. 본사로부터 연락이 왔다. 하지만 필자 취재로는 옌벤조선족자치주는 아니었다. 미심쩍어 하는 데스크를 뒤로한 채 김 위원장 방문이 예상되는 지역을 상대로 집중 취재를 벌였다. 같은 날 오후 7시 무렵 이 언론사는 김 위원장 일행이 옌벤조선족자치주를 둘러봤다며 최초의 옌벤조선족자치주 방문이란 점에서 의미가 크다고 재차 보도했다.

하지만 비슷한 시각 YTN에서는 김 위원장 일행이 하얼빈에 도착한 것으로 보인다는 필자 기사가 긴급 뉴스로 방송됐다. 창춘을 중심으로 보자면 하얼빈과 옌벤조선족자치주는 정반대 방향이었다. 필자는 하얼빈 쪽에서 김 위원장 방중의 징후를 속속 확인하고 1보를 전한 뒤 곧바로 생방송에 참여했다. 보도 직후 일본 언론사로부터 연락이 왔다. 어렵게 옌벤조선족자치주 쪽으로 가는 중인데 방향을 틀어야 할지 말아야 할지 고민된다며 필자에게 조언을 구한 것이다.

결국 김 위원장의 하얼빈 도착 소식은 금세 사실로 드러났다. 짜릿했다. 오보의 처참한 기억이 한 방에 사라졌다. 이 대목에서 감사를 표해야 할 인사가 있다. 당시 필자와 더불어 '김정일 행방 추적'의 공동 작업을 펼친 인물이다. 그와 함께한 시간은 긴박하면서도 즐거웠다. 신분은 밝힐 수 없지만, 베이징 특파원 시절 진위 여부를 알기 어려운 대북 정보의 홍수 속에서 그는 필자에게 침착한 가늠자 구실을 해줬다.

■■■■

노년 김정일의 센티멘털한 訪中…청와대 정보력 낙제점

필자가 경험한 김정일 국방위원장의 4차례 방중 가운데 가장 기억에
남는 것은 단연 7번째 방중이다. '김정은 단독 방중'이라는 한국 발(發)
오보가 전 세계를 시끄럽게 했기 때문이다. 오보의 중심엔 이명박 정
부의 청와대가 있었다. 대북 정보력의 한계를 극명하게 보여준 사례였
다. 필자 역시 이러한 오보의 양산에 한 몫 한 가해자임과 동시에, 그로
인한 정신적 피해자이기도 했다.

　2011년 5월 20일 아침 국내 한 유력 언론사가 '김정은, 투먼 통해 방
중'이라는 기사를 긴급 타전했다. 곧바로 당시 이명박 정부의 청와대
핵심 관계자가 기자들에게 이를 확인해주는 발언을 했다. 국내 언론을
비롯한 전 세계 언론은 김정은의 단독 방중 소식을 긴급 타전했다. 북
한의 어린 후계자가 처음으로 국제무대에 데뷔한다는 점에서 김정은
방중은 전 세계의 관심을 끌 만한 빅 이슈였다. '지는 해'인 김 위원장
의 방중보다 파괴력이 훨씬 더 큰 사안이었다.

　5월 20일 아침 기사를 작성하면서 필자는 '김정은 탑승 추정 열차 중
국 진입'이라고 썼다. 기사에 '추정'이라는 단어를 붙인 것. 당장 데스크
로부터 전화가 왔다. "타사 모두 단정적으로 '김정은 탑승 열차'라고 나
가는데 우리만 '추정'이라고 어정쩡하게 기사가 나간다. 우리도 단정적

으로 쓰자."

필자의 대답은 이랬다. "김정은이 탔는지 본 사람이 있습니까? 확인된 것은 하나도 없습니다. 현 상황에서는 추정일 뿐입니다. 심지어 김정일 위원장의 전용열차가 들어왔을 때도 만일의 가능성 때문에 '추정'이라는 단어를 사용했습니다. '추정'을 붙이는 게 옳다고 봅니다."

하지만 "청와대가 확인해준 사항"이라는 데스크의 말에 더는 할 말이 없었다. 필자의 정보력이 청와대보다 나을 리 없기 때문이다. 더군다나 청와대의 확인으로 '김정은 방중'이 전 세계 언론을 달구는 중이었다. 필자는 결국 '김정은 방중'을 기정사실화하고 생방송에 참여했다. 5월 20일 아침 10시 뉴스부터 오후 4시 뉴스까지 '김정은 방중' 소식을 전했다.

그런데 이날 오후 휴대전화로 전화 한 통이 걸려왔다. 평소 잘 알고 지내는 우리 측 외교 소식통이었다. "김 기자, 고생 많네. 그런데 김정은이 탄 거 확인한 겁니까?" 그가 대뜸 꺼낸 이 한 마디에 '아차' 하는 생각이 본능적으로 온몸을 휘감았다. "그러게요. 저도 신중하게 가려고 했는데 청와대에서 확인해줬다니 도리가 있나요. 김정은이 방중 한 게 아닌가요?"

상대 목소리에 짐짓 힘이 들어갔다. "글쎄, 모습을 봤다거나 확인된 바가 아무것도 없는데, 왜 그리 단정적으로 보도하는지 궁금해서 그렇지…." 느낌이 묘했다. 전화를 끊자마자 곧바로 서울 데스크에 연락을 했다. "김정은이 탄 거 확실합니까? 아무래도 아닌 거 같은데 청와대 쪽에 한 번 더 확인하시죠." 그리고 30분 후 우리 정부는 김 위원장의 탑승은 확인됐지만 김정은의 탑승은 확인되지 않았다고 발표해야 했다. 청와대 관계자 발언을 그대로 받아썼던 모든 언론사가 '낙동강 오리알' 신세가 됐다.

외교 소식통은 시간이 흐른 뒤 필자에게 이렇게 말했다. "이제 와서 말이지만, 김 기자에게 전화한 것은 '김정은 단독 방중'이 아니란 사실을 확인한 뒤 이를 우회적으로 알려주기 위해서였다. 아무리 청와대 얘기라 해도 그대로 믿어선 안 된다. 1차 잘못은 청와대에 있지만 한심하기는 언론사 역시 마찬가지 아닌가. 멋대로 보도해놓고 김정은이 아니니까 뒤늦게 자신들은 숨은 채 정부만 욕하는 거 아닌가?"

또 다른 고위급 외교 소식통은 격앙된 어조로 이렇게 말했다. "김정일 방중이건 김정은 방중이건 신중에 신중을 기해야 한다. 결정적으로 확인되기 전까지는 어디까지나 추정일 뿐이다. 그런데 어떻게 청와대가 직접 나서서 그렇게 경솔한 판단을 할 수 있나. 아침에 이렇게 말했다가 오후에 뒤집는다는 건 정말 엄청난 이슈다. 더는 말하고 싶지도 않다. 중국이 우리를 얼마나 비웃었겠나?" 그가 그렇게 흥분한 모습을 본 건 그때가 처음이었다.

김 위원장의 7번째 방중 가운데 가장 관심을 끈 일정은 양저우(揚州) 방문이었다. 5월 20일 새벽 지린성 투먼을 통해 중국에 들어선 김 위원장은 헤이룽장성의 무단장과 지린성 창춘 등을 들른 뒤 5월 22일 밤 8시 무렵 장쑤성 양저우에 도착했다. 이틀 밤을 열차 안에서 보내며 사흘간 무려 3,000km를 달려 양저우에 모습을 드러낸 것. 건강이 좋지 않은 것으로 알려진 김 위원장이 이렇게 장거리 이동을 할 것이라곤 아무도 예상하지 못했다. 양저우에서는 2박 3일을 머물렀다. 7번째 방중 기간 중 한곳에 가장 오래 머문 기록이다.

김 위원장은 왜 양저우에 갔을까? 당시 방중의 가장 큰 관심사였다. 필자는 베이징 사무실에서 여러 취재 루트를 통해 김 위원장 일행의 양저우 행적을 추적했다. 양저우 영빈관에서 하룻밤을 묵은 김 위원장 일행은 5월 23일 오전 숙소에서 나와 서우시(瘦西) 호수를 찾았다. 양저우에서 가장 유명한 호수로, 항저우(抗州)의 서호(西湖)와 비견되는 곳이다. 1991년 10월 김일성 주석은 장쩌민(江澤民) 주석과 함께 서우시 호수에서 수상 유람을 즐기기도 했다.

호수 관광을 마친 뒤 김 위원장은 징아오(晶澳) 태양에너지 유한공사를 찾았다. 이 회사는 2010년 3분기 태양전지 생산과 판매 분야에서 세계 1위를 차지한 곳이다. 에너지난에 시달리는 북한이 태양광과 풍력에너지 등 신재생에너지 분야에 관심이 있음을 엿볼 수 있는 일정이었다. 오후에는 장쑤성 최대 슈퍼마켓 체인점을 방문했다. 이 업체는 원자바오(溫家寶) 전 총리가 재임 시절 두 차례 방문해 농촌시장 개척에 큰 도움이 됐다며 발전상을 치하한 회사였다. 김 위원장 일행은 이날 밤 양저우 영빈관에서 장쑤성 예술단의 공연을 관람했다. 공연과 만찬 자리에 장쩌민 전 주석이 함께했을 것으로 관측됐다.

앞서 말했듯 양저우는 1991년 10월 당시 김 주석과 장 주석이 함께 찾은 곳이다. 두 사람은 난징(南京)에서 정상회담을 마친 뒤 이곳을 방문했다. 김 위원장도 장 주석과 4차례나 정상회담을 갖는 등 각별한 사이였다. 이러한 배경 때문에 김 위원장은 양저우에서 장 전 주석을 만났을 것으로 관측됐다. 하지만 양저우 현지에서 장 전 주석의 모습은 일절 노출되지 않았다.

김 위원장의 방중 직후 한국 정부는 김 위원장과 장 전 주석이 회동하지 않았다는 분석을 내놨다. 2011년 6월 3일 국내 언론은 복수의 정부 고위 소식통을 인용해 "김 위원장과 장 전 주석이 만났는지 여부를 공식 확인할 길이 없으나, 입수된 여러 첩보와 정황을 종합해볼 때 만나지 못한 것으로 보인다"고 보도했다. 정부 고위 소식통은 그러면서 "장 전 주석은 당초 알려진 것과 달리 북한 세습체제에 대해 부정적 견해를 갖고 있으며 이것이 두 사람의 회동 불발설(不發說)을 뒷받침한다"고 전했다.

2011년 5월 김정일 위원장과 후진타오 주석의 마지막 회동.
북한 『위대한 삶의 최후 1년-2011년』 화보집

　사실이었을까. 시간이 꽤 흐른 뒤 중국의 한 유력 인사는 이때 양저우에서 김 위원장과 장 전 주석이 만났다고 말했다. 장 전 주석이 북한 세습체제에 부정적이라는 주장도 사실과 다르다는 설명이었다.

　이명박 정부의 대북 정보력 한계를 다시 한 번 확인하는 순간이었다. 양저우에서 김 위원장의 모습은 외신 카메라 등에 포착됐지만, 장 전 주석은 한 차례도 노출되지 않았다. 물론 어느 언론 매체에서도 양자 간 회동을 '확인'할 수 없었다. 장 전 주석의 파워와 그에 대한 보안이 얼마나 막강했는지 보여주는 대목이다.

　김 위원장의 7번째 방중과 관련해 기억해둬야 할 사실 하나는 중국이 관행을 깨는 모습을 보였다는 점이다. 중국 정부는 통상 김 위원장이 일정을 마치고 귀환 길에 올라 신변 안전이 확보됐다고 판단됐을 때 방중 사실을 공개했다. 중국 관영매체의 보도 또한 이 시점에 맞춰 이뤄졌다.

그런데 7번째 방중에서는 방중 이틀째인 5월 21일 관련 보도가 나왔다. 중국공산당 기관지 '인민일보'(人民日報)의 영문 자매지인 '글로벌 타임스'(global times)가 인터넷판을 통해 소식을 전했다. 보도 내용을 보면 웃음이 나온다. 외신을 인용하는 형식을 취했기 때문이다. "한국 언론들이 김 위원장이 중국을 깜짝 방문했다고 보도했다"고 전한 것. 역시 절충에 능한 중국다웠다.

중국 관영매체 보도에 이어 이튿날인 5월 22일에는 원자바오 총리가 '김정일 방중'을 공식 확인해줬다. 방중 기간에 중국 정부 인사가 대외적으로 그 사실을 언급한 것 역시 처음 있는 일이었다. 일본 도쿄에서 열린 한중 정상회담에서 원 총리는 이명박 대통령에게 "중국의 발전 상황을 이해하고 이를 북한 발전에 활용할 수 있는 기회를 주려는 목적으로 김정일 위원장을 초청했다"고 말했다.

그리고 기자로서 가장 반가운 일이 있었다. '만리 방화벽'(萬里放火長城; the great firewall)이라 부르는 악명 높은 중국의 인터넷 검열 시스템이 이때는 작동하지 않은 것이다. 과거 김 위원장의 방중 기간에는 중국의 유명 포털사이트나 트위터에서 관련 단어 검색을 차단했다. 그런데 7번째 방중 때는 중국 누리꾼들이 '김정일 방중'과 관련한 의견 개시나 검색을 얼마든 할 수 있도록 허용했다. 이 때문에 중국판 트위터인 웨이보와 인터넷 카페 등에는 김 위원장의 행적 및 동향이 실시간으로 올라왔다. 물론 모두 맞는 정보는 아니었지만, 그래도 이는 '김정일 방중'의 행적을 추적해야 하는 기자 처지에서는 소중한 정보였다. 중국이 보여준 이렇듯 달라진 모습은 김정일 방중과 관련해 더는 북한 의도에 끌려 다니지만은 않겠다는 중국 정부의 의지가 반영된 결과였을 것이다.

7번째 방중 일정은 7박 8일 6,000여 km에 달했다. 가장 길게 체류한 2006년 8박 9일 방중에 맞먹는 강행군이었다. 후계자 김정은과 함께 한 6번째 방중과 마찬가지로 7번째 방중 길에도 고 김 주석의 흔적을 찾는 일정을 소화했다. 이동 경로를 살펴보면 7번째 방중이 길어진 이유는 단 하나다. 남부 양저우에 들렀기 때문이다. 당시 방중의 주요 목적이 양저우였다 해도 과언이 아닐 정도다. 양저우는 아버지인 고 김 주석 의 흔적이 진하게 배인 곳이자, 자신과 수차례 정상회담을 하며 깊은 관계를 유지해온 장 전 주석의 고향이었다.

6번째 방중에서 김정은과 함께 중국 지도부를 만난 김 위원장은 돌 아온 직후 김정은 후계구도를 공식화했다. 이후 70세를 맞은 김 위원장 은 자신의 시대가 저물고 있음을 실감했을 것이다. 그 때문에 자신의 과거 흔적을 돌아보고 싶었던 것은 아닐까. 마지막이 다가온다는 사실 을 직감한 노년 김정일의 센티멘털한 여행, 필자는 김정일의 7번째 방 중을 그렇게 정리한다.

■■■

해외순방 전격 공개…김정일, 최후를 예견했나

2011년 8월 고(故) 김정일 북한 국방위원장의 러시아 방문과 중국을 경유한 귀국은 그의 마지막 해외 일정이었다. 필자로선 그의 이전 해외 활동보다 취재의 즐거움이 컸다. 김 위원장의 다음 날 일정을 알아낼 정도로 취재에 탄력이 붙었기 때문이다. 하지만 중국 방문만 놓고 보자면 이전에 비해 관심과 기사 가치는 떨어졌다. 러시아 방문의 뒤를 잇는 부수적 성격이었기 때문이다. 김 위원장 사망 석 달여를 앞둔 징후였을까. 과거엔 볼 수 없던 현상이 잇달았다. 비밀도 점차 사라졌다.

김 위원장은 2011년 8월 21일 러시아를 찾았다. 2002년 8월 이후 9년 만의 러시아 방문이었다. 8월 24일 동부 시베리아(Siberia) 울란우데(Ulan-Ude)에서 드미트리 메드베데프 당시 러시아 대통령과 정상회담을 했다. 이튿날인 25일 저녁 러시아와 중국 접경 지역인 네이멍구자치구(內蒙古自治區)의 만저우리(滿州里)를 통해 중국을 찾았다. 중국에서의 일정은 2박 3일로 짧았다. 중국 외교부는 김 위원장의 방중 성격을 '경유 및 동북지방 방문'이라고 밝혔다. 즉 주목적지인 러시아를 다녀오는 길에 중국을 들렀다는 취지였다. 이 때문에 북·중 정상회담도 없었다.

이때 김 위원장의 해외 일정은 '에너지 순방'이라 해도 좋을 정도로

2011년 8월 메드베데프 러시아 대통령과 회동하는 김정일 위원장-『위대한 삶의 최후 1년-2011년』화보집

에너지 이슈가 부각됐다. 북·러 정상회담에서는 석유와 가스 등 에너지를 중심으로 한 경제협력을 체결했다. 중국에서도 중국 최대 지상유전이 있는 다칭(大慶) 시를 찾았다. 다칭은 러시아에서 오는 송유관의 도착점이다. 시베리아 아무르 주 스코보로디노에서 다칭을 잇는 1000km 길이의 송유관이 2011년 1월부터 가동했다. 이 송유관을 타고 시간당 2,100㎥의 러시아 석유가 중국으로 수송된다.

특히 이때 행보에서는 과거에는 볼 수 없던 보도 행태가 북한과 중국 양쪽에서 모두 나타났다. 8월 25일 밤 10시 20분쯤 북한 조선중앙TV는 '우리 정치 지도원'이라는 예술영화를 방송하고 있었다. 김 위원장을 우상화한 영화였다. 그런데 영화 방영 도중 갑자기 여성 아나운서가 등장해 김 위원장의 방중 소식을 알렸다. 아나운서는 "김정일 동지의 중화인민공화국 동북지역 방문에 대하여"라고 언급한 뒤 "김정일 위원장이 8월 25일 러시아 시베리아와 극동지방 방문을 마치고 귀국길에 중국 동북지역을 방문하게 된다"고 전했다. 아나운서 멘트가 끝난 뒤 예술영화는 계속 이어졌다. 김 위원장의 전용열차가 중국에 진입한 지 4시간 만에 이뤄진 북한식 '긴급 보도'였던 셈이다. 뉴스 10여 분 전에는 조선중앙통신이 김 위원장의 방중 소식을 전했다. 북한 매체들은 그가 러시아에 머무는 동안에도 과거와 달리 당일 일정을 상세히 보도했다.

김 위원장의 방문 소식을 신속히 전한 것은 중국 매체 역시 마찬가지였다. 신화통신은 김 위원장의 방중 행선지와 일정을 당일 상세히 보도했다. 모두 전례가 없던 일이다. 그동안 북한과 중국 매체들은 김 위원장이 방중 일정을 마치고 돌아가는 마무리 시점에서야 관련 보도를 내보냈다.

2011년 8월 30일 조선중앙TV는 김정일 국방위원장의 러시아 방문을 담은 기록영화를 방영하면서 김 위원장의 전용칸으로 보이는 특별열차 내부를 공개했다. 사진은 김 위원장이 바체슬라프 나고비친 부랴티아공화국 대통령과 전용열차 내에서 담화하는 모습

이례적인 일은 또 있었다. 김 위원장이 러시아와 중국 방문을 마치고 돌아온 며칠 뒤 북한은 세계 언론의 눈길을 사로잡는 장면을 공개했다. 베일에 싸인 김 위원장의 전용열차 내부를 공개한 것이다. 조선중앙TV는 8월 30일 김 위원장의 러시아 방문을 소개하는 30분짜리 기록영화를 방영하면서 전용열차 내부를 공개했다. 특히 김 위원장의 집무 전용 칸으로 추정되는 장소도 보여줬다. 이곳에서 김 위원장이 러시아 관계자들과 만나는 장면도 소개했다. 김 위원장의 방러 성과를 대대적으로 선전하는 과정에서 전용열차 내부를 공개한 것이다. 마치 앞으로 김 위원장이 전용열차를 타고 해외로 나갈 일이 없을 것을 미리 알기라도 한 듯이 말이다.

전용열차와 방문 일정. '김정일 해외순방'의 보안 유지를 위해 꼭꼭 감춰오던 이 두 가지를 전격 공개하고 석 달여 만에 김 위원장은 사망하게 된다. 이런 이례적인 일은 김 위원장 사망의 전조(前兆)였던 셈일까. 묘한 일이다.

8월 25일 김 위원장의 전용열차가 중국 땅에 진입하는 순간부터 필자는 또다시 한바탕 숨바꼭질을 벌여야 할 터였다. 김 위원장이 탄 열차는 중국 시각 오후 6시(한국 시각 오후 7시) 무렵 러시아와 중국 접경 지역인 만저우리에 진입했다. 필자는 앞서 이날 오후부터 중국 내 취재원들을 상대로 취재에 들어갔다. 예상 가능한 동선과 김 위원장이 과거 방문했던 지역의 취재원들에게 일일이 전화를 돌렸다.

전화를 수십 통 돌린 끝에 헤이룽장성에서 첫 징후를 찾아냈고, 이내 다칭에서 좀 더 확실한 징후를 포착했다. 다칭은 중국 최대의 육상(陸上) 유전이 있는 지역이다. 러시아에서 에너지 이슈가 부각되는 일정을 가졌으므로 중국에서도 이와 관련 있는 지역을 찾을 것으로 예상됐다. 방문 날짜가 8월 26일이라는 사실을 알아냈다. 기사 작성에 들어갔다. '김정일, 내일 중국 최대 유전 소재 다칭 방문'이라는 제목으로 기사를 출고했다.

이 내용은 YTN 오후 6시 뉴스에 방송됐다. 김 위원장의 전용열차가 아직 중국에 진입하기 전이었다. 그리고 그다음 날인 8월 26일 예상대로 김 위원장은 다칭을 방문했다. 기사 내용 중 한 가지는 틀렸다. 김 위원장의 다칭 방문 일정에 시진핑(習近平) 부주석 등 고위층이 동행할 것으로 보인다는 내용이었다. 이때 김 위원장의 방문 현장에는 당시 중국의 집단 지도부인 상무위원 9명 중 아무도 나타나지 않았다.

당시 그의 중국 내 움직임은 관심도가 많이 떨어진 상태였다. 먼저 편집부에서 기사를 요구하는 빈도가 과거와 비교할 수 없을 만큼 줄었다. 주목적지인 러시아에 비해 정상회담 등 특별한 일정이 없던 중국은 상대적으로 주목을 덜 받을 만했다. 데스크마저 좀 쉬어도 된다고 할 정도였지만, 그럴 수가 없었다. 이미 '김정일 추적'이라는 게임에 흠뻑 빠진 상태였기 때문이다. 그래서 그가 귀환 길에 오르는 순간까지 계속 취재했고 기사를 썼다. 그의 마지막 해외순방 취재는 이렇게 끝났다. 이미 김정일이라는 존재는 언론의 관심에서 서서히 멀어지고 있었다. 베일도 걷히고 있었다.

생의 마지막 1년여 기간 김 위원장은 모두 4차례 중국을 찾았다. 방문이 거듭될수록 중국 인민의 불만도 커졌다. 방중 기간 중국 인터넷에는 이들의 불만이 거침없이 쏟아져 나왔다. 김 위원장을 '뚱보' 등으로 비하하며 "구걸하러 왔느냐" "또 식량 떨어졌나"라는 식의 조롱이 이어졌다. 특히 김 위원장이 방문한 도시 주민들은 교통 대란에 분노를 터뜨렸다. 왜 북한 지도자 때문에 중국 인력이 동원되고 일반인이 일상생활에서 피해를 입어야 하느냐는 것이었다.

기억에 남는 한 누리꾼의 반응이 있다. 김 위원장이 묵은 어느 영빈관의 직원이었다. 통상 김 위원장이 중국을 찾으면 선발대가 미리 와서 보안을 위해 숙소 등을 답사한다. 그런데 방중을 앞두고 찾아온 선발대가 호텔에서 투숙하고 떠난 뒤 이 호텔 직원은 "메뚜기 떼가 지나갔다"고 표현했다. 객실에 비치해둔 세제 등 일회용품은 물론, 냉장고 안에 있는 음식까지 모두 쓸어갔다는 것이다. 이를 기사로 다룰까 한참 고민하다가 끝내 접어야 했다. 인간적 연민에 더해 보도를 확인한 북한 당국이 이들의 인사 조치를 요구하지는 않을지 걱정스러웠기 때문이다. 북한을 조롱하는 중국 누리꾼의 글이 늘어날수록 필자가 느낀 것은 공연한 쓸쓸함이었다.

04

내가 겪은 '김정일 사망'

■■■

김정일 사망 '단둥 패닉'…휴대전화마저 숨죽였다

2011년 12월 19일 월요일 오전 11시(한국 시간 정오) 중국 베이징 주중
한국대사관. 매주 월요일 특파원을 대상으로 하는 브리핑이 막 시작됐
다. 몇 분 뒤 여기저기서 휴대전화 벨소리가 울려댔다. 서울 본사에서
특파원을 호출하는 전화였다. 호출당한 건 브리핑을 하던 대사관 관계
자도 마찬가지. 이날 오전 중대 발표를 예고했던 북한이 '김정일 위원
장 사망' 소식을 전한 것이다. 브리핑은 취소됐고, 기자들은 순식간에
뿔뿔이 흩어졌다. 베이징에 있는 모든 특파원이 '김정일 사망'의 소용
돌이 속으로 빨려들어 갔다. 부랴부랴 사무실로 향하는 필자의 머릿속
은 어지럽기만 했다.

  점심식사를 할 겨를도 없이 곧바로 중국 매체 반응을 취재하며 허겁
지겁 생방송 준비에 들어갔다. 신화통신과 중국중앙(CC) TV 등 중국 언
론은 일제히 '김정일 사망' 소식을 긴급 뉴스로 전하고 있었다. CCTV는
특보를 편성했다. 김정일 북한 국방위원장의 일대기를 조명하고 평양 특
파원을 수시로 연결해 현지의 애도 분위기를 전했다. 급박하게 제작하다
보니 CCTV는 어처구니없는 방송사고도 냈다. 김 위원장의 탄생을 소개
하면서 배경 자료화면으로 서울에서 북한 인공기와 김 위원장 사진을 불
태우는 시위 장면을 내보낸 것이다. 이 장면은 14초나 전파를 탔다.

김정일 국방위원장 사망 발표 직후 중국 베이징 주중 북한대사관에 걸린 북한 인공기 조기 (ytn 보도 화면)

베이징 주중 북한대사관은 오전 11시 반쯤 조기를 내걸었다. 북한대사관 앞으로 세계 각국 기자가 몰려들자 포토라인이 설치됐다. 공안당국 경비도 대폭 강화됐다. 베이징의 북한 주민들 역시 큰 충격에 빠진 모습이었다. 울먹이는 이가 적지 않았다. 이날 오후 북한 조선중앙통신은 김정은을 '위대한 후계자'로 표현하며 김정은의 지도력 아래 난관을 극복할 것이라고 전했다.

'김정일 사망' 발표 당일 오후 중국 외교부의 정례 브리핑 룸은 외신 기자로 꽉 찼다. 당시 류웨이민(劉爲民) 중국 외교부 대변인은 "중국 정부는 깊은 애도를 표한다"고 말했다. 김 위원장의 사망 사실을 북한 당국 발표 전 미리 알았는지, 후계자 김정은을 지지하는지 등 쏟아지는 기자들 질문에는 구체적인 답변을 하지 않았다. 매번 브리핑 현장에 나타나던 북한 기자들도 이날만은 모습을 감췄다. 대사관 소집령이 떨어진 것이었다.

이튿날인 12월 20일 오전, 후진타오 국가주석을 비롯한 중국 지도부가 대거 주중 북한대사관을 찾아 조의를 표했다. 중국 집단지도부인 상무위원 9명은 12월 20일과 21일 이틀에 나눠 북한대사관에 마련된 분향소를 찾았다. 후 주석은 "중국 인민은 조선의 위대한 영도자이자 중국 인민의 친밀한 벗인 김정일 동지를 영원히 그리워할 것"이라고 말했다. 그러고는 "조선 인민이 김정은 동지의 영도 아래 사회주의 강성대국 건설은 물론, 한반도의 장기적 평화와 안정 실현을 위해 노력할 것이라고 굳게 믿는다"고 덧붙였다. '김정일 사망'이라는 긴박한 상황을 처리하는 중국 지도부의 발 빠르면서도 적극적인 움직임을 엿볼 수 있는 문구였다. 북·중 관계가 얼마나 끈끈한지 확인할 수 있는 대목이기도 했다.

이날 필자는 북·중 접경도시 단둥으로 향해 분향소 수색에 나섰다. 취재원을 통해 북한 무역상 사무실 안에 마련된 분향소를 찾아냈다. 카메라맨과 함께 사전답사를 했다. 김 위원장의 초상화 아래 조화가 가득했고 슬픈 표정을 한 조문객의 행렬이 쉼 없이 이어졌다. 우리 신분을 밝혔다간 취재고 뭐고 아무것도 안 될 것 같았다. 카메라에서 회사 로고를 떼고 분향소 안으로 다시 들어갔다. 그러고는 아무 말도 하지 않고 조용히 촬영을 시작했다. 분향소 측에서 누구냐고 물었다. 카메라맨이 애도를 표하면서 조심스럽게 "현지 지역 방송국에서 온 중국인"이라고 답했다. 우리는 원하는 대로 분향소 내부를 모두 취재할 수 있었다.

김 위원장 사망 직후 중국은 국경지역에 재빠른 조치를 내렸다. 북한 여권만 확인되면 불법체류 여부와 무관하게 곧바로 북한으로 보내준 것이다. 반면 북한 사람이나 물자가 중국으로 들어오는 것은 철저히 통제했다. 단둥에서는 휴대전화 불통 사태가 잦았다. 비상시국을 맞은 북한

2011년 12월 20일 북·중 접경도시 단둥에 설치된 분향소에서 북한 조문객들이 눈물을 흘리고 있다
(ytn 보도 화면)

이 접경지역에서 정보통제에 들어갔기 때문이라는 분석이 나왔다.

북한의 피바다가극단은 2011년 10월 말부터 중국 전역에서 가극 '양산백(梁山伯)과 축영대(祝英台)' 순회공연을 하고 있었다. 이 가극은 중국판 '로미오와 줄리엣'으로 부르는 작품. 피바다가극단은 이를 각색해 공연 중이었는데, 김 위원장 사망 발표로 이내 중단했다가 며칠 뒤 재개했다. 북한 당국이 "비통함을 힘으로 승화시키라"는 지시를 내렸기 때문이었다.

김 위원장에 대한 애도 기간은 12월 29일 종료됐다. 애도 종료와 더불어 30일부터 단둥에서는 북한인들의 영업 활동도 재개됐다. 하지만 북한 식당에서의 공연은 한동안 계속 금지됐다. 단둥 철교는 북한으로 들어가려는 화물 차량이 한꺼번에 몰리면서 심각한 정체현상을 빚었다. 애도 기간이 끝난 데다 그해 마지막 세관 통관일이어서 화물차가 한꺼번에 몰린 것이다. 운송비도 평소 600위안이던 것이 2,000위안으로 3배 이상 뛰었다. 세관을 통과하더라도 북한 세관 쪽 창고가 꽉 차 화물을 내릴 수 없을 지경이라고 중국인 대북 무역상이 전했다. 그는 "북한으로 들어가려면 곳곳에서 현금을 찔러줘야 한다"고 투덜댔다.

일부 언론에서는 애도 기간 중엔 접경지역 북한 측 세관이 봉쇄됐다고 보도했지만, 신의주를 오가는 단둥 철교에는 차량이 평소와 다름없이 분주히 움직였다. 단둥의 북한 식당들은 영업을 중단했는데, 문을 닫은 채 식당 안에서 조촐하게 추모식을 갖는 모습이 목격되기도 했다. 필자와 카메라맨은 북한 식당을 몰래 촬영하다 종업원들에게 들키고 말았다. 20대 여성 여러 명과 남성이 우르르 몰려나와 취재진을 둘러쌌다. 이들은 "왜 허락도 받지 않고 촬영하느냐"고 항의했다. 그냥 돌아가겠다는 필자 말에도 이들은 촬영 여부를 눈으로 확인해야겠다며 언성을 높였다. 카메라에서 식당 촬영 분량을 보더니 당장 지울 것을 요구했다. 안 그랬다간 취재진을 끌고 갈 기세였다. 결국 힘들게 촬영한 좋은 그림을 모두 삭제하고서야 간신히 풀려났다.

당시 단둥에는 거리 곳곳에서 외신기자들 모습이 눈에 띄었다. 취재 경쟁도 치열했다. 외신기자가 중국에서 취재하려면 당국으로부터 취재허가를 받아야 한다. 그런데 대형 이슈가 터지니 본사로부터 급히 파견된 기자도 적지 않았다. 대부분 취재비자가 아닌 관광비자로 들어왔다. 중국 처지에서 보면 이들은 허가받지 않은 불법 취재를 하는 셈. 본사 파견 기자들까지 몰리면서 북·중 접경지역에서의 취재는 과열 양상을 띠었다. 북한이 공개를 꺼리는 내용까지 보도되면서 북한이 중국 측에 항의의 뜻을 전했을 개연성이 높아졌다.

그 와중에 단둥의 한 취재원이 외신기자들이 다수 투숙한 호텔에 공안당국이 조사를 나올 것이라고 언질을 줬다. 호텔 1층 로비를 살펴보니 과연 사복 공안요원 몇 명이 눈에 띄었다. 단둥 공안당국은 호텔 측으로부터 투숙자 명단을 제출받고 서류와 신분 확인 절차에 들어갔다.

소문이 퍼지면서 관광비자로 투숙한 기자들이 취재 장비를 숨기거나 숙소를 옮기는 등 한바탕 소동을 벌였다. 이후 관광비자만 받고 온 모 언론사 기자가 공안당국에 적발돼 서울로 돌아가는 일도 발생했다.

　김 위원장 사망 같은 크고 민감한 이슈가 터졌을 때는 단둥에서 언행에 각별히 조심해야 한다. 필자와 친분이 있는 언론 종사자 K가 애도 기간 단둥에서 경험한 일이 꼭 그랬다.

　중국인인 K는 외국 언론사에 카메라맨으로 고용됐다. 그는 애도 기간 단둥 공안당국에 끌려갔다. 세관 안에서 북한인들의 동향을 몰래 촬영하려다 잡힌 것이었다. K는 3시간 동안 집중 조사를 받았다. 조사 담당 공안이 K의 신분증 번호를 컴퓨터에 입력하는 순간 모니터를 본 K는 깜짝 놀랐다. 해당 언론사 특파원은 물론, 그 가족의 개인정보까지 모조리 모니터에 떴기 때문이다.

　담당 공안은 K에게 아내 이름과 직장 등 가족 정보를 물었다. 그러고는 K가 말해준 내용을 적은 메모지를 슬그머니 점퍼 호주머니에 넣더니 말을 이었다. "중국 공안에는 여러 종류가 있다. 공안이라고 다

김정일 위원장 사망 직후 북한 대사관 관계자와 만났던 대사관 근처의 카페

같지 않다. 강도 같은 공안도 있다." K는 덜컥 겁이 났다. "이건 무슨
협박인가, 아내에게 해코지를 하겠다는 뜻인가." 공안의 말이 이어졌
다. "앞으로 한 번만 더 걸리면 구속될 수도 있다. 너희 기자에게도 더
는 단둥에 머물지 말고 빨리 베이징으로 돌아가라고 전해라."

　공안이 세관 내부 촬영은 안 된다는 경고 간판을 못 봤느냐고 묻자
K는 못 봤다고 시치미를 뗐다. "그런 식이라면 앞으로 당신이 단둥에
있는 동안 누군가로부터 밤길에 폭행을 당했다고 신고해도 난 모른 척
하겠다. 단둥이란 데가 어떤 곳인지 알긴 아나?" K는 조사를 받고 돌아
온 뒤 함께 취재하러 온 기자에게 "빨리 베이징으로 돌아가자"고 독촉
했다. 이후 한동안 K는 불안에 떨어야 했다. 행여 단둥의 그 공안이 북
한 측에 자신의 개인정보를 넘긴 것은 아닌지 전전긍긍하면서 말이다.

■■■

김정일 사망, 주중 북 대사관도 몰랐다

오랜 시간이 지났지만 여전히 풀리지 않는 의문이 적지 않다. 김정일 국방위원장의 사망 당시 상황은 어떠했고, 사망 원인은 과연 무엇이었을까. 2011년 12월 19일 북한은 "김 위원장이 12월 17일 달리는 야전 열차 안에서 중증 급성심근경색과 심장성 쇼크가 발생해 숨졌다"고 밝혔다. 그러나 북한 발표 이후 권력투쟁에 따른 사망 등 여러 추측보도가 이어졌다. 이런 와중에 북한 고위급 인사가 몸을 낮춰 귓속말로 나지막하게 '김 위원장 사망 당시 상황'을 속삭였다.

당시 북한 고위급 인사가 전한 '김정일 위원장 사망의 진상'은 이렇다. 김 위원장은 2011년 12월 15일 평양의 백화점 광복지구상업센터(光復地區商業中心)를 찾았다. 당시 김 위원장은 각종 식품과 공산품이 진열된 것을 보고 만족을 표시했다. "지금 당장 모든 물건을 생산할 수 있는 공장을 가동할 순 없지만 이렇게 밖에서 끌어들여서라도 주민에게 공급할 수 있어 다행"이라는 취지였다. 이것이 김 위원장의 마지막 현지시찰이었다.

그리고 이틀 뒤인 12월 17일 새벽 2시 무렵 김 위원장은 돌연 잠에서 깨어나 측근 참모들을 불러들였다. 4 · 15, 즉 고(故) 김일성 주석의 생

김정일 위원장의 생애 마지막 시찰이 된 2011년 12월 15일 '광복지구 상업센터' 시찰. 김정은도 수행하고 있다-『위대한 삶의 최후 1년-2011년』 화보집

일 100주년을 앞둔 자신의 고민을 말하기 위해서였다. "4·15는 다가오는데 주민에게 무엇을 해줄 것인가 고민하는 꿈을 꿨다. 평양 주민들은 문제가 없는 걸 직접 확인했는데, 이제 제일 낙후한 자강도에 가서 4·15 준비 상황을 보고 싶다." 그러면서 그는 곧바로 자강도행을 고집했다. 결국 이른 새벽 체감 기온 영하 27도의 맹추위 속에서 전용열차에 올라 자강도로 향하다 열차 안에서 뇌혈전으로 사망했다.

김 위원장 사망 이듬해인 2012년 필자는 『위대한 삶의 최후 1년- 2011년』이라는 제목의 화보집을 입수했다. 북한이 중국어판으로 발간한 김 위원장의 마지막 1년 모습을 담은 화보집이었다. 2011년 1월부터 12월까지 매달 김 위원장의 현지 경제시찰 활동을 담았다. 화보집은 김 위원장이 북한 인민의 생활환경을 개선하려고 1년 내내 현지시찰을 하다 순직했음을 강조한다. 마지막 부분에서는 석양을 배경으로 한 김 위원장의 전용열차를 보여준다. 김 위원장이 추운 날씨에도 전용열차를 타고 자강도 시찰을 강행하다 열차에서 숨졌음을 암시하는 것으로 풀이된다.

북한 당국이 김정일 국방위원장 사망 이듬해인 2012년 펴낸『위대한 삶의 최후 1년-2011년』화보집의 표지와 마지막 페이지. 그의 전용열차가 석양을 향해 달리는 모습을 담았다.

조선노동당 기관지 '노동신문'은 2011년 12월 22일자에서 "김 위원장이 조용히 조국의 북변(北邊)으로 향한 열차에 몸을 실었다"고 전했다. '북변'은 북쪽 변경 지역을 뜻하는 말로 주로 함경도와 양강도, 자강도를 지칭한다. 자강도로 향했다는 필자 취재원의 발언을 뒷받침해주는 내용이다. 하지만 다른 한편으론 북한이 김 위원장의 사망을 신격화했을 개연성도 있다. 김일성 주석의 생일 100주년을 앞둔 지도자로서 고민을 거듭하다 이른 새벽 현지 지도를 가는 길에 숨졌다는 건 김 위원장이 마지막 순간까지 민생을 챙겼다는 일종의 우상화, 신격화 작업으로 볼 수 있다.

2011년 12월 27일 오전 중국 베이징 하늘은 파랗고 깨끗했다. 하지만 베이징 특유의 칼바람이 옷 속으로 파고들었다. 오리털 파카에 두 손을 찔러 넣은 필자는 주중 북한대사관 근처 한 카페 안으로 뛰어 들어갔다. 북한대사관 관계자 A를 만나기 위해서였다. 김 위원장 사망 정국

속에서 그와의 만남은 필자에게 각별히 중요했다.

독일제 북한대사관 차량에서 내린 A가 카페 안으로 들어왔다. "아, 춥네요." A는 두 손을 비비며 자리에 앉았다. 종업원이 커피 두 잔을 주문받고 돌아서자마자 A는 다짜고짜 역정부터 냈다. 북한 최고 존엄의 사망을 대하는 우리 정부의 반응과 언론 보도 때문이었다. 특히 북한이 남한 사업가나 단체에게 무리하게 조문이나 조의금을 요구했다는 기사에 분노를 터뜨렸다. A는 북한의 입장이라며 미리 준비해온 원고를 읽어내려 갔다. 당시 필자는 이를 전부 메모했다. 주요 내용은 이렇다.

"언론들이 (중략) 우리 인민과 남측 진보적 인사들, 북측과 사업하는 중국 사업가들의 순결한 마음을 그 누구의 강요에 의해 진행된 것으로 묘사한 것은 장군님의 영생을 기원하는 뜨거운 조문 열의에 찬물을 끼얹은 비열하고 용납 못 할 반인륜적 행위이며, 초보적인 예의와 인륜도덕도 지킬 줄 모르는 자들이 만들어낸 궤변에 지나지 않는다. 우리 인민은 아무리 천만금이 귀중하고 필요하다고 해도 최고 존엄을 훼손하면서까지 구걸질을 하지 않으며, 오히려 천만금을 공짜로 준다고 해도 우리 최고 존엄과 우리 인민의 깨끗하고 순결한 충성심을 건드리는 자들에 대해서는 한 치 양보와 타협도 하지 않으며, 추호도 용서하지 않는다는 것이 우리의 입장이다."

A는 "국상(國喪) 기간에 이럴 수가 있나?"라며 기사를 작성한 모 언론사 중국 특파원 2명의 실명을 거론했다. "이런 식으로 우리 최고 존엄을 모독한다면 우리도 가만히 있지 않겠다. 정말 무슨 일 당하고 싶어서 그러는 건가. 우리가 이 중국 땅에서 못 할 거 같은가. 한번 뜨거운 맛을 보여줄까?"라고 격앙된 반응도 보였다. 필자는 A를 달래느라 진땀을 흘렸다. "기자들도 어디선가 얘기를 들었으니까 쓰는 건데, 왜 기자들을 비난하나. 의도적으로 지어낸 얘기가 아니다. 무슨 뜻인지

2011년 12월 중국 측이 제작해 북한에 기증한 김정숙 밀랍상
(ytn 보도 화면)

잘 알겠다. 내가 그 뜻을 충분히 잘 전달하겠다. 그 기자들은 나도 잘
아는 이들이다. 제발 그만하자. 애도 기간에 이러면 되겠나?"

　이후 필자는 곧바로 해당 기자를 찾아가 관련 내용을 전달하고 당분
간 조심할 것을 당부했다. 상가에서 큰 싸움이 벌어지는 것처럼 행여
불상사가 생기진 않을지 걱정스러웠다. 다행히 이후 별문제는 없었다.
김 위원장 사망 당시 중국에 나와 있는 북한 인사들은 이처럼 날카로
운 반응을 종종 보였다.

중국 정부는 김 위원장 사망 소식을 북한 당국 발표 이전에 알았을
까. 당시 많은 언론은 중국이 사전에 알았을 가능성에 무게를 실었다.
그와 동시에 지재룡 주중 북한대사 역시 사망 사실을 당국 발표 이전
에 통보받았을 것으로 관측했다. 지 대사가 사망 당일인 12월 17일 북
한으로 들어갔기 때문이다.

　하지만 A는 필자에게 지 대사가 김 위원장의 사망 사실을 사전에 알
지 못했다고 말했다. 그렇다면 지 대사가 12월 17일 북한에 간 것은 무엇
때문인가. A는 "중국이 선물로 증정한 '김정숙(金正淑) 밀랍상'을 김 위원
장에게 전달하기 위해서"라고 말했다. 김정숙은 김 위원장의 생모다.

　A와 헤어진 뒤 사실 관계를 확인해보니 이 말에는 신빙성이 있었다.
중국 매체들은 12월 16일 베이징에서 김정숙 밀랍상을 북한에 보내기
위한 행사가 진행됐다고 보도했다. 행사에는 평양에서 온 인사들과 주
중 북한대사관 관계자 등 모두 200여 명이 참석했다. 밀랍상을 제작한
곳은 '중국 위인 밀랍상관'으로, 주로 중국 위인들의 밀랍상을 전문적으
로 만드는 기관이다. 이곳에서 당시까지 북한에 선물한 밀랍상은 1996
년 김일성 밀랍상과 2011년 김정숙 밀랍상 2개뿐이었다.

　당시 김정숙 밀랍상 기증은 북·중 관계에서 상당히 의미 있는 행사
라고 할 수 있다. 그래서 베이징에서 이를 기념하는 행사까지 성대하
게 열렸던 것이다. 행사 다음 날인 12월 17일 이 밀랍상을 김 위원장에
게 직접 전달하려고 지 대사가 평양으로 향했다는 A의 말은 그래서 믿
을 만했다. A는 그러면서 "중국 정부도 김 위원장의 사망 사실을 당국
발표 전 미리 통보받지 못했다"고 전했다.

　필자는 A에게 주중 북한대사관에 마련된 분향소 내부 취재를 희망
한다고 말했다. 처음엔 안 된다며 손사래를 치던 A는 필자가 계속 요구
하자 한번 고민해보겠다고 태도를 누그러뜨렸다. 그러고는 "우리가 허

용한다 해도 남측에서 허용하겠는가. 안 해줄 것 같은데…"라고 덧붙였다. 필자는 "세계적인 뉴스인데 설마 이런 취재를 막겠나. 그럴 리 없을 것이다. 취재 가면 안내나 잘해 달라"고 답했다. 이후 A는 YTN의 북한 대사관 내 분향소 취재를 돕겠다고 알려왔다.

하지만 결국 A의 말이 옳았다. 이런 취재의 경우 통상 우리 정부로부터 사전 허락을 받고 추진해야 하는데, 당시 정부가 이를 불허한 것이다. 주중 한국대사관을 통해 북한대사관 내 분향소 취재에 대해 문의한 결과 우리 정부가 내린 결정은 'NO'. 이를 전달하자 A는 그것 보라면서도 불쾌한 감정을 내비쳤다.

아직까지도 이에 대해서는 아쉬움이 남는다. 어차피 분향소 내부 분위기는 한국 언론이 못 가더라도 외신을 통해 다 보도될 상황이었다. 남한 기자의 분향소 취재가 북한 의도대로 북한을 홍보하는 데 일조한다고 볼 수 있을까. 만일 그렇다면 외신을 인용한 보도는 어떻게 평가해야 할까. 분향소 취재를 과연 이적 행위로 볼 수 있을까. 기자로서는 의문이 많을 수밖에 없는 대목이었다.

김 전 위원장 사망 애도 기간에 조선족 기업가 여러 명이 평양으로 조문을 다녀왔다. 모두 대북 사업을 하는 이들이었다. 한 기업가가 비보도 조건으로 조문 경험담을 전해줬다. 단둥 철교를 건너 신의주로 들어가는데 국경 지역 북한 군인들이 멈춰 세웠다. 그리고 이렇게 말했다. "가슴 찢어지는 슬픔이 닥친 상황에서 눈물을 보이지 않는 것은 말이 안 된다. 눈물을 흘리지 않는 자는 들어올 수 없다." 결국 함께 갔던 일행 모두 억지로 눈물을 짜내야 했다.

이들은 평양에서 조문할 당시 김정은 국방위원회 부위원장을 만난 경험담도 전했다. 김정은은 이들 기업가들 손을 일일이 잡으며 고마움과 관심을 표시했다. 현존하는 유일한 3대 권력 세습의 주인공과 손을 잡은 것에 대해 이들은 깊이 감동받은 모습이었다.

한편 김 위원장 사망과 관련해 중국에서 가장 예민한 반응을 보인 지역은 지린성 투먼 시였다. 투먼 시 당국은 애도 기간 내내 언론 취재를 철저히 통제했다. 아예 시 전역에서 사진과 동영상 촬영을 금지했다. 외부에서 들어오는 길목마다 차량과 탑승객에 대한 검문검색을 실시했다. 투먼 공안당국은 특히 한국인을 면밀히 감시했다. 투먼이 이처럼 고강도 통제를 실시한 이유는 북한과 가장 가까운 지역이자 탈북자 수용시설이 있다는 점, 중국 정부가 당시 최초로 북한 인력을 공식 수입하기로 결정한 지역이라는 점 때문이었을 것이다.

05

김정은 시대 북·중 인력 교류

■■■

화장실서 몰래 촬영 한창 "사람 온다, 빨리 카메라 숨겨!"

중국 지린성 옌볜조선족자치주의 투먼 시는 북한 최북단과 접한 도시다. 투먼 역시 단둥처럼 여러 방법을 이용해 북한을 관광 상품으로 활용하고 있다. 입장료를 내면 6·25전쟁 때 폭격으로 끊어진 다리 위를 걸어가거나 전망대에 올라 북한을 바라볼 수 있다. 두만강에서는 배를 타고 북한 쪽으로 다가가기도 한다. 폐쇄사회에 대한 호기심을 돈벌이로 활용하는 것이다. 필자는 단둥과 투먼 모두 수차례 다녀봤지만 아무래도 투먼에 애착이 더 간다. 도시화가 덜 돼서 그럴 수도 있고, 아슬아슬하고 위험한 취재를 더 많이 했기 때문일 수도 있다.

투먼을 처음 찾은 것은 2012년 3월. 두 달 뒤 북한 인력이 최초로 투먼에 공식 고용될 예정이고, 이들을 맞으려고 기숙사 건물을 완공했다는 소식을 접한 것이다.

북한 인력 전용 기숙사 건물은 투먼 시 정부가 조성한 '투먼 경제개발구' 안에 있었다. 주변 도로에서 붉은색 기숙사 건물이 들여다보이긴 했지만 측면만 볼 수 있었다. 엄폐물이 없어 촬영을 했다가는 금세 노출될 위치였다. 게다가 도로에는 폐쇄회로(CC)TV가 지켜보고 있었다.

기숙사 건물을 정확히 촬영하려고 장소를 물색하던 중 맞은편 건물

투먼의 두만강 관광 부두와 유람선, 건너편이 북한이다

산양을 몰고가는 북 주민과 개, 자전거 타고 가는 여인

중국 여행사의 북한 관련 관광상품 설명 모습

이 눈에 들어왔다. 투먼 경제개발구 청사 건물이었다. 하지만 외지인이 관공서 건물 안으로 들어가는 것은 쉬운 일이 아니었다. 이리저리 고민하고 수소문한 끝에 취재팀을 안내할 사람을 구했다.

그를 따라 방문객으로 가장해 투먼 경제개발구 청사 건물 안으로 들어갔다. 카메라 장비는 배낭 안에 숨겼다. 1층부터 꼭대기 층까지 다니며 기숙사 건물이 잘 보이는 장소를 찾았지만 마땅한 장소가 눈에 띄지 않았다. 그러다 볼일을 보러 건물 내 화장실에 갔다. 좁은 창문 틈을 통해 언뜻 기숙사 건물이 보였다. 창문을 열어젖히니 기숙사 건물이 정확히 모습을 드러냈다. 딱 좋았다. 화장실 안팎에 아무도 없는 틈을 타 서둘러 움직였다.

"자, 빨리빨리, 서둘러!" 카메라맨이 배낭 안에 숨겨둔 카메라를 꺼내 들었다. 필자는 화장실 밖에서 망을 봤다. 갑자기 복도 한쪽 끝에서 한 중년 남성이 걸어왔다. "사람 온다. 카메라 숨겨!" 화장실 문을 열고 급히 속삭인 뒤 우리는 볼일을 보는 척했다. 남성은 화장실을 그냥 지나쳐 갔다. 이후 아무도 오지 않는 틈을 타서 다시 카메라를 꺼내 촬영했다. 기숙사 건물 외경은 물론 내부까지 줌-인(zoom in)해 샅샅이 찍었다.

기숙사 건물은 총 3개 동으로 구성됐다. 왼쪽부터 3층과 2층, 5층 건물이 연결돼 있었다. 가운데 2층 건물은 식당이고 5층 건물은 침실 동이었다. 식당은 흰색 식탁과 붉고 푸른 의자가 나란히 배치됐다. 침실 동에는 방마다 2층짜리 침대를 갖췄고 그 위에 이불을 차곡차곡 개놓았다. 곧 들어올 북한 인력을 맞을 준비를 한 모습이었다. 기숙사는 모두 600명이 생활할 수 있었다. 투먼 경제개발구 청사 안에는 기숙사 건물을 건설한 회사도 입주해 있었다. 당시 투먼 시 산하 '텅다경제발전유한회사(騰達經濟發展有限公司)'였다. 북한 인력이 머물 기숙사 건물을 중국 정부가 마련해준 것이다. 이 사무실 정문도 서둘러 촬영했다.

총 600명이 생활할 수 있는 지린성 투먼의 북한 인력 전용 기숙사(좌) 맞은편에 있는 투먼 경제개발구 청사(우)
(ytn 보도 화면)

원하는 화면을 충분히 확보한 뒤 취재팀은 카메라를 다시 배낭 안에 숨겨 투먼 경제개발구 청사 건물을 조용히 빠져나왔다. 취재를 도와준 사람이 떠나면서 한 가지 당부를 했다. 당장 기사를 내지 말고 어느 정도 시간이 흐른 뒤 보도해달라는 것이었다. 당국의 추적을 최대한 피하기 위해서였다. 필자는 약속을 지켰다.

투먼에서의 기숙사 건물 취재를 성공적으로 마친 취재팀은 자동차로 1시간 정도 달려 훈춘에 도착했다. 그곳에서도 북한 인력 전용 기숙사 건물을 마련했다는 이야기를 들었기 때문이다. 훈춘 기숙사 건물 역시 훈춘 경제개발구 안에 있는 2개 기업체 땅 안에 각각 마련돼 있었다. 하지만 당시에는 이 건물을 투먼에서처럼 제대로 촬영하는 것이 불가능했다. 멀리서 윤곽만 확인할 수 있었다. 취재원은 4인 1실인 방 50개가 있어 200명이 생활할 수 있다고 전했다. 투먼 기숙사가 8인 1실에 공동 화장실을 쓰는 데 비해, 훈춘 기숙사는 4인 1실마다 화장실이 마련돼 있다며 시설이 더 좋다는 말을 덧붙였다(이 건물은 훗날 현장 취재를 통해 결국 촬영에 성공했다). 당시 북한 인력을 기다린 투먼과 훈춘 기업은 모두 봉제 업종이었다.

투먼의 북한 공업단지 입간판

　필자는 당시 지린성 투먼과 훈춘, 옌지 등 3개 지역을 돌며 취재를
진행했다. 지린성 일대를 다니면서 중요 문건을 두 눈으로 직접 확인
했다. 북한 인력 수입과 관련한 중국 정부의 공식문서였다. 문건을 손
에 쥔 취재원을 설득하는 과정은 쉽지 않았다. 촬영을 하지 않는다는
조건으로 간신히 공문을 보게 됐다. 중국 지린성 정부의 북한 공업단
지 허가 공문이었다.

　지린성 정부는 투먼 경제개발구 안에 '투먼조선공업단지' 조성을 허
가했다. 공문에는 2011년 8월 10일이란 날짜와 지린성 성장의 직인이
선명했다. 가장 눈에 띄는 대목은 "조선의 우수한 인력을 수입해 투먼
시 경제 발전에 기여한다"는 부분이었다. 인력난 때문에 경제 개발에
제동이 걸린 중국 정부가 이를 해결하려고 북한 인력 고용에 나섰음을
보여주는 문건이었다.

　이전에도 북한 근로자들은 주로 북·중 접경 지역을 중심으로 중국
곳곳에서 일해 왔지만, 이는 어디까지나 기업 차원이거나 편법·불법
적 근로 행위가 주를 이뤘다. 두 나라 정부가 공식 허가한 근로 행위는
아니었다. 당시 필자가 육안으로 확인한 지린성 정부의 문건은 북한

중국 지린성 투먼의 탈북자 수용소 외부 모습(좌)과 간판(우). 비인간적인 처우로 악명 높던 곳이다

인력 고용에 중국 정부가 처음으로 직접 발 벗고 나섰다는 점에서 의미가 있었다.

필자는 북한 인력을 고용하려는 중국 기업이 준비해야 하는 서류도 확인했다. 우리의 고용노동부에 해당하는 '중국 인력자원과 사회보장부'의 취업담보증, 중국 공안국의 비자담보증, 거류허가증 등의 문서였다. 지린성 정부의 공문을 확인한 이후 필자는 투먼 경제개발구 내에서 조선(북한)공업단지가 조성된 사실을 취재했다. 현장에는 '지린기업공업단지'라는 표시기둥이 커다랗게 세워져 있었다. 조선공업단지는 총 1㎢ 규모의 대지에 조성됐다. 당시 이 터는 상당 부분이 텅 비어 있었다.

조선공업단지 터의 30%는 지린성 정부가 마련했다고 필자 취재원은 전했다. 60만 위안, 한국 돈 1억 5,000만 원 정도에 구매해 임대를 마쳤다고 했다. 필자는 이와 더불어 북한과 중국 정부가 계약한 인력 고용 규모도 확인할 수 있었다. 양측은 2만 명 고용계약 서류에 서명했다. 하지만 구두 상으로는 3만 명까지 고용하는 데 합의했다고 취재원은 전했다.

투먼 시장과의 인력 파견 계약 체결 모습- 북한 합영투자위원회의 중국어 홈페이지

　몇 달 뒤 이러한 취재 내용을 뒷받침하는 북한 측 자료를 확인하게
됐다. 2012년 5월 필자는 당시 북한의 외자유치 전담기구였던 합영투
자위원회가 홈페이지를 개설한 사실을 알아냈다. 조선투자사무소라는
이름으로 중국어 홈페이지를 만든 것이다. 미모의 북한 여성이 북한을
소개하는 동영상도 올라와 있는 등 제법 화려하게 만들어졌다.

　홈페이지 구성을 살피던 도중 눈에 띄는 사진 한 장을 발견했다. 합
영투자위원회 부위원장과 투먼 시장의 계약 체결 사진이었다. 구체적
인 계약 내용과 시점은 공개되지 않았다. 훗날 당시 계약이 북측 인력
고용에 관한 것이었음을 확인할 수 있었다.

　기숙사 취재를 마무리한 뒤 우리는 곧바로 투먼 탈북자 수용소로 이
동했다. 2012년 3월 당시 국내 언론의 관심은 이 시설에 쏠려 있었다.
중국의 탈북자 송환 문제가 이슈로 대두한 가운데 투먼에 있는 탈북자
수용소에서 비인간적 처우를 당한 탈북자들의 사연이 소개됐기 때문
이다. 동아일보는 2012년 2월 27일 1면에 '북 보위부 여성간부 출신 탈
북자, 투먼 수용소의 치 떨리는 6일'이라는 제목의 기사를 실었다. 2003년
3월 중국 당국에 체포돼 투먼 수용소에 억류됐던 여성 탈북자의 경험

을 전했다. 그는 군견에 물리고 폭행당하는 등 참혹하고 짐승 같은 대우를 받았다고 폭로했다.

수용소 쪽으로 가보니 주변엔 CCTV가 다수 설치돼 있었다. 여간해선 촬영이 쉽지 않았다. 그래서 주로 승용차 안에서 촬영을 시도했다. 차를 몰고 가면서 이동 중 외경을 촬영했다. 수용소는 꽤 추운 날씨임에도 창문 여러 개가 열려 있었다. 수감자가 있을 것 같지는 않아 보였다. 차를 몰아 정문 쪽으로 다가갔다. 철문은 굳게 닫혀 있었다. 철문 옆에 '투먼 시 공안 변방대대 변방 구류 심사소(圖們市公安邊防大隊拘留審査所)'라는 간판이 붙어 있었다. 망루에서는 보초 요원이 사방을 주시했고, 감시카메라가 수용소 안팎을 내려다보고 있었다. 승용차에서 내려 어슬렁거렸다가는 곧바로 수용소 안에서 누군가 나올 것만 같았다. 느릿느릿 차를 움직이며 차 안에서 모든 촬영을 마쳐야 했다.

투먼 현지 주민들은 수용소에 탈북자가 넘쳐난다는 한국 언론 보도는 사실이 아니라고 말했다. 한국 언론 보도로 현지 교민들이 오해받고 있다며 불만을 쏟아내기도 했다. 불과 두 달여 전 김 위원장 사망 당시 투먼 시 당국은 강력한 언론 취재 통제와 교민 감시를 실시한 적이 있었다. 그런데 곧이어 한국에서 탈북자 이슈가 터져 또다시 공안 당국의 감시 대상이 되니 교민들로선 생활이 편할 리 없었다. 과연 수용소 안에 탈북자가 있었을까.

현지 공안 소식통은 당시 "현재 투먼 탈북자 수용소에는 탈북자가 한 명도 수용돼 있지 않다"고 말했지만, 탈북자를 언제부터 수용하지 않았는지에 대해서는 언급하지 않았다. 비인간적 처우에 대한 증언 이후 수용 중이던 이들을 급히 다른 지역으로 옮긴 것인지, 아니면 아예 상당 기간 비어 있었던 것인지 알 수 없었다.

갑갑해하던 필자에게 수용소 내부를 취재할 수 있는 기회가 찾아왔다. 물론 신분을 감추고 들어가야 했다. 고민 끝에 결국 포기했다. 너무 위험했기 때문이다. 수용소 내부 곳곳에는 감시카메라가 설치돼 있다. 안에 들어서는 순간 모든 흔적이 증거로 남는다. 이후 어떤 형식으로든 보도하면 필자와 취재원 모두 실정법 위반 혐의로 위험에 직면할 게 빤했다. 이를 감수하면서까지 취재할 만한 가치는 없다는 게 당시의 솔직한 판단이었다.

훗날 필자는 수용소 내부 시설에 대해 이야기를 들을 수 있었다. 2014년 7월의 일이다. 당시 탈북자 20여 명이 투먼 수용소에 감금됐다. 필자의 취재원은 "탈북자 20여 명이 천장이 유리로 돼 있는 지하 1층에 수용돼 있고, 중국 군인들이 유리 천장 위를 걸어 다니며 탈북자들을 24시간 감시하고 있다"고 전해왔다.

■ ■ ■

저임금 똑 부러지는 일솜씨 "북 여성 근로자 팅하오(挺好)!"

필자는 2012년 7월 투먼을 다시 찾았다. 3월에 이어 넉 달 만이었다.
그해 5월부터 일을 시작한 북한 인력을 카메라에 담기 위해서였다. 3월
취재한 북한 인력 전용 기숙사 보도는 그다음 달인 4월 전파를 탔다.
보도 이후 투먼엔 비상이 걸렸다. 공개돼서는 안 되는 현장을 외신 기
자가 생생하게 화면에 담아 보도했기 때문이다.

투먼 공안당국은 내부 보안에 문제가 있다며 대대적인 문책을 벌였
고, 제보자 색출에 나섰다. 필자 이름을 거론하며 "잡히기만 해봐라. 절
대 그냥 두지 않겠다"고 했다는 얘기도 흘러나왔다. 좋지 않은 분위기에
서 다시 취재를 가겠다고 하니 취재원이 길길이 뛰었다. "미쳤느냐. 지
금 여기 분위기가 어떤지 아느냐. 당신 잡겠다고 난리다." 그러나 필자
는 몇 차례 고민하다 방법을 생각해냈고, 결국 다시 투먼으로 향했다.

2013년 12월 현재 시점까지 중국 정부가 북한 인력 고용을 허가한
지역은 지린성 투먼이 유일했다. 지린성 정부는 2011년 8월 투먼 시 '조
선공업단지'에서 일할 북한 인력의 고용허가를 내줬다. 이 단지에서 처
음으로 북한 인력을 고용한 기업은 서구 유명 의류업체였다. 이 기업
은 2011년 10월 북한 인력송출업체 '능라도(綾羅島)'와 계약을 체결했

다. 북한과 중국 정부가 관련 계약을 맺은 직후였다.

이듬해 5월 북한의 공식 송출 인력이 처음으로 투입됐다. 모두 평양 출신이었다. 이들은 평양에서 기차를 타고 신의주를 거쳐 철교를 통해 단둥으로 들어갔다. 단둥에서 투먼까지는 버스로 이동했다. 필자가 취재를 간 2012년 7월에는 이렇게 모인 인력이 141명이었다. 모두 여성 근로자였다. 이들은 앞서 전한 북한 인력 전용 기숙사 건물에서 생활을 시작했다. 이들의 일터는 기숙사 부근 의류공장. 유명 브랜드의 스포츠 의류가 이들 손으로 만들어졌다.

필자와 카메라맨은 승용차를 렌트해 넉 달 전 잠입 취재했던 현장 부근을 수차례 돌면서 관찰했다. 예전보다 건물을 오가는 사람이 많았다. 근무시간이어서 기숙사에는 여성 근로자 모습이 보이지 않았다. 커튼을 젖혀둔 창가에서는 빨래를 널어놓은 모습이나 물병 등이 보였다. 이들이 이른 아침 집단 조회로 하루 일과를 시작한다는 사실을 알게 됐다. 우리는 그다음 날 일찍 움직이기로 하고 현장에서 물러났다.

아침 6시 30분쯤 기숙사 건물 앞에 도착했다. 벌써 북한 인력들이 운동장에서 활동을 시작했다. 예상했던 시각보다 훨씬 이른 움직임이었다. 감시카메라에 노출되지 않을 장소에 서둘러 주차했다. 카메라맨이 뒷좌석으로 옮겨 앉아 문을 닫은 채 촬영을 시작했다. 닫힌 철문 창살 사이로 북한 근로자들의 움직임이 보였다. 틴팅(tinting: 빛 가림)이 전혀 되지 않은 렌터카 안에는 누가 보면 어쩌나 하는 긴장과 불안이 흘렀다.

여성 근로자들이 경쾌한 음악에 맞춰 춤을 추기 시작했다. 상대를 바꿔 가며 서로 손을 잡고 돌리는 모습이 가볍고 익숙해 보였다. 앳돼 보이는 여성부터 나이 들어 보이는 여성까지 연령층은 다양했다. 표정은 대부분 밝았다. 특히 20대 젊은 여성들 표정이 인상적이었다. 음악과 춤이 흥겨워 얼굴에 웃음꽃이 피어올랐다. 이들은 모두 같은 복장

투먼의 북한 인력 전용 기숙사 운동장에서 아침운동을 하는 북한 여성 근로자들 (ytn 보도 화면)

을 하고 있었다. 분홍색 바지에 남색 계열 상의였는데, 특이하게도 등에 모두 큰 숫자가 붙어 있었다. 당시엔 무슨 옷인지 몰라 의아했는데, 나중에 알고 보니 그들이 고용된 공장에서 만든 스포츠 의류였다.

북한 여성 근로자들은 집단 무도를 마친 뒤 집결했다. 한 중년 여성이 뭔가 열심히 말했고, 나머지는 선 채 경청했다. 수십 분간 진행됐다. 일종의 정신교육이었다. 그 모습을 촬영하는데 한 여성이 쓰레기를 버리려는 듯 기숙사 밖으로 나왔다. 우리 쪽으로 걸어오면서 차 안에서 몰래 촬영하는 모습을 목격했다. 곧바로 시동을 걸고 현장을 떴다. 카메라맨은 이 여성과 눈이 마주쳤다며 불안해했다. 다행히 추적 같은 별다른 움직임은 없었다. 북한 여성 근로자들은 식당 건물에서 아침식사를 한 뒤 7시 30분쯤 출근하기 시작했다. 우리도 이들이 출근할 의류공장 쪽으로 향했다.

북한 여성 근로자들은 공장과 기숙사 사이를 이동할 때 모두 버스를 이용했다. 점심식사를 하러 기숙사에 갈 때도 버스를 이용했으니, 하루에 세 차례 버스로 기숙사와 공장을 오가는 셈이다. 걸어서도 5분이면 갈 거리였다. 중국으로 수출한 첫 북한 인력이다 보니 북한이나 중국

북한 여성 근로자들이 일하던 투먼 '조선공업단지' 내 외국계 의류공장과 이들이 생산하는 스포츠 의류를 쌓아놓은 창가 (ytn 보도 화면)

모두 각별히 신경 쓰는 게 느껴졌다. 고강도의 감시와 통제였다.

북한 여성 근로자들이 일하는 공장은 건물 2층에 자리했다. 의류공장은 낮에도 형광등이 환하게 켜졌다. 재봉작업을 하려면 밝은 조명이 필요하기 때문이다. 유리창 너머로 북한 여성 근로자들이 일하는 모습이 희미하게 잡혔다. 스포츠 의류는 OEM(주문자 상표 부착 생산) 방식으로 만들어져 모두 미국으로 가는 것이었다.

날이 어슴푸레해질 무렵 우리는 다시 공장을 찾았다. 저녁 7시를 넘은 시각, 칠흑 같은 투먼의 밤하늘 아래 의류공장의 흰색 형광등과 투먼 경제개발구 청사의 붉은색 간판이 빛났다. 오후 8시가 되자 이들은 일과를 마치고 기숙사로 가는 버스에 올랐다. 기숙사 식당에서는 중년여성들이 식사 준비를 하고 있었다. 이들 역시 북한에서 온 인력이었다.

투먼 시 당국은 북한 근로자의 여가 생활에도 각별히 신경 썼다. 기숙사 4층에는 대형 노래방을, 운동장에는 농구장과 배구장을 마련했다. 북한 근로자들은 휴일이면 공놀이를 했다. 밤에는 노래방에 모여 흥겹게 노래를 불렀다. 기숙사에서 흘러나오는 북한 여성의 노랫소리가 적막한 투먼의 밤을 울리곤 했다.

여성 근로자들의 군것질을 위해 기숙사 부근엔 상점도 들어섰다. 혹시 탈출할까 봐 염려하지 않을까. 현장에서는 그런 걱정은 크게 하지 않는 분위기였다. 북한에 돌봐야 할 가족이 있는 데다 투먼 공장에서의 벌이가 괜찮은데, 굳이 위험을 무릅쓰고 탈출할 이유가 없다는 것이다.

북한 여성 근로자들은 한 달에 한 차례 고향으로 보내는 편지를 썼다. 물론 검열은 받았지만 비교적 쓰고 싶은 글은 다 쓰는 편이라고 했다. 하지만 최소 3년 이상 고향을 떠나 이국땅에서 일해야 하는 서글픔도 있었다. 한 젊은 여성이 엄마 생각에 울음을 터뜨리자 나머지 여성들이 따라 울기도 했다고 공장 관계자는 전했다.

2012년 7월 당시 필자가 취재한 북한 인력의 근로조건은 이렇다. 월~토요일 오전 8시부터 오후 8시까지 매일 12시간 일하고, 이 가운데 4시간은 초과근무 수당을 받는다. 그렇게 해서 받는 돈이 월 1,300위안. 이 가운데 800위안은 북한 정부로 들어간다. 나머지 500위안 가운데 기숙사비와 상급 관리자 몫을 빼고 나면 생산직 근로자 몫으로 180위안 정도가 건네진다. 당시 평양 근로자 임금은 6만 2000원, 중국 돈으로는 28위안 정도라고 했다. 그에 비하면 투먼에서의 월급은 꽤 높은 수준인 셈이다. 당시 기준으로 이는 개성공단 임금의 2배에 해당하는 것으로 분석됐다.

기업 측에서는 북한 근로자에 대한 만족도가 높았다. 아무리 힘들어도 시키는 일을 묵묵히 잘해내는 데다 숙련도도 높기 때문이었다. 북한 근로자의 마음가짐도 긍정적이고 적극적이라고 했다. 초과근무도 자원해서 나선다는 것이다. 이렇듯 평가가 좋게 나오면서 북한 인력에 대한 수요는 더 늘어났고, 서로 보내달라고 요구하는 과정에서 지방정부 간 다툼이 벌어지기도 했다.

■■■

평양에서 온 IT 고급 인력, 미국·일본계 기업도 고용

2012년 9월 다시 투먼을 찾았다. 3월과 7월에 이어 세 번째였다. 주변 지역에서 다른 취재를 마친 뒤 투먼 경제개발구로 향했다. 그해 5월 투먼에 처음 들어온 북한 인력의 고용은 계속 늘어나는 추세였다. 필자는 기숙사 건물에 이어 북한 인력까지 잠입 취재에 성공하면서 자신감이 붙은 상태였다.

유명 스포츠 의류 공장에서 시작된 북한 인력 고용은 순조롭게 진행됐다. 투먼 경제개발구 내 기업들은 잇달아 북한 인력 고용을 신청했다. 기업은 미국계와 일본계, 중국계 등 다양했다. 이에 발맞춰 북한 인력이 속속 들어왔다. 필자는 2012년 9월 당시 투먼과 훈춘 2개 도시에서 북한 인력 300여 명이 일하는 것을 확인했다.

현지에서 차량을 빌려 직접 운전하고 다니며 찾아낸 첫 번째 업체는 일본계 건축자재 회사였다. 북한 여성 근로자 20명이 고용돼 있었다. 밖에서는 공장 내부가 보이지 않았다. 기다리고 있으니 연두색 옷을 입은 북한 여성이 우르르 몰려나왔다. 주로 중년 여성이었다. 이른 오후 시간대였는데 일찌감치 일을 마치고 공장에서 나온 여성들이 인솔자를 따라 줄을 맞춰 기숙사 쪽으로 향했다. 7월 취재 때와 달리 북한

인력은 버스를 타지 않고 걸어 다녔다. 어느 정도 통제와 관리가 되다 보니 걸어 다니도록 허용한 것이다. 다만 군대식으로 인솔자가 있고 줄을 지어 이동했다.

북한 인력을 고용한 투먼의 일본계 건축자재 회사 (ytn 보도 화면)

쇼핑백과 비닐봉투 같은 제품을 생산하는 미국계 기업도 북한 인력을 고용했다. 이 기업은 북한 인력을 고용하는 데 대해 의지가 강했다. 실제로는 소수를 고용했지만 대규모 인력을 수용하는 전용 기숙사 건물도 별도로 계획하고 있었다. 이 밖에 유명 브랜드 가죽제품을 생산하는 중국계 기업도 북한 인력을 쓰겠다며 투먼 시 당국에 신청을 했다. 북한 인력 첫 수입 후 넉 달째, 투먼 경제개발구 안에 입주한 기업은 앞 다퉈 북한 인력 고용에 나섰다.

취재를 마치고 투먼 경제개발구를 빠져나가려는 순간 갑자기 필자 취재원이 어디선가 차를 몰고 나타났다. 눈짓과 손짓으로 한쪽 방향을 가리키며 신호를 주고는 급히 사라졌다. 멀리 알록달록한 옷차림의 젊은이들이 눈에 띄었다. 당장 차를 움직여 촬영을 시작했다. 20대로 보이는 발랄한 젊은이 7명이 자유롭게 떠들며 어디론가 걸어갔다. 남성 2명과 여성 5명이었다. 시야에서 사라질 때까지 촬영했다. 그러곤 다시 돌아올 때까지 기다렸다.

도통 모습을 나타내지 않아 갑갑해진 필자가 차에서 나왔을 무렵, 이들이 골목길에서 갑자기 모습을 드러냈다. 손에 봉투를 하나씩 든 채 웃고 떠들며 걸어왔다. 알고 보니 투먼 시내버스를 타고 시내에 쇼핑을 다녀오는 길이었다. 이들은 여러 면에서 여타 북한 인력과는 확

투먼 경제개발구 청사 안에서 일하는 북한 정보기술(IT) 인력들. 봉제공장 인력보다 한층 자유로운 모습이다
(ytn 보도 화면)

연히 달랐다. 옷차림부터 그랬다. 단체복이 아니라 다양한 색상의 자유복장이었다. 줄을 맞춰 이동하지 않고 자유롭게 돌아다니는 점, 대중교통을 이용해 시내를 오가고 쇼핑한다는 점도 큰 차이였다. 일종의 특권을 누리는 셈이었다.

확인해보니 이들은 평양에서 온 고급 정보기술(IT) 인력으로 모두 29명이었다. 남성 20명, 여성 9명이었다. 일하는 곳과 묵는 곳도 남달랐다. 기숙사 건물이 아니라 투먼 경제개발구 청사 5층에 머물렀다. 인력이 들어오기 전 고성능 컴퓨터 수십 대가 먼저 들어왔다고 한다. 투먼시 정부가 이들을 특별 관리하는 것으로 보였다.

방송기자에겐 '그림'이 중요하다. 투먼 경제개발구 청사와 공장 건물을 배경으로 '스탠딩'(기자가 취재 현장에서 코멘트하는 것)을 해야 했다. 우리는 7월 방문 때 숨어서 취재했던 위치를 다시 찾았다. 이런 때가 방송기자에겐 가장 위험한 순간이다. 현장에서 자신의 존재를 부각해야 하기 때문이다. 높은 톤의 오디오와 함께 기자 몸이 드러난다. 첫 번째 스탠딩은 풀이 무성한 장소에서 비교적 안전하게 진행할 수 있었지만, 엄폐물이 없는 공사장에서 진행한 두 번째 스탠딩은 이야기가 달랐다.

문제의 공사장은 북한 인력이 일하는 의류공장이 가깝게 보이는 장소였다. 반대로 의류 공장에서도 우리 모습을 그대로 볼 수 있었다. 공사장엔 인부들도 종종 오갔다. 들킬 위험이 컸다. 이럴 때 가장 좋은 방법은 속전속결로 스탠딩을 하고 곧장 현장을 뜨는 것이다. 누군가 눈치 채더라도 무슨 일인지 판단할 틈을 주지 않는 것이다.

카메라맨은 차 안에 숨어 촬영하기로 하고, 필자는 무선 마이크를 달기로 했다. 최대한 실수 없이 한 번에 코멘트를 해야 한다. 적당한 위치를 찾아 차를 세웠다. 준비한 원고를 열심히 외며 상의에 무선 마이크를 달았다. 북한 인력을 고용한 의류 공장을 배경으로 현장에 섰다. 카메라맨은 차 안에서 창문을 살짝 내리고 촬영을 시작했다. "큐!" 신호가 들어왔다. 이제 10초 정도 길이의 코멘트만 끝내면 된다.

그런데 그 순간, 열 발자국 남짓 떨어진 앞에서 커다란 개가 필자 얼굴을 빤히 쳐다보는 게 아닌가. 목 끈도 없었다. 개가 달려들까 걱정되자 말이 자꾸 꼬이기 시작했다. 투먼 공안당국에 붙잡히는 것보다 개한테 물리는 게 훨씬 무서웠다. 겨우 코멘트를 마치고 황급히 차 안으로 뛰어 들어갔다. 다행히 개는 짖지 않았고, 우리는 가슴을 쓸어내리며 현장을 달아나듯 빠져나갔다. 하지만 안심하긴 일렀다.

투먼에서의 일정을 마친 뒤 우리는 차로 1시간 거리에 있는 훈춘으로 향했다. 훈춘에는 당시 봉제 기업 두 곳에서 북한 인력을 고용하고 있었다. 하나는 시내에, 다른 하나는 훈춘 경제개발구 안에 공장이 있었다. 접근이 용이한 시내 봉제 공장부터 찾아갔다. 이른 아침 공장 정문 건너편에 차를 세우고 사람들이 출근하길 기다렸다.

북한 인력 기숙사는 공장에서 다소 떨어져 있었다. 이들은 출퇴근 전용버스로 이동했다. 버스는 예상과 달리 공장 정문이 아닌 후문으로

훈춘 경제개발구 내 봉제 공장 안에 자리한 북한 인력 전용 기숙사. 앞부분 파란색 슬레이트 지붕의 단층 건물이 북한 인력들이 일하는 공장이고, 붉은색 지붕 4층 건물이 기숙사다 (ytn 보도 화면)

들어왔다. 버스에서 내린 북한 여성 인력의 모습이 카메라에 잡혔다. 대부분 공장 입구 거울에서 몸단장을 한 뒤 계단을 통해 올라갔다. 이 공장에선 북한 여성 38명이 일했다. 잠시 뒤 2층 창가에서도 모습이 보였다. 젊은 여성 2명이 창문을 활짝 열어놓은 채 어딘가를 손으로 가리키며 이야기를 나눴다. 입가에 미소가 머물렀다. 생전 처음 경험하는 낯선 이국땅에서의 생활, 북한 주민으로서는 접하기 쉽지 않은 외국에서의 삶에 대한 기대가 느껴졌다.

공장 정문 입구에 있는 수위실에는 중년 여성이 자리를 지키고 있었다. 너스레를 떨며 물었다. "조카가 조선에서 온 여성이다. 이 공장에서 조선 여성들이 일한다는 이야기를 듣고 왔다. 여기서 일할 수 있겠는가. 일하기엔 어떤가?" 여성은 "조선에서 온 인력은 위층에서 일하고 중국 근로자는 아래층에서 일한다"고 답했다. 그러면서 "급여라든가 자세한 사항은 알지 못한다. 구체적인 사항은 나중에 약속을 잡고 직접 회사를 찾아와 면담하라"고 덧붙였다.

곧바로 훈춘의 북한 인력이 묵는 기숙사를 찾았다. 2012년 3월 멀리

점심시간 후 아이스크림을 먹는 훈춘의 북한 근로자들 (ytn 보도 화면)

서 외경 촬영만 가능했던 곳을 이번엔 직접 찾아가기로 했다. 기숙사는 훈춘 경제개발구 내 또 다른 봉제 기업 안에 있었다. 넓은 땅에 자리한 이 회사는 정문이 활짝 열려 있었다. 정문 수위실에 아무도 없었다. 차를 몰고 정문을 통과해 들어가 봤다. 아무도 막지 않았다.

이 공장에는 북한 인력 10명이 일하고 있었다. 기숙사는 공장 바로 옆 건물이었다. 묵고 있는 북한 인력은 48명. 특이한 점은 기숙사 건물에 북한의 인력송출 담당 회사 '능라도'가 입주해 있다는 것이다. 중국 정부가 공식 허가한 북한 인력 수입 도시는 투먼뿐이었음에도 훈춘에 북한 인력이 우회적으로 들어올 수 있었던 이유는 훈춘과 '능라도'의 긴밀한 관계 때문이라는 말이 나왔다.

훈춘의 중국인들에게도 북한 인력은 호기심의 대상이었다. 공장 부근 현장에서 만난 시민들은 북한 인력을 봤다며 목격담을 전했다. 바로 전날 저녁에도 북한 여성 인력들이 서로 손잡고 춤추는 모습을 봤다는 이야기였다. 2012년 9월 당시 중국 정부가 수입한 북한 인력 300여 명은 투먼과 훈춘 2개 도시 7개 공장에서 일하고 있었다.

일정을 마치고 베이징으로 복귀했다. 정작 황당한 일은 복귀한 후 벌어졌다. 공안에게 걸릴까, 개에게 물릴까 노심초사하며 촬영한 투먼에서의 '스탠딩' 촬영분이 모두 사라진 것이다. 잠입취재 과정에서 우리는 그날 찍은 촬영분은 그날 저녁 모두 정리한다는 원칙을 정했다. 가급적 컴퓨터나 외장하드에만 영상을 보관하고 카메라에서는 흔적을 지우는 것이다. 만에 하나 중국 공안에 잡혔을 때 빼앗기지 않으려는 조치였다. 그런데 촬영원본을 노트북으로 옮기는 과정에서 어떤 문제가 생겨 주요 화면이 모두 날아가 버린 것이었다.

위험을 무릅쓰고 촬영한 영상이 없는 것을 확인한 순간 화가 머리끝까지 치솟았다. 현지에서 고용한 카메라맨도 자신이 어떻게 이런 실수를 했는지 모르겠다고 자책하며 사직하겠다는 말까지 했다. 그렇지만 카메라맨만 나무랄 일도 아니었다. 연일 긴장 속에서 취재와 촬영을 강행하고 열악한 숙소로 돌아오는 일정을 소화하다 보니 발생한 결과였다. 방송기자의 남모르는 고충이었다.

■■■■

투먼 vs. 훈춘 기업인 머리채 잡고 몸싸움 왜?

중국 정부가 허용한 북한 인력이 처음으로 중국 땅을 밟기 시작한 2012년 5월, 평양을 출발한 북한 인력이 단둥을 거쳐 속속 투먼으로 진입했다. 당시 이를 부러움 속에서 유심히 지켜본 것은 투먼과 인접한 훈춘 시였다. 바로 전달 중국 국무원은 훈춘 시를 '훈춘 국제합작시범구'로 지정했다. 중국 변경도시 가운데 유일한 국가급 경제특구였다. 이 시범구 전체 넓이는 90㎢. 훈춘과 북한 나선(나진·선봉)시를 연결, 나진항을 통해 동해 뱃길을 확보하고 국제적인 물류 거점을 조성한다는 구상이었다. 그런데 당시 '국제합작시범구'로 지정된 훈춘 시가 풀어야 할 가장 시급한 현안이 있었는데, 바로 인력 수급 문제였다.

아무리 경제특구를 조성한다 해도 노동력이 확보되지 않으면 들어올 기업이 없는 것이다. 당시 접경지역에서 제조업 분야의 중국 인력을 구하는 것은 하늘의 별 따기였다. 이 때문에 중국 정부가 북한 인력 공식 수입 움직임을 보이자 훈춘 시 측은 어떻게 해서든 북한 인력을 수입할 수 있는 권한을 받아내려 애썼다.

하지만 훈춘은 투먼처럼 북한 인력 수입 권한을 따내지 못했다. 훈춘은 투먼보다 훨씬 큰 도시였기에 체면이 말이 아니었지만 인력 수급 문

중국 훈춘 취안허 세관(圈河口岸)과 북한 원정리(元汀里)를 잇는 다리 (ytn 보도 화면)

제가 '국제합작시범구'의 사활이 걸린 사안이다 보니 그런 걸 따질 상황이 아니었다. 훈춘은 북한 인력을 받아내려고 백방으로 뛰었다. 마침내 북한 측을 설득해 인력 수입 합의에 성공했다. 훈춘의 한 여성 의류 기업인이 북한 인력송출업체 '능라도'와의 각별한 인연을 활용해 계약을 따낸 것이다. 이는 정부 간 공식 절차를 거치지 않은 일종의 편법이었다.

훈춘이 요청한 북한 인력 30명이 2012년 5월 말 평양을 출발해 북·중 접경 도시 단둥에 도착했다. 현장에는 이들을 인솔하려고 훈춘 시 공무원과 기업인이 나왔다. 그런데 문제가 생겼다. 투먼 지역 기업인들이 나와 북한 인력의 훈춘 행은 불법이라고 저지하며 북한 인력을 투먼으로 돌리려 한 것이다. 이에 훈춘 측은 발끈했다. 북한 인력을 고용하기로 한 훈춘 봉제 공장의 여성 대표는 "왜 우리 인력을 막느냐"며 북한 인력을 데려가려는 투먼 측 인사의 머리채를 잡아끄는 등 한바탕 몸싸움이 벌어졌다. 훈춘 시 공무원들은 현장에서 "북한 인력을 달라"며 집단 농성을 벌이기까지 했다. 문제가 심각해지자 단둥 시가 나서야 했다. 그러나 북한 인력은 투먼에서만 고용할 수 있다는 법적 근거 때문에 결국 인력 30명은 모두 투먼으로 향하게 됐다.

북한 인력 고용 문제를 놓고 한바탕 충돌이 벌어진 후 투먼과 훈춘 간 갈등은 날이 갈수록 깊어졌다. 그사이 훈춘은 훈춘대로 북한 인력

투먼 경제개발구 안에서 이동 중인 북한 여성 인력들 (ytn 보도 화면)

을 받아들이기 시작했다. 그러자 투먼 시 정부가 상부인 옌볜조선족자치주 정부에 훈춘의 북한 인력 수입 중단을 요청하는 진정서를 제출하는 상황에까지 이르렀다. 투먼 시 정부는 크게 2가지 이유를 들었다. 첫째는 투먼이 시 정부 차원에서 힘들게 일궈놓은 북한 인력 수입을 훈춘이 기업 차원에서 뒤늦게 뛰어들어 가로채고 있다는 점, 다른 하나는 이렇게 편법으로 고용한 북한 인력에게 훈춘이 투먼보다 더 많은 임금을 지불함으로써 시장경제 질서를 어지럽힌다는 점이었다.

투먼 시의 진정서를 접수한 옌볜자치주 정부는 2012년 8월 중순 북한 인력 수입을 잠정 중단하는 조치를 내렸다. 결국 그해 5월부터 속속 들어오던 북한 인력의 발길은 8월 중순 멈춰버렸다. 이러한 조치가 한 달 넘게 이어지면서 북한 인력을 받기로 했던 중국 기업, 그리고 북한 인력 송출 담당업체 '능라도' 모두 비상이 걸렸다.

결국 이 문제는 절충점을 찾으면서 해결됐다. 모든 북한 인력은 투먼 시 정부에서만 수입하고, 훈춘에서 필요로 하는 인력이 있으면 투먼 시가 배분하는 방식을 선택한 것이다. 투먼은 훈춘으로 인력을 송출하는 과정에서 행정 처리를 대행하는 조건으로 일정 비용을 받게 돼 그나마 타협이 이뤄질 수 있었다.

■■■

죽으로 아침 때우고 혹사당해도 말 못 하고

2013년 12월 중순 필자는 1년여 만에 중국 투먼을 찾았다. 베이징 특파원을 마치고 귀국한 지 9개월 정도 만이었다. 그사이 북한 근로자는 얼마나 늘었고 어떤 분야에서 어떻게 일하고 있을까. 그게 무엇보다 궁금했다.

그런데 예전에 도움을 줬던 취재원이 갑자기 필자를 피했다. 장성택 처형 이후 심상찮은 분위기 때문이었다. 현장 속으로 직접 뛰어드는 수밖에 없었다. 이리저리 누비는 동안 북한 인력의 윤곽이 파악됐다. 2013년 12월 기준 투먼에 1,100여 명, 훈춘에 800여 명 등 총 2,000명 가까이 됐다. 2012년 9월 300명 선이던 것이 1년 남짓 만에 6배 이상 늘어난 것이다. 투먼에서는 봉제와 완구, 자동차부품, 애니메이션 등 5개 업종에서, 훈춘에서는 봉제와 수산물 가공업 분야에서 일하는 것으로 파악됐다.

북한 인력 고용 업체가 모인 투먼 경제개발구 정부청사 주변도 과거와 달라진 모습이었다. 못 보던 건물이 꽤 들어섰고 곳곳에서 새로운 건설공사도 한창이었다. 특히 북한 인력 전용 기숙사 건물 왼편에 투먼 공안의 파출소가 새로 들어선 게 눈에 띄었다. 급증하는 북한 인력을 관리하려고 공안당국이 별도로 설치한 것이었다. 파출소 주변은 인기척 없이 조용했다.

점심 식사를 마치고 여유 시간을 즐기는 북한 여성 근로자들 (ytn 보도 화면)

　북한 근로자들이 일하는 공장을 어렵사리 찾아갔다. 내부에 들어선 순간 깜짝 놀랐다. 북한 인력 수가 생각했던 것보다 훨씬 많았기 때문이다. 작업 공간이 겉보기와 달리 상당히 넓은 데다, 이곳을 북한 여성 인력 수백 명이 꽉 메우고 있었다. 모두 작업에 분주한 모습이었다. 인력 관리를 담당하는 북측 인사가 수시로 공장 사무실에 찾아와 공장 관리인과 의견을 나눴다. 해당 업체와의 약속 때문에 내부 촬영을 할 수 없는 게 아쉬울 따름이었다.

　내부를 찍지 않겠다고 약속했지만, 이들 모습을 촬영하는 것을 아예 포기할 수는 없는 노릇. 북한 근로자들이 점심식사를 하려고 기숙사 건물에 있는 식당으로 이동하는 순간을 포착하기로 마음먹었다. 오전 11시 투먼 경제개발구 정부청사 정문 앞에 차를 세우고 기다렸다. 12시가 가까워지자 북한 근로자들 모습이 보이기 시작했다. 동일한 근무복 차림의 여성들이 줄을 맞춰 식당으로 걸어갔다. 행렬에는 모두 인솔자가 있었다.

　기숙사 정문 쪽으로 차를 움직였다. 파출소에서도, 투먼 경제개발구

줄을 맞춰 식당으로 들어서는 북한 근로자들. 바닥에 놓인 찜통에서 바로 배식을 받을 만큼 식사환경이 형편없어 보였다(작은 사진) (ytn 보도 화면)

정부청사에서도 우리 차를 막는 사람은 없었다. 식당으로 들어가는 북한 근로자들 모습과 표정을 생생히 관찰할 수 있었다. 춥다며 어깨를 움츠린 채 종종걸음을 하는 사람, 삼삼오오 팔짱을 끼고 미끄러운 길 위를 조심조심 걷는 사람…. 식당에서 멀리 떨어진 공장에서 일하는 사람들은 차를 타고 왔다. 이들 역시 버스에서 내리자 어김없이 인솔자의 지시에 따라 움직였다.

북한 근로자들은 혼잡을 피하려고 시간대별로 식당을 찾았다. 그래도 1,100명을 수용하기엔 너무 협소했다. 점심시간 내내 식당 안팎이 사람으로 북적였고, 식사 환경도 엉망이었다. 이런 풍경은 한 중국 식당업체가 투먼 시 정부로부터 식당 운영 독점권을 따낸 뒤 생겼다고 현지 취재원은 전했다. 그러나 북한 근로자들이 견디기 힘든 것은 정작 따로 있었다. 매일 아침식사가 밥이 아닌 죽이라는 점이다. 처음에는 밥을 줬지만 한족(漢族) 중국인이 식당 운영 독점권을 따낸 뒤 바뀐 모습이었다. 보통 죽으로 아침식사를 하는 중국인의 식습관을 그대로 따른 것이다. '아침밥을 든든히 먹어야 일을 하지…' 그야말로 가장 심각한 민원사항이었다.

열악한 환경, 열악한 식사였지만 불만의 기색은 보이지 않았다. 식사를 마친 뒤에는 오히려 포만감 때문인지 얼굴에 웃음이 가득했다. 팔짱을 끼고 대화를 나누는가 하면, 얼음조각을 이리저리 발로 차며 장난을 치기도 했다. 빙판 길에서 기차놀이를 하며 빙빙 돌다 한 명이 넘어지자 모두 한꺼번에 넘어져버렸다. 까르르르 한바탕 웃음이 터진다. 얼굴마다 천진난만함이 묻어났다. 20대 여성에게서만 느낄 수 있는 푸릇푸릇한 젊음이었다. 고향에서 멀리 떨어진 곳에서 힘들게 일해도 청춘은 어쩔 수 없는 청춘이었다.

　하지만 늘 즐거울 수만은 없는 노릇이다. 장성택 처형 이후 이들은 일과를 마치고 수시로 소집돼 집단 정신교육을 받았다. 교육 내용은 장성택에 대한 비판과 김정은 조선노동당 제1비서에 대한 절대 충성. 자본주의에 물들지 않게 하려는 사상 단속이었다.

　장성택이 처형된 다음 날, 중국의 한 취재원은 필자에게 이렇게 말했다. "중국 전역에서 일하는 북한 주민에게 오늘밤 10시 TV 앞으로 모이라는 지시가 떨어졌다. 또 무슨 긴급발표를 하는 거 아니냐며 분위기가 뒤숭숭하다." 당시 집합이 구체적으로 어떤 목적이었는지는 확인되지 않았지만, 장성택 처형 이후 이런 종류의 비상소집이 잦았다. 그럴 때마다 야간 가동을 중단해야 하니 공장주 입장에선 황당할 노릇이었다.

밝은 표정으로 휴식을 즐기는 북한 여성 근로자들 (ytn 보도 화면)

현지 취재원들은 북한 인력의 중국 파견이 계속 늘어나고 있다고 입을 모았다. 일부 업체가 이들을 혹사시키며 부당하게 대우해 문제가 불거진 적도 있었다. 북한 근로자들은 아무리 힘들어도 시키는 대로 묵묵히 일한다는 소문이 나자 하루 16시간씩 살인적인 노동을 강요한 업체도 있었다. 이 업체 공장주는 "조선 사람은 이렇게 부리는 것"이라며 주변에 자랑하기까지 했다.

　　북한 인력이 더 많이 나올수록 이들의 인권 침해 역시 늘어날 수밖에 없을 터. 이 문제를 해결해줄 수 있는 건 과연 누구일까. 중국일까, 아니면 북한일까.

눈 치우고 있는 북한 근로자들 (ytn 보도 화면)

■■■■

김정은, 해외 인력 임금 인상 지시

2014년 3월 중순 북한은 돌연 매년 5%였던 개성공단 북측 인력의 임금 인상률을 10%로 올려달라고 요구했다. 이어 그해 11월 최저임금 인상 상한선 폐지 등 개성공업지구 노동규정 13개 조항을 일방적으로 개정한 데 이어 2015년 2월 말에는 월 최저임금을 3월부터 70.35달러에서 74달러로 인상하겠다고 통보했다.

사실 개성공단 북측 인력에 대한 북한의 임금 인상 요구는 일찌감치 예견됐던 일이었다. 필자가 처음 북한 인력의 중국 파견을 취재하던 2012년 5월 무렵 이미 북한 경제 전문가들은 "중국이 지급하는 임금이 월등히 높으므로 향후 개성공단 근로자에 대해서도 비슷한 처우를 요구할 것"이라고 내다봤다.

2013년 말 북·중 접경 지역을 찾았을 당시에도 북측이 중국으로의 인력 파견에 관심이 많은 이유는 개성공단보다 높은 임금 때문이라고 필자 취재원들은 전했다. 중국 내 북한 근로자 임금은 그간 꾸준히 인상됐고, 더욱이 2014년 들어서는 그 폭이 한층 커졌다. 그 배경에는 김정은 조선노동당 제1비서가 있다는 소식이다.

2014년 초 김 제1비서는 외국에서 일하는 북한 근로자의 월급을 올려 받으라는 특별 지시를 내렸다고 필자의 중국 내 취재원은 전했다. 파견 나와 있는 북한 근로자의 월급은 북한 당국이 가져가는 몫과 근로자 몫 두 부분으로 나뉜다. 김 제1비서의 지시에 따라 북측은 당국 몫에서 1인당 200~300위안 인상해줄 것을 중국 측에 요구했다. 당시 중국 내 북한 근로자의 월급은 평균 1,400위안 안팎. 북측은 외무성 산하에 외화벌이 회사를 신설, 이 같은 내용의 계약을 추진했다. 하지만 이와 관련해 2015년 초 확인한 결과 중국 업체들의 반발로 북한 당국의 계획대로 실행되진 않고 있었다.

중국 정부의 북한 인력 수입은 당초 지린성 투먼에서만 가능했지만, 이후 훈춘 지역 기업들의 강력한 요청에 따라 훈춘에서도 가능해졌다. 이를 놓고 갈등을 빚던 투먼과 훈춘은 훗날 북한에 들어오는 인력 배분에 대해 원칙을 정했다. '단둥 또는 투먼을 통해 들어오는 인력은 투먼이, 훈춘 변방으로 입국하는 인력은 훈춘이 각각 접수한다'는 내용이었다.

그러나 이후 북한 인력의 수입 권리가 다른 도시로까지 확대됐다. 필자의 취재원은 2014년 3월부터 지린성 옌벤조선족자치주의 옌지(延吉)와 룽징(龍井), 허룽(和龍)에서 북한 파견 인력이 일하기 시작했다고 전했다. 룽징과 허룽 지역에서는 주로 의류 업종에서, 옌지 지역에서는 주로 정보기술(IT) 분야에서 일한다는 것이다.

두 나라 간 인력을 주고받는 절차에도 변화가 생겼다. 중국은 2013년 7월부터 새 출입국관리법을 시행했다. 외국인의 입국과 체류, 취업 규정을 강화한 조치다. 새 법은 중국 내 북한 인력에도 적용돼야 하지만 이미 정착한 송출 절차를 갑자기 변경하는 일이 쉽지 않았고, 이를 조율하려고 중국 정부 인사가 평양을 방문해 두 차례 협의를 진행했다. 결과는 2013년 10월 말 도출됐다.

훈춘 취안허 세관

　북한 인력의 기존 송출 절차는 이랬다. 투먼 시(또는 훈춘 시)가 상부인 옌볜조선족자치주 정부에 북한 인력 수요 신청을 한 뒤 북한에 노동 담보증과 거류 담보증을 보낸다. 북한은 이를 검토한 후 인력을 보낸다. 근로자들이 도착하면 투먼 시(또는 훈춘 시)가 자치주 정부에 외국인 취업 서류를 신청한다.

　변경된 방식은 다음과 같다. 북한과 중국 사이에 필요한 인력 규모를 협의해 결정하면 북한에서 인력 명단을 중국에 제출한다. 이들에 대해 중국 공안국과 '인력자원과 사회보장부'(우리의 고용노동부에 해당)에서 공안과 노동 증명서를 발급해준다. 북한 측이 증명서를 받아 평양 주재 중국대사관에 접수하면 대사관 측은 인력을 신청한 지역의 성(省) 정부에 연락해 사실 관계를 확인한다. 이후 성 정부가 시 정부로 허가서류를 전달하면 시 정부는 서류 도착 사실을 북한 측에 통보한다. 이를 받은 북한은 최종적으로 근로자들의 출국 날짜를 통보한다.

　새 출입국관리법 시행 이후 북한의 인력 송출 절차는 훨씬 복잡해졌다. 과거에는 필요한 행정 처리를 대부분 중국이 도맡았지만 이제는 북한 당국의 부담이 상당히 늘었다. 그 대신 인력 송출 과정이 체계화

되고 투명해졌다는 게 현지의 대체적인 분석이다.

개성공단 상황은 정반대다. 한국 정부는 북측의 임금 인상 요구에 부정적이고, 정치적 특수성이 경제에 직접적인 영향을 미친다. 북한 당국으로서는 '임금을 올려줄 테니 우리 쪽으로 와 달라'는 중국의 손짓을 거부할 이유가 없는 셈. 한 취재원은 "이러다간 모두 중국으로 실려 갈 판"이라고 우려하며 개성공단 기숙사 문제를 언급했다.

개성공단에서 일하는 북측 근로자에게 시급한 현안 가운데 하나가 기숙사라는 것은 잘 알려진 사실. 근로자 5만여 명은 매일 버스를 타고 출근해야 한다. 개성 시내가 아닌 외곽에 사는 이가 많아 출근에 걸리는 시간은 최소 1시간. 대부분 돈을 더 벌려고 '몇 탕 뛰어야 한다'며 새벽 출근을 마다하지 않는다.

기숙사 건설이 생산성 향상에도 도움이 된다는 사실은 입주한 남측 기업들도 잘 안다. 하지만 2010년 천안함 피격 사건으로 5·24 제재조치가 시행된 이래 기숙사 건설은 답보 상태다. 현대건설 측은 이미 설계를 비롯해 모든 준비를 마친 것으로 전해진다. 정부 승인이 떨어지기만 기다리는 것이다.

■■■

중국으로 간 北 IT 인력, 유독 신경 쓰이는 이유

중국으로 송출되는 북한 인력 가운데 각별히 주목할 이들이 있다. 바로 정보기술(IT) 종사자다. 앞서 전했듯 이들은 북한 인력이 중국에서 공식적으로 근무하기 시작한 2012년 5월부터 특별대우를 받았다. 북한 IT 인력은 훨씬 이전부터 비공식적으로 송출돼 북·중 접경 지역에서 일했다. 특파원 시절 필자는 이들이 불법 인터넷 게임 개발과 해킹 업무에 종사한다는 이야기를 여러 차례 들었다.

2014년 4월 필자의 중국 내 취재원은 전 달 옌지에 북한 IT 인력 75명이 들어왔다고 전했다. 3월 현재 기준으로 중국이 들여온 북한의 고급 IT 인력은 투먼에 50여 명, 옌지에 75명으로, 이 수치는 계속 증가할 전망이다. 이들은 북한의 해킹전문 IT 회사인 KCC그룹 소속이다. 연령대는 26~30세. 대부분 어린 6세 때부터 컴퓨터 전문교육을 받아 IT 분야 최고 수준으로 육성됐다고 한다.

이들의 임금 수준은 다른 분야에서 종사하는 북한 근로자의 몇 배에 이른다. 실력이 준수한 인력은 월급이 5,000위안, 한국 돈 85만 원 정도로 책정돼 있다. 물론 한국이나 중국 IT 종사자의 인건비에 비하면 월등히 싸다. 비슷한 실력을 가진 인력을 중국에서 고용하려면 평균 2만 위안은 지급해야 하므로 대략 4분의 1 수준인 셈이다. 우수한 실력에 낮은 인건비. 중국 IT 기업이 눈독을 들일 수밖에 없다.

이들 인력의 실력에 대해서는 취재원들의 이야기가 한결같다. 중국 남부 지역에서 북한 평양과학기술대 출신의 IT 인력을 면담한 한 사업가는 "정말 탐나는 인재"라는 표현을 썼다. IT 기초지식이 탄탄한 데다 배우고자 하는 욕구와 열정이 높더라는 것이다. 필자가 만난 평양과학기술대 관계자는 학생들의 우수성에 대해 이렇게 설명했다.

"거의 천재 수준이다. 강의가 대부분 영어로 이뤄지는데도 집중력이 대단하다. 외국인 교수들이 깜짝 놀랄 정도다. 미국 학생보다 최소 30%는 더 우수하다고 말한다."

특파원 시절 비공식적으로 중국에 들어온 북한 IT 인력의 활동과 관련해 몇 차례 취재를 진행했다. 북·중 접경 지역에는 비밀리에 운영되는 북한 IT 인력회사도 많았다. 이들이 중국에서 무슨 일을 하는지는 철저히 베일에 가려져 있었다. 일부는 한국인과 연계해 사업을 진행했다. 한국인 IT 사업가는 값싸고 실력 있는 북한 IT 인력을 활용해 규제가 없는 중국 땅에서 각종 인터넷 프로그램을 제작했다. 직접 고용은 불법이므로 중국 회사와 손잡고 간접 고용하는 방식을 택했지만, 실질적으로는 한국인 기업가가 배후에서 모든 업무 지시를 내렸다.

이런 방식으로 만드는 것은 주로 인터넷 게임, 특히 불법도박 게임이었다. 접경 지역에 있는 한 취재원은 필자에게 불법도박 프로그램 제조 현장을 안내해주겠다고 제안하기도 했다. 더욱 놀라운 사실은 한국에서 유출된 금융회사의 개인정보가 북·중 접경 지역을 경유해 중국인은 물론, 북한 측으로도 팔려나간다는 것이다. 필자의 취재원은 일부 한국인이 한국에서 금지된 프로그램을 개발하려고 중국 땅으로 건너와 북한 인력과 손잡고 있다고 전했다.

실제로 2014년 9월 서울중앙지방검찰청은 북한 정찰총국 소속 공작원에게 해킹 프로그램을 사들인 도박꾼들을 재판에 넘겼다. 이들은 중국에서 도박 프로그램을 제작하다 북한 정찰총국 소속 해커와 접촉해 원격감시 프로그램을 사들여 국내에 퍼뜨린 것으로 조사됐다.

북한의 공식 IT 인력이 중국으로 송출되자 이들을 고용하려는 한국인의 발길도 끊이지 않았다. 공식 송출된 IT 근로자는 검증받은 인력이므로 최장 6년까지 연속 고용이 보장된다. 다만 많은 한국 기업가가 과거처럼 저렴한 인건비를 바탕으로 한 불법게임 제작에만 관심을 둬 실제 계약이 성사되는 일은 드물다는 소식이다.

앞서 말했듯 이들이 소속된 것으로 알려진 북한 KCC그룹이 해킹으로 악명이 높다 보니 북·중 접경 지역에는 "이들이 모이면 못 하는 일이 없다"는 말까지 나온다. 해킹 기술이 탁월한 북한 인력이 속속 자국으로 모이는 것은 중국 당국으로서도 신경 쓰이는 일일 것이다. 관련 기관에서 이들의 동향을 예의주시한다는 것이다. 한 취재원은 중국 당국이 KCC그룹의 중국 내 활동에 대해 은밀하게 비공식 조사를 벌이고 있다고 귀띔했다. 혹시 중국 내 전산망을 해킹하려는 시도는 없는지 관찰한다는 것이다.

특히 중국 측을 긴장케 하는 또 다른 소식은 북한 인력이 대만 해커들과 연계됐다는 정보다. 이들이 장기 연수교육을 받는다며 중국 땅에서 출장 형식으로 만난다는 것. 북한과 가까운 랴오닝성 다롄이 주요 모임 지역이라고 한다. 북한이 주도한 것으로 알려진 한국을 대상으로 한 해킹도 실제로는 대만 해커가 아이디어를 제공해 진두지휘하고 북한 인력은 실행을 맡았을 뿐이라는 이야기가 북·중 접경 지역에서 흘러나온다.

■■■

2015년 초 파악한 북 인력 스토리

북, 중국 내 불법 취업자 전원 철수 명령…단둥 비상

2015년 2월 북한은 중국에서 활동하는 불법 취업자들에게 전원 철수할 것을 명령했다. "이제부터 남의 나라에서 불법으로 거주하며 취업을 하는 것은 안 된다. 왜 남의 나라에서 불법으로 거류하고 있나?"라고 성토한 것이다. 동시에 그동안 북한 인력 송출 업체들이 맡아오던 중국 옌볜조선족자치주 내 인력 관리 대표부를 정부에서 맡기로 했다. 북한 인력과 관련한 업무에 종사하는 필자의 중국 내 취재원은 이런 소식을 알리며 중국 랴오닝성 단둥에 비상이 걸렸다고 전했다.

단둥은 중국에서 북중 교역이 가장 활발한 곳이다. 동시에 불법 취업 북한인들이 가장 많은 지역이기도 하다. 단둥의 대부분 북한 근로자들은 해외연수 비자 또는 친인척 방문 비자로 들어와 불법 취업을 하고 있다. 이들의 숫자는 만여 명에 이르는 것으로 추산된다. 취업 비자는 1년짜리인데 비해 해외연수 비자나 친인척 방문 비자는 1년 미만의 단기 비자이기 때문에 비자 갱신을 위해 주기적으로 북한을 다녀와야 한다. 합법적인 취업이 아니다보니 북한 당국에 갖다 바치는 일종의 '근로 세금'도 없고 인건비도 저렴하다.

북중 접경지역에서 순찰 중인 중국 군인들

단둥에서 지난 2012년 전반기 계약한 해외 연수 비자의 북한 인력은 3년간 일하는 조건으로 월 900위안에 계약했다. 투먼과 훈춘 등 중국 지린성 옌볜조선족자치주에서 합법적으로 일하는 북한 근로자들이 3년간 월 1,300위안 내지 1,400위안에 계약한 것과 비교하면 많이 싼 편이다. 단둥의 북한 인력 급여가 이처럼 낮은 이유는 불법 취업을 눈감아 주는 대가로 단둥 공안 당국을 상대로 한 로비 비용이 많이 들어가고, 비자 비용도 더 들어가기 때문이라고 단둥에서 북한 인력을 운영하는 관계자는 전했다.

북한 당국은 불법 취업을 금지한다면서 대표적인 불법 취업의 사례로 단둥의 한 수산물 가공 업체를 특정해 지목했다. 북한 근로자 460여 명을 고용하고 있는 이 업체는 비상이 걸렸다. 해결 방안으로 검토하고 있는 것이 지린성 훈춘으로 '합법적으로' 인력을 보내는 것이다. 훈춘에서 북한 인력 5천 명 고용을 목표로 대규모 의류 공장 건설을 추진하기 때문이다. 단둥에서 철수할 불법 북한 근로자들 상당수는 이 공장으로 가길 희망하고 있다.

북한은 해외 파견 근로자들의 근무 기간에 대해 1회에 최장 3년을 넘기지 못하도록 규정하고 있다. 즉 1년에 한 차례씩 비자를 연장해 최대 3년까지만 중국에서 일할 수 있고 이후에는 북한으로 돌아가야 한다. 3년을 기준으로 정한 이유는 무엇일까? 북한 인력을 고용하고 있는 인사의 분석이 흥미롭다. 해외에 처음 나온 북한 근로자들은 첫 1년은 남한 사람과 제품에 대해 두려움과 호기심을 가지고 접한다. 2년째가 되면 남한 사람이나 제품이 북한에서 교육받은 것만큼 나쁘지 않고, 특히 남한 제품의 우수성에 감탄하게 된다. 그리고 3년째가 되면 남한 제품이 최고이니 다른 제품은 거들떠보지도 않고 오로지 남한 제품만 계속해서 쓰게 된다. 결국 3년이 되면 사상적으로도 남한 등 해외에 물들게 되기 때문에 다시 북한으로 불러들여 '자본주의 물'을 싹 빼내는 정신교육을 집중적으로 실시한다. 다시 해외 근로를 하더라도 이러한 재교육을 철저하게 시킨 후에 내보내는 것이다.

북 정부, 중국 파견 인력 직접 관리 나서

그동안 중국에 파견된 북한 근로자들의 관리는 북한 인력 송출업체들이 맡아왔다. '능라도'와 '대성' 등의 인력 송출업체들에서 나온 이들이 중국 정부나 업체를 상대로 북한 인력 파견과 관련한 실무를 진행해온 것. 이들은 옌볜조선족자치주의 주도인 옌지 시에 대표부를 마련해 운영해왔다. 그런데 앞으로는 이 역할을 업체가 아닌 북한 정부에서 직접 맡아서하기로 했다.

북한이 2015년 들어 정부 주도로 중국 파견 근로자들을 손보는 이유는 무엇일까? 북·중 간 인력 교류가 더욱 활발해지게 되자 적극적인 외화 확보 차원에서 그동안 눈감아주던 불법 취업에 손을 대기 시작한

2014년 여름 점심시간대 투먼의 북한 근로자들 이동 장면. 햇볕을 가리기 위해 일제히 양산을 쓰고 움직인다. 알록달록 다양한 색상의 양산을 쓴 채 단체복을 입고 무리 지어 걷는 이들의 모습이 진풍경을 연출한다

것으로 풀이된다. 중국은 전역에서 제조업 분야의 인력난이 심각한 상황이고, 문제 해결을 위해 북한 측에 인력 송출을 꾸준히 요구해왔다. 중국 입장에서 북한 인력은 더할 나위 없이 훌륭하다. 시키는 일을 묵묵하고 성실하게 처리할 뿐만 아니라 손재주 또한 우수하고 이직의 우려도 없기 때문이다. 북한 정부 입장에서는 불법 취업을 합법 취업으로 양성화하게 되면 인력 확보뿐만 아니라 '근로 세금'에 따른 정부 수입도 크게 늘게 된다. 이를 잘 알게 된 북한은 정부 주도로 해외 파견 근로자들을 '합법'이라는 명분으로 재정비하기 나선 것으로 분석된다.

월급 1,400위안 중 개인 몫 600위안…정부와 회사 몫 400위안씩

2015년 초 현재 옌볜조선족자치주에서 합법적으로 일하고 있는 북한 인력의 월급 구조에 대해서도 필자는 최신 정보를 입수했다. 초창기에 비해 개인 몫이 더 증가하는 등 변화가 생겼다. 이들의 평균 월급은 월 1,400위안 정도이다. 월요일부터 토요일까지 아침 7시 반부터 밤 9시까지 일하는 조건이다. 월급 가운데 65달러 즉 400위안 정도는 북한 당국으로 보내진다. 또 인력 관리 회사인 능라도가 400위안을 가져가고, 나머지 600위안 정도가 개인 몫이다. 개인 몫 600위안 가운데 보통 적게는 50위안에서 많게는 200위안까지 한 달 생활비로 쓰고 나머지는 고국으로 송금한다.

능라도 소속 관리자들은 중국에서 아파트 생활을 하고 승용차도 지급받는 등 꽤 유복한 생활을 하고 있다. 이들은 한 달에 평균 2,3차례 평양을 다녀오는데 평양행 왕복 차비, 여기에다 상부에 갖다 바쳐야 할 각종 선물비용 등을 고려하면 적지 않은 비용이 소요된다. 정상적인 비용 처리로는 이를 감당할 수 없기 때문에 능라도 관리자들의 착복이 만연해 있다. 이에 따라 능라도와 중국 회사 간 북한 인력 관련 계약서도 한 종류가 아니고 여러 종류가 있다. 한 번은 베이징에 있는 합영투자위원회 측 인사들이 능라도 관리자들의 임금 착복 실태를 확인하기 위해 훈춘에 있는 능라도 사무실을 급습했다. 하지만, 꼭꼭 잠가둔 금고 문을 여는데 실패해 그냥 돌아가야 했다는 후문이다.

北 근로자 3개월 치 월급, 중국 은행 예치

투먼과 훈춘의 북한 인력 고용 회사들은 통상 3개월 치의 북한 근로자들 월급을 중국 은행에 예치해두고 있다. 북한 근로자 300명을 고용한 회사의 경우 1인당 월급 1,400위안 기준으로 3개월 치면 120만 위안(한화 2억 천여 만 원)이 된다. 통상 백만 위안 이상의 돈을 항상 은행에 두고 있다고 보면 된다. 월급 정산은 그 다음 달에 끝난다. 그리고 평양에서 급전이 필요할 경우 중국 은행에 예치해둔 목돈을 우선 송금한다. 예를 들어 120만 위안의 목돈이 은행에 있다면 이 돈을 전부 평양으로 송금하는 사례가 1년에 두 세 차례 발생한다.

북한 근로자들도 모두 중국 은행 통장을 하나씩 갖고 있다. 월급이 나오면 개별 근로자 통장에 얼마를 남기고 고향으로 얼마를 부칠 것인지를 매월 결정한다. 대부분 고향으로 송금하지만 때로는 자기 몫 월급을 전액 자신의 통장에 남겨주길 원하는 경우도 있다. 그런 경우는 반드시 사유서를 써야만 한다. 이처럼 본인의 생활비로 다 남기는 것은 보통 여성 근로자들이 금붙이 장신구 등을 살 경우이다. 북한에서는 금 장신구의 디자인이 엉망이기 때문에 북한 여성 근로자들은 중국에서 금으로 된 반지나 목걸이, 팔찌 등을 보면 사족을 못 쓰고 사게 된다.

기숙사 방 한 쪽 벽 비우고 '절대 3인' 초상화 비치

2014년 말 북한 당국은 해외에 진출한 북한 인력들의 정신 교육 강화에 나섰다. 중국에 진출한 북한 근로자들에게 기숙사 방의 한 쪽 면을 완전히 비우고 김 씨 왕조 3인, 즉 김일성, 김정일, 김정은의 초상화를 걸어둘 것을 지시했다. 중국에서 북한 인력 공장을 운영하는 중국인 관계자는 필자를 만나 북한 인력 공장의 실태를 전했다.

"근로자의 기숙사 방마다 방의 한 쪽 벽을 완전히 비우고 '절대 권력' 3인의 초상화를 모시도록 하라."

북한 당국은 2014년 11월 중국에 있는 북한 인력 공장들에 이러한 지시를 일제히 내렸다. 초상화는 김일성 주석과 김정일 국방위원장 사진이 각각 한 장씩, 그리고 김정일 위원장과 김정은 노동당 제1비서가 함께 있는 사진 한 장 등 모두 석 장이다.

북한 인력 기숙사 방은 보통 6인실 또는 8인실로 꾸며져 있고 창문을 제외한 나머지 벽면에 모두 침대 또는 가재도구가 놓여 있다. 2014년 11월 북한 당국의 지시로 북한 인력 기숙사에서는 방 재배치 작업이 대대적으로 진행됐다. 특히 8인실의 경우에는 한 쪽 면을 비우고 초상화를 배치하기 위해 6인실로 침대를 줄여야 했다. 이로 인해 기숙사 방을 더 확충해야 했다. 공장 사무실도 예외가 아니었다. 기숙사 방의 초상화보다 가로, 세로 각각 3cm 정도 큰 규격으로 똑같은 세 가지 초상화를 사무실 벽에 비치하도록 지시했다. 해외에서 일하며 자칫 흐트러지기 쉬운 근로자들의 정신을 다잡아 절대 권력에 대한 충성을 강화하기 위한 조치로 해석된다.

2014년 11월 중순 유엔 인권위원회에서는 북한 인권상황을 국제형사재판소(ICC)에 회부하고 정권 책임자 처벌까지 권고하는 내용의 유엔

투먼 경제개발구 안에 있는 북한공업단지 팻말

총회 결의안이 채택됐다. 결의안 채택 직후 북한 정부는 중국의 북한 인력 공장들에 일제히 지령이 담긴 팩스를 보냈다. 유엔 인권위 결정을 조목조목 비판하며 부당성을 주장하는 내용이었다. 팩스 송신 이후 곧바로 북한 근로자들은 소집됐고, 집단 정신교육이 실시됐다.

샤프란 등 한국산 인기에 금지령까지

북한 당국의 사상 단속은 한국산 금지령으로 이어졌다. 그동안 중국에 진출한 북한 근로자들은 생활용품으로 한국산을 가장 선호했다. 이들이 사용하는 각종 세제와 샴푸, 비누는 한국산이었다. 특히 섬유유연제 '샤프란'이 가장 인기가 많았다. 북한 인력들 대부분이 여성이어서 냄새에 민감하다보니 향이 좋은 이 제품을 선호했다. 샤프란은 이들에게는 꽤 비싼 제품임에도 너나 할 것 없이 사용했다. 간식으로는 역시 초코파이를 가장 선호했다. 북한 근로자들은 먹는 것이 부실하고 노동 강도가 높다보니 위장병과 감기에 자주 걸렸고, 그래서 약도 가능하면 한국 약을 구하려고 애썼다.

중국에서 북한 인력들이 이처럼 한국산을 찾는 것을 알게 된 북한 당국이 한국산 제품 금지령을 내린 것이다. 동시에 북한과 중국 접경 지역을 통과할 때도 일일이 라벨을 확인하며 한국산인지 여부를 따지기 시작했다. 이밖에 여성 근로자들의 경우 살이 비치는 망사 옷이나 다리에 달라붙는 바지도 입지 말 것을 지시했다. 하지만 북한 당국의 지시에도 불구하고 중국에 파견된 북한 근로자들은 몰래 몰래 한국 제품을 애용하고 있다는 소식이다.

노동력 착취에 침묵과 눈물로 시위…배후엔 '북한판 국정원'

투먼 경제개발구 안에 있는 'K공업'은 북한 인력 7백 명 정도를 고용하고 있다. 3개 공장을 운영하고 있으며 주로 완구를 생산하고 있다. 이 회사는 북한 인력을 고강도로 착취하는 것으로 유명했다. 이른 새벽부터 늦은 밤까지 매일 16시간 이상씩 북한 근로자들을 혹사시켰다. 이 회사 사장은 "북한 인력은 이렇게 다루는 것"이라며 자신의 북한 인력 착취를 공공연하게 자랑하고 다녔다.

결국 이 공장에서 일하던 북한 인력들이 일제히 침묵시위를 벌이는 일이 벌어졌다. 각자의 재봉틀 앞에서 머리를 숙이고 아무 말도 하지 않은 채 울며 일을 하지 않은 것. 이 침묵의 시위는 통했다. 깜짝 놀란 회사 대표는 근로자의 월급을 1인당 200위안에서 300위안씩 모두 올려줬다. 이후로는 북한 인력을 착취하는 행위도 중단했다.

북한 근로자들의 이러한 단체 행동의 배후에는 '노동부원'으로 불리는 이들이 있다. 노동부원은 우리의 국가정보원에 해당하는 국가안전보위부 소속 요원이다. 해외에 파견된 북한 인력을 감시, 관리하는 역할을 맡고 있다. 보통 인력 파견 회사당 1명씩 파견돼 있고 수십 명 단위의 소규모 인력이 파견된 공장의 경우 몇 개 회사를 묶어서 관리하기도 한다. '노동부원'은 1주일에 한 차례씩 북한 근로자들을 면담하고 애로 사항이 있으면 사장에게 시정을 건의하기도 한다. 물론 노동부원의 주 임무는 북한 근로자들의 일탈 행위 감시이다. '노동부원'은 회사측과 일종의 견제 관계를 유지하고 있다.

옌볜조선족자치주에서 일하는 북한 근로자들 가운데 일부는 중도에 귀국하기도 했다. 질병이나 연애 문제 등의 문제가 발생했기 때문이다. 한 여성 북한 근로자는 유부남 중국 직원과 바람이 난 사실이 알려져 훗날 결국 북한으로 돌아가야 했다. 이들은 모두 상대방 언어 구사 능력이 힘든 상황에서도 깊은 관계에 빠졌다. 때문에 현지에서는 "사랑에 있어 역시 언어는 필수 요소가 아니다"는 소문이 돌기도 했다. 폐결핵 등 중대 질병에 걸려 불가피하게 평양으로 돌아가야 하는 경우도 종종 있었다. 질병으로 부득불 귀국해야 하는 근로자들의 경우 가기 싫다고 버티는 바람에 노동부원들이 며칠에 걸쳐 설득해 겨우 귀국시키는 경우도 잦았다고 한다.

북 인력 식당 운영권 놓고 북·중 갈등

2014년 여름 중국 선양의 북한 영사관과 옌볜조선족자치주의 북한 인력 대표부가 중국 측에 강력 항의하는 일이 있었다. 이유는 2014년 봄과 여름 투먼 북한 인력 단지에서 두 차례 발생한 집단 식중독 사고 때문이었다. 당시 식중독 사고로 북한 인력 2백여 명이 병원에 입원해 치료를 받아야 했다. 북측은 항의와 더불어 투먼의 북한 인력 식당 운영권을 자신들에게 줄 것을 강력히 요구했다.

집단 식중독에 걸린 북한 근로자들이 입원한 투먼의 병원

　2015년 초 현재 투먼의 북한 근로자 2천 5백여 명은 조선족 3명이 운영하는 식당 세 곳에서 나눠서 식사를 하고 있다. 그런데 북측은 조선족의 식당 운영 방식에 계속 불만을 가져왔다. 식사가 중국식으로 공급된다는 점, 싸구려 재료로 저가의 음식을 제공하면서도 식당끼리 담합해 식사비용을 올리고 있다는 점 등이 불만의 이유였다. 급기야 2014년 두 차례나 집단 식중독 사고가 발생하니 분노가 극에 달했던 것.

　선양의 북한 영사관에서는 "식당 운영권을 주지 않으면 투먼에 대규모 인력 송출도 하지 않겠다. 투먼에는 쓸데없는 인원을 보내지 말자"고 선언했다. 그리고 투먼 정부 인사들과의 면담도 의도적으로 피했다. 투먼의 북한 인력 식당 운영권을 3명의 조선족에게 준 것은 투먼 정부였다. 개인 식당업자들의 로비를 받고 영업권을 준 상태이기 때문에 투먼 정부는 이러지도 저러지도 못 할 상황에 빠졌다고 한다. 북한이 식당 운영권을 결사적으로 요구하는 배경에는 식당 운영을 통해 얻을 수 있는 짭짤한 수익도 자리한다.

　2012년 5월 중국 최초로 북한 인력을 합법적으로 받아들이기 시작한 투먼은 한동안 북한 근로자들에게 가장 선호하는 해외 근로지였다. 하지만 식당 문제 때문에 잡음이 심해지면서 투먼은 선호도에서 밀리고

투먼의 두 번째 북한 인력 전용 기숙사 겸 식당

있다. 북한의 인력 송출업체들도 투먼을 꺼리기 시작했다. 세 군데 식당에서 여러 공장의 근로자들이 모여서 식사를 하는 과정에 이런 저런 대화를 나누다 보니 서로의 근로조건에 대해 상세히 알게 됐다. 노동시간과 급여를 비교하게 되자 불만이 터져 나왔다. "나는 저 사람과 똑같이 일하는데 왜 저 사람이 나보다 더 많이 받는가?"하는 것이 주된 불만이었다. 이는 결국 투먼 북한 인력의 인건비 상승으로 이어졌다. 이에 비해 훈춘 등 다른 지역에서는 대부분 개별 업체들이 각자 식당을 운영하다보니 다른 공장 근로자들과 섞일 일이 없었다. 따라서 근로 조건의 비교도 없었고, 투먼과 같은 불만도 나오지 않았다.

北, 中에 '인력 파견' 이어 '단독 기업' 2곳 설립

중국에 근로자들을 파견해오던 북한이 아예 중국 현지에 단독 기업을 설립해 자국 인력을 부리기 시작했다. 중국에서 북한 인력 업무에 종사하는 필자의 취재원은 북한이 중국 지린성 투먼의 북한공업단지에서 직접 기업을 설립해 2015년 2월 말부터 공장 가동을 시작했다고 전해왔다. 북한공업단지에서 북한이 단독 기업을 설립한 것은 이번이 처음이다.

북·중 정부 간 협의에 따라 북한 근로자들은 지난 2012년 5월부터 북·중 접경 지역인 지린성 지역에 파견돼 일하고 있다. 북한 근로자들이 일하는 기업은 중국 기업이나 중국에 진출한 외국계 기업이다. 그런데 인력 파견 3년이 채 안 되는 시점에 북한은 중국 현지에서 자신들이 단독 기업을 만들어 운영하게 된 것이다.

북한이 설립한 기업은 봉제 업종의 2개 업체로 투먼의 북한공업단지 안에 위치해 있다. 두 봉제 기업 모두 북한 자금이 투자됐고, 북한공업단지 내 중국 기업인들의 자금도 들어갔다. 1개 공장 당 총 투자비는 200만 위안(한국 돈 3억 6천만 원 정도)이고, 근로자는 각각 3백 명 규모이다. 공장은 북한공업단지에서 2014년 말 완공된 건물 1층과 2층에 각각 마련됐다. 이 건물 3층과 4층은 북한 근로자들의 기숙사이다. 1층 공장은 북한 근로자 백 명 정도가 들어오면서 2월 말 무렵부터 의류 생산을 시작했다. 1층 공장에서 주로 생산하는 것은 두꺼운 우븐 종류 옷이다. 나머지 2백 명도 조만간 들어올 예정이다. 2층 공장에는 2015년 3월 현재 사장과 관리인 등 영업직조만 들어온 상태로 근로자들은 5월까지 들어올 예정이다. 2층 공장에서는 주로 얇은 니트 종류의 의류를 생산할 계획이다(우븐은 씨실과 날실이 서로 교차하며 만들어진 원단, 니트는 한 가닥 실로 교직을 해서 만든 원단을 의미한다).

1층 봉제 공장에서 일을 시작한 근로자들은 모두 봉제업 분야 숙련공이다. 이는 다른 공장들에 파견되는 북한 근로자들 대부분이 초보자란 점에서 비교된다. 자신들이 운영하는 공장에는 우수한 인력을 선별해서 보내겠다는 북한 당국의 의지를 엿볼 수 있다. 자국 기업에 파견된 북한 근로자들 또한 "우리는 더 열심히 하자. 외국 기업이 8시까지 일하면 우리는 조국을 위해 더 하자"라는 분위기가 조성되고 있다고 한다. 북한 봉제 기업에서 만들어지는 의류가 한국인의 주문을 받고 있

왼쪽 건물이 투먼 북한공업단지 내 3번째 기숙사 건물. 그 오른쪽 4층짜리 건물의 1층과 2층에 북한이 설립한 기업 공장 입주. 이 건물 3층과 4층은 북한 근로자 기숙사. 2015년 초 촬영

왼쪽 회색 4층 건물이 다른 각도에서 촬영한 북한 기업 입주 건물. 투먼 북한공업단지에는 새로운 건물이 계속 들어서고 있다. 옆 건물이 그러한 사례다. 2015년 초 촬영

다는 이야기도 흘러나온다. 사실이라면 중국 땅에서 북한 기업이 북한 근로자들의 손으로 만든 옷을 한국으로 수출하는 것이다.

북한이 중국에서 단독 기업을 운영하는 것에 대해 조봉현 IBK 경제연구소의 수석 연구위원은 "대북 제재를 회피할 수 있고 원자재 조달 용이, 외화벌이 증가 등의 이점이 많기 때문에 북한 당국이 적극 추진하는 것으로 분석된다"고 평가했다.

투먼과 훈춘 등 지린성에는 매달 새로운 근로자들이 속속 들어오면서 새로 지은 기숙사 건물이 금방 포화 상태에 이를 정도이다. 북한 인력 급증에 따라 현지에는 이들의 각종 업무를 전담 대행하는 복무부(服務部;봉사부)도 새로 생겼다.

투먼에서 바라본 북한 남양의 건물

북 고위급 인사, '개성공단 폐쇄 가능성' 시사

북한 인력과 관련한 이러한 동향을 취재하던 시기에 필자는 또 다른 대북 소식통으로부터 북한의 고위급 인사가 했다는 발언에 대해 취재하게 됐다. 북한 고위급 인사는 2015년 3월 중순 필자 지인과의 통화에서 "개성공단이 '낙동강 오리알' 신세가 될 수 있다"며 폐쇄 가능성'을 시사했다. 북측 인사는 다음 두 가지 내용을 언급하며 개성공단 사업을 접을 수 있음을 경고했다.

"첫째, 개성공단에서 연간 벌어들이는 총수익(연간 8천만 달러 추산)에 대한 오해가 많다. 남쪽에서는 개성공단의 총수익이 북측의 통치자금이나 군수 자금으로 흘러들어간다고 하는데 이는 사실이 아니다. 수익 가운데 70%는 개성시 예산과 개성공단 관리 및 운영에 쓰이고, 중앙 정부로 들어오는 것은 30%에 불과하다. 이는 중앙 정부 입장에서 보면 큰 수익이 되지 않는다. 둘째, 개성공단의 저임금 근로 조건은 해외 인력 파견 협상 때 북측의 협상력을 떨어뜨린다. 현재 중국이나 러시아 등에서의 북측 근로자 임금은 개성공단보다 월등히 높다. 해외에서 인력 협상 때면 상대국 측에서는 개성공단 임금 기준을 제시하며 "남쪽과는 이처럼 싸게 계약하면서 왜 우리와는 비싸게 하느냐"는 소리를 한다. 북측의 해외 인력 파견 사업에도 개성공단의 저임금 조건은 방해가 되는 것이다."

북한 고위급 인사의 이러한 발언은 물론 개성공단 임금 인상을 위해 남측을 압박하기 위한 '협박'일 수 있다. 2013년 한·미 연합훈련을 이유로 빚어진 넉 달 동안의 개성공단 폐쇄 사태로 우리도 우리지만 북한의 피해 정도가 상당한 것으로 알려져 있다. 때문에 북한이 그런 손실을 감내하면서 또다시 섣불리 공단 폐쇄 결정을 내리는 것은 쉽지 않을 것이다. 하지만, 그렇게 낙관할 일만도 아니다. 북한이 코너에 몰렸을 때 우리의 상식에 반하는 행동을 하는 사례는 얼마든지 있기 때문이다. 자신들이 원하는 것을 도저히 얻기 힘들다고 판단한다면 북한은 얼마든지 개성공단 폐쇄 카드를 꺼내들 수 있을 것이다. 북한 고위급 인사의 발언은 이런 점에서 단순한 협박으로만 치부할 순 없어 보인다.

2012년 5월 북한 근로자들이 중국 땅에 진출한 지 어느덧 3년 가까이 돼가는 시점에 지린성의 북한 인력은 꾸준히 늘고 있고, 한 걸음 더 나아가 북한은 중국에서 직접 공장 운영을 하기까지 이르렀다. 이에 반해 우리는 남북 관계 악화로 또다시 개성공단을 폐쇄하는 것은 아닌지 우려해야 하는 처지이다. "이러다 북한 인력을 모조리 중국 등 해외에 빼앗기고 말겠다"는 대북 사업가들의 이런 한탄이 필자에겐 괜한 걱정으로만 들리진 않는다.

■■■

2014년 '노동당 창건일', 北 근로자들의 충성

2014년 10월 10일 북한 '노동당 창건일'을 맞아 중국의 북한 근로자들은 과거와는 다른 움직임을 보였다. 그동안 중국의 북한 근로자들은 매년 10월 10일 조선노동당 창건일이면 일을 하지 않고 경축 공연 등을 하며 하루를 보냈다. 지린성 지린 시에서 당 창건 기념일 행사가 열리는데, 이 행사에는 옌볜조선족자치주의 경우 북한인 10여 명이 참여했다. 이들은 주로 옌볜조선족자치주 옌지 시의 북한 대표부 인원, 그리고 북한 인력이 일하는 공장의 대표로 구성됐다.

그런데 2014년은 달랐다. 당 창건일을 앞두고 북한 근로자 내부에서 "이번엔 우리도 가겠다"는 목소리가 갑자기 나오기 시작했다. 투먼과 훈춘 지역의 공장 여러 곳에서 일하는 북한 근로자 250명가량이 행사에 가겠다는 의사를 피력했다. 이들 북한 인력은 10월 9일 새벽 버스 5대에 나눠 타고 기념행사에 참여하기 위해 지린 시로 떠났다. 이 때문에 이들이 속한 공장은 10월 9일 공장 운영을 중단해야 했다. 당 창건일 기념행사가 열린 곳은 지린 시의 위원(毓文) 중학교.

위원 중학교는 김일성 주석이 1927년부터 2년 반 정도 다닌 학교로 김 주석이 쓰던 책상과 기념 도서관 등 김일성의 흔적이 진하게 배어 있다. 북한 근로자들은 위원 중학교에서 당 창건일 기념행사를 마친 뒤 당일 저녁 버스를 타고 투먼과 훈춘의 숙소로 각각 돌아왔다.

그리고 10월 10일에는 북한 근로자들이 파견된 모든 공장에서 당 창건일을 기념하는 민속 공연을 하루 종일 펼쳤다. 이 때문에 북한 근로자가 일하는 공장은 모두 공장 운영을 중단했다. 기념일 행사까지 참여한 근로자가 있는 공장은 10월 9일과 10일 이틀 연속으로 공장을 쉬어야 했고, 나머지 공장들은 10월 10일 하루만 운영을 중단했다. 하지만 공장주들은 불만이 있을 수 없다. 제조업 분야에서 인력난이 심각한 중국 땅에서 부지런하고 솜씨 있는 우수 근로자를 데리고 일할 수 있다는 것 자체가 커다란 행운이기 때문이다.

06

파워엘리트 흐름으로 본
김정은 체제의 현주소

누가 북한을 움직이나?

중국 베이징에서 접할 수 있는 흥미로운 정보 가운데 하나는 실제로 북한을 움직이는 이들은 과연 누구인지에 대한 것이다. 특파원 재직 기간과 그 이후 필자는 김정은 체제 파워엘리트의 형성과 현황에 대해 여러 이야기를 들을 수 있었다. 당시 들은 내용 가운데 일부는 훗날 언론을 통해 보도되기도 했다. 물론 사안의 특성상 진위를 명확히 확인하기가 쉽지 않지만, 큰 흐름을 읽기에는 충분한 정보였다. 일부 정보는 이 책을 통해 처음 공개하는 내용이다. 취재원과의 약속으로 오랜 기간 비공개 상태로 묶여 있어야 했지만, 책을 통해 비밀해제를 하는 셈이다. 단, 아쉽게도 일부 내용은 끝까지 공개할 수 없었다. 공개할 경우 당사자가 큰 곤란에 처할 수 있겠다는 판단 때문이다.

김일성에게 "일성아"라고 불렀다는 최현

김정은 체제 들어 대외적으로 가장 주목받은 인물은 최룡해이다. 1950년생인 최룡해는 김정은 체제가 들어선 직후인 2012년 4월 조선인민군 총정치국장 겸 당중앙군사위원회 부위원장에 임명됐다. 최룡해는 2014년 4월 황병서에게 총정치국장 자리를 물려줬다. 황병서가 최룡해를 대신해 총정치국장에 임명된 사실이 확인되자, 국내 언론 상당수는 '2인자 장성택'을 처형한 김정은 정권이 '또 다른 2인자, 최룡해'마저 내쳤다고 보도했다. 하지만 시간이 흐르면서 이는 사실이 아닌 것으로 드러났다. 최룡해는 총정치국장에서 물러난 이후에도 총정치국장 시절과 마찬가지로 김정은 제1비서를 계속 지근거리에서 동행하는 것으로 공개됐기 때문이다.

　　조선노동당 비서인 최룡해는 2014년 9월 장성택이 맡았던 국가체육

김정은 체제 북한의 주요 인사들 (노동신문 2014년 12월 18일)

위원회 위원장 자리를 맡았다. 그리고 10월말 정치국 상무위원으로 호
명되면서 김정은 노동당 제1비서에 이어 명실공히 '2인자'로서의 위상
을 과시했다. 최룡해는 총정치국장 시절인 2013년 5월 김정은 체제의
첫 특사 자격으로 중국을 방문해 세계의 주목을 받기도 했다. 하지만
최룡해는 2015년 3월 노동당 정치국 상무위원에서 위원으로 강등됐다.
이는 북한이 '유일 영도 체제' 구축을 위해 특정인에게 권력이 집중되
는 것을 막으려는 조치로 분석된다.

　김정은 체제 들어 두드러진 최룡해의 파워를 이해하려면 그의 아버
지 최현을 알아야 한다. 최현은 북한의 항일 빨치산(partisan: 유격전을 수
행하는 비정규군 요원의 별칭) 1세대로 인민무력부장 같은 중책을 역임했다.
최현은 일제강점기에 고(故) 김일성 국가주석과 함께 보천보전투(普天
堡戰鬪: 동북항일연군(東北抗日聯軍) 가운데 김일성이 이끄는 병력이 1937년 6월 4일 함
경남도 갑산군 보천보 일대를 잠시 점령한 사건)를 치르는 등 빨치산 활동 동료
였다. 이른바 '혁명 1세대' 중에서도 최현은 김일성과 각별한 관계였다.

항일 빨치산 투쟁 시기의 모습을 담은 김일성 초상화
북한이 중국에서 발행하는 월간지 『朝鮮』 2012년 4월호

김일성-김정일 패밀리와 친분이 두터웠던 중국의 한 유력인사는 이렇게 말한 바 있다.

"어릴 적 평양에서 생활한 적이 있는데, 김일성 주석이 최현과 함께 있는 것을 자주 목격했다. 최현이 김 주석에게 '일성아!'라고 부르는 것도 여러 차례 들었다. 김 주석을 그렇게 호칭하는 건 최현이 유일했다. 그래도 주변에서 어느 누구 하 최현을 거리낌 없이 친구로 대했다."

최현의 아들 최룡해는 김 주석의 손자 김정은 시대에 이르러서까지 막강한 권력을 자랑하니 '두 절친'의 인연이 대를 이어 내려오는 셈이다.

중국 경제통, 최룡해 아들…부인은 오진우 전 인민무력부장 손녀

북한군의 역대 총정치국장은 김일성 주석 시대의 오진우, 김정일 국방위원장 시대의 조명록 , 그리고 김정은 체제의 최룡해, 황병서이다. 필자가 아는 북측 인사는 최룡해와 오진우가 사돈지간이라고 전했다. 그런데 최룡해는 1950년생이고 오진우는 1917년에 태어나 1995년에 숨졌다. 최룡해와 오진우의 나이 차이가 33살이나 된다. 그래서 둘 사이가 어떻게 사돈지간이 될까 의문이 들었다. 의문은 훗날 풀렸다. 북한 내부 정보에 밝은 정부 측 인사는 필자에게 최룡해 아들이 오진우의 손자사위라고 전했다. 즉 최룡해 아들과 오진우 손녀가 부부지간이란 것이다. 북측 인사가 말한 '사돈지간'이란 손자 사돈을 의미한 것으로 풀이된다.

김정은을 수행하고 있는 최룡해 노동당 비서와 오일정 노동당 부장. 원 안
인물이 오일정, 그 왼쪽이 최룡해 (ytn 보도 화면)

최룡해의 30대 아들은 중국 베이징에서 경제 관료로 활동하고 있다.
그는 중국에서 학창 시절을 보냈다. 최룡해는 북한 내부 권력 투쟁에
밀려 자강도로 숙청당한 경험이 있다. 1997년 사로청(社勞靑: 朝鮮社會主義
勞動靑年同盟. 현재의 '김일성사회주의 청년동맹') 비리 사건에 연루된 것이 이유
였다. 당시 최룡해는 정치에 염증을 느껴 아들만큼은 정치가 아닌 경제
분야에서 일할 것을 희망했다. 그래서 아들을 일찌감치 중국으로 유학
을 보냈다. 최룡해 아들은 베이징에서 명문 학교를 다니며 경제를 공부
했다. 중국에서의 유학 생활 덕분에 중국어 실력은 수준급이다. 그리고
베이징에서 경제 관료로 활동하고 있으니 아버지의 소원을 이룬 셈이
다. 2013년 6월 아버지 최룡해가 특사 자격으로 중국을 방문했을 당시
최룡해 아들은 특사 일행의 통역을 담당하기도 했다.

그는 2014년 현재 기준으로 부인과의 사이에 다섯 살배기 딸을 한 명
뒀다. 통상 북한의 해외 주재원들은 가족과 함께 살지만 그의 부인은
워낙 고위 간부 집안이다 보니 외국도 나오지 못 한다. 그래서 최룡해
아들은 부인과 딸을 보기 위해 평균 한 달에 한 번꼴로 평양을 찾았다.

최룡해의 부친 최현과 오진우는 북한의 대표적인 항일 빨치산 1세
대로 둘 다 모두 인민무력부장을 역임했다. 최현과 오진우의 아들인 최

룡해와 오일정은 빨치산 2세대로 2015년 3월 현재 각각 노동당 비서와 노동당 부장이라는 중책을 맡고 있다. 이들은 특히 2014년 말부터 김정은 제1비서를 지근거리에서 수행하는 모습이 수시로 포착되며 김정은의 핵심 세력으로 부각하고 있다. 그런데 빨치산 2세대에 이어 3세대인 최현의 손자와 오진우의 손녀가 서로 부부 관계이니, 북한 파워엘리트가 혼맥을 통해 대를 거듭하며 권력 네트워크를 형성하고 있음을 알 수 있다. 북한은 2014년 말과 2015년 초 최현과 오진우의 기록 영화를 방영하는 등 빨치산 1세대 띄우기에 열을 올렸다. 또 2015년에는 오진우 전 인민무력부장 사망 20주기를 맞아 군·당·정 고위 간부들이 대거 참석한 가운데 중앙추모회를 열기도 했다. 북한을 떠받치는 두 세력, 김 씨 왕조의 '백두혈통' 세력과 빨치산 혁명 세력의 끈끈한 관계를 엿볼 수 있다.

숨겨진 실세 김설송 부부…김경희의 건강

장성택 처형 이전인 2013년 5월 필자의 중국 내 취재원은 당시 북한 내 여성의 파워를 전했다. 우선 고 김정일 전 국방위원장과 김영숙 사이의 첫째 딸이자 김정은의 이복누나인 김설송을 언급했다. 1973년생인 김설송과 그 남편, 신봉남이 김정일 위원장 사후 김정은 체제의 북한을 뒤에서 움직이는 숨은 실세라는 것이다. 김설송은 어릴 때부터 똑똑하다는 이야기를 많이 들었고, 김 전 위원장이 각별히 총애했다. 2007년 대통령 선거에서 박근혜 대통령이 탄생했다면 김 전 위원장은 김설송을 전면에 내세울 생각까지 갖고 있을 정도였다고 한다.

김설송은 북한의 당 조직 관리를, 남편 신봉남은 북한군 인사와 군수물자 공급을 책임지고 있다고 취재원은 전했다. 김설송은 특히 당의

김경희

정보기술(IT) 분야를 총괄하면서 관련 핵심 요원 5,000여 명을 직접 관장한다. 이들은 핵심 기술 개발은 물론, 보안과 해킹도 담당한다. 이렇듯 막강한 파워 때문에 평양 권력층 내부에서는 "핵심은 설송"이라는 말까지 돌았다. 김설송 부부는 김정은 노동당 제1비서의 지시를 받아 장성택 처형을 주도했다고 필자의 취재원은 전했다.

2013년 5월 당시 또 한 명의 여성 실력자는 김 전 위원장의 여동생이자 김정은의 고모인 김경희(1946년생) 조선노동당 비서다. 당시 김경희는 주로 돈 관리를 맡았다. 당시 필자의 취재원은 장성택에 대해서 "조직과 군, 돈 등의 핵심을 제외한, 즉 실권 없는 분야를 총괄하고 있다"라고 표현했다. 장성택은 2013년 12월 처형됐으니 최소한 처형 7개월 이전에 이미 실권을 빼앗긴 셈이다. 당시 평양에서 단연 눈에 띄는 것은 김설송과 김경희, 두 여성의 파워였다. 박근혜 대통령처럼 북한도 사실상 여성이 통치한다는 말이 북한 내부에서 나오고 있었다. 바야흐로 한반도에 드리운 여성천하 시대라는 평가였다.

2012년 9월 하순 김경희는 건강 상태가 갑자기 매우 위독해졌다. 싱가포르 병원행도 급히 결정된 사안이었다. 워낙 갑작스럽게 추진하다

보니 비용도 충분히 준비하지 못한 채 싱가포르로 떠났다. 북한은 병원비와 수행원 경비 등을 해결하려고 별도로 팀을 파견하기도 했다. 당시 장성택이 싱가포르로 가는 것을 검토할 정도로 김경희의 건강 상태는 심각했다. 김정은의 부인 리설주가 한때 병 수발을 들었다는 추측보도가 있었지만, 이는 사실이 아니다. 당시 김경희를 돌본 것은 북한 고위층 인사의 부인과 딸이었다. 김경희는 당뇨병 등 여러 질병 치료를 받은 뒤 그 해 10월 초순 베이징으로 돌아갔다.

필자는 이러한 내용으로 2012년 9월과 10월 김경희의 건강과 관련한 기사를 다뤘다. 보도 이후 오보 논란이 일었다. 하지만 2014년 1월 "김경희가 2012년 하반기 싱가포르로 급히 날아가 치료받은 것은 사실"이라는 정보당국 관계자의 발언이 언론을 탔다.

"김경희, 2014년 말 中 대표단 접견…'북·중 관계 복원' 합의"

2014년 말과 2015년 초에는 김경희 사망설이 잇달아 나왔다. 2014년 말에는 강성산 전 북한 총리의 사위인 탈북자 강명도 씨가 "김경희가 김정은과 장성택 처형 문제로 전화로 말다툼을 벌이다 심장마비를 일으켜 사망했다"고 주장했다. 강 씨의 주장은 국내 언론은 물론 미국 CNN 방송까지 다뤘다. 2015년 2월에는 일본 산케이 신문이 "김경희가 2014년 10월 북한 매체에 마지막으로 등장한 시점을 전후해 사망했을 가능성이 높다"고 보도했다. 산케이는 "김경희가 지병으로 숨진 직후 김정은이 직접 '적절한 시점이 올 때까지 공표하지 말라'는 함구령까지 내렸다"고 덧붙였다. 하지만 이러한 김경희 사망설에 대해 2015년 2월 국정원은 김경희가 살아있다고 밝혔다.

2015년 1월 필자의 중국 내 취재원이 전한 내용도 김경희가 생존해 있음을 뒷받침한다. 그 내용은 이렇다. 2014년 12월 초 중국 태자당(太子黨: 혁명 원로나 고위공직자 자제) 원로들이 평양을 방문해 북한의 봉화조(烽火組: 북한판 태자당) 실세들을 만났다. 당시 북한 봉화조 실세들의 대표로 나온 인물이 김경희였다. 북·중 양측은 이 만남에서 '장성택 처형' 이후 갈수록 소원해지는 북·중 관계를 복원시키자는 합의를 이뤘다.

이후 김정은 노동당 제1비서의 생일인 2015년 1월 8일을 맞아 중국 외교부는 북·중 친선 관계의 기본 원칙으로 통하는 '16자 방침'을 밝혔다. '16자 방침'은 16글자로 이뤄진 방침이란 뜻으로 '전통계승·미래지향·선린우호·협조강화의 방침'을 뜻한다. '16자 방침'은 북·중 관계 냉각 이후 중국 정부의 공식 문건이나 발표에서 한동안 사라져 있었다. 따라서 중국 정부가 이를 오래간만에 발표한 것은 북·중 관계 개선에 대한 중국 정부의 의지가 반영된 것이라 할 수 있다. 즉 김경희가 이끄는 북한 봉화조 실세와 중국 태자당 원로들 간의 합의가 효력을 본 것으로 풀이된다. 세간에 알려진 것과 달리 김경희가 '여전히 살아 있는 권력'임을 보여주는 것이라 하겠다.

김일성 주치의 리보승

리영호 전 북한군 총참모장은 1942년생으로 김정일 국방위원장의 운구차를 호위한 이른바 '운구차 8인방' 가운데 한 사람이다. 리영호의 집안은 김일성 가문과 각별한 관계이다. 리영호의 부친은 리보승이다. 리보승은 항일 전쟁 당시 중졸 의사 신분으로 참전했다. 참전 당시 학력이 가장 좋아 김일성이 총애했고, 김일성의 주치의로 활동했다. 리보승은 기독교 집안 출신인 안화숙과 결혼해 슬하에 2남 1녀를 두었다. 리보승의 처남은 안길이다. 리보승은 안길도 항일 운동으로 끌어들였다.

한국민족문화대백과에 따르면 안길은 1907년 함경북도 경원군 지역 빈농의 가정에서 태어났다. 어린 시절 부모를 따라 현재 중국 지린성의 훈춘(琿春)으로 이주해 룽징(龍井)의 대성중학을 중퇴했다. 김일성과 함께 항일 유격대 활동에 참가한 안길은 조선노동당 중앙위원회 위원, 북한 최초의 군사간부 양성소인 평양학원 원장, 보안간부 훈련대대부 총참모장 등을 지낸 뒤 1947년 12월 사망했다.

김정일에게 젖 먹인 안화숙

필자의 중국 내 취재원은 리보승의 부인 안화숙이 김정일에게 직접 젖을 먹이며 키웠다고 전했다. 전쟁의 시기에 안화숙은 김정일의 어머니와도 같은 존재였던 셈이다. 김일성의 주치의에다가 부인이 김정일을 직접 키웠다는 점에서 리보승이 북한의 백두혈통, 김 씨 가문에서 지니는 지위는 독보적이다. 리보승은 하지만 항일 전쟁 중에 부인과 자식 등 가족을 모두 잃어버렸다. 그리고 훗날 얻은 두 번째 부인과의 사이에서 리영호를 낳았다. 즉 리영호는 혁명 열사, 리보승의 3남1녀 가운데 막내인 셈이다. 이처럼 북한 최고 지도자 가문과 각별한 관계임에도 불구하고 리영호가 2012년 7월 전격 숙청된 이유는 아직까지도 미스터리로 남아 있다. 다양한 이야기가 오가지만, 중국에서 접할 수 있는 가장 설득력 강한 분석은 대략 다음과 같다.

김정은의 권력 등극 이후 북한 내부에서는 권력투쟁이 심화됐다. 우리식으로 말하자면 진보개혁파와 보수강경파 간 대립이다. 이 가운데 리영호는 보수강경파의 대표적 인물이었고, 경제개선을 중시하는 진보개혁파와 사사건건 마찰을 빚었다.

새로 지도자에 오른 김정은은 보수강경파의 반발이 눈에 거슬렸다.

변화하라는 자신의 거듭된 지시에도 일선에서 리영호의 눈치를 봐가며 복지부동하는 것에 대해 불만이 많았다는 것이다. 이 와중에 리설주를 대동한 김정은의 파격 행보, 김정은이 직접 만든 북한판 걸그룹 '모란봉 악단'의 화려한 공연 등에 대해 리영호 측이 "자본주의로 가자는 것이냐"며 강력히 반발했다. 결국 김정은은 '최고 존엄'에 도전하는 리영호를 내치기로 결심했고, 북한 당국은 조용히 내사에 착수해 그의 집에 숨겨둔 100만 달러를 찾아냈다. 이를 이유로 리영호는 전격 숙청됐으며, 북한은 숙청 사실을 즉각 널리 전파했다.

김정일 위원장 사망 1주기 추모식에서의 리영호- 북한이 중국에서 발행하는 월간지『朝鮮』2012년 4월호

2012년 11월 하순 미국 자유아시아방송(RFA)은 리영호가 김일성 주석이나 김정일 위원장, 김정은 제1비서 등 최고지도자와 나란히 찍은 '1호 사진'을 북한 당국이 일제히 거둬들인다고 전했다. 그를 반당·반혁명 분자로 낙인찍어 흔적을 지우고 있다는 것이었다. 아무리 높은 권세를 가졌다 해도 김정은의 지시를 따르지 않으면 살아남을 수 없다는 본보기로 삼은 셈이다. 그의 숙청을 계기로 김정은은 원로간부의 퇴진을 암시하는 발언을 수차례 남겼다.

1964년 이전 출생자, 간부로 임명하지 말라우!

뒤이어 김정은은 2013년 1월 1일자로 주요 간부의 나이에 제한을 두라고 지시했다. 1964년 이전 출생자가 주요직 간부에 진입하는 것을 원칙적으로 반대한 것이다. 리영호의 사례에서 보듯 젊은 지도자 김정은과 함께 변화를 추구하기에는 원로세력이 걸림돌이 된다는 판단에 따른 것이다. 이 때문에 새로 주요 보직을 차지하는 엘리트들은 통상 1964년 이후 출생자가 많다.

북한이 2013년 7월 말 신설한 경제지도기구인 국가경제개발위원회 인사에도 이런 원칙을 적용했다. 이 위원회의 김기석 위원장은 1964년 생이지만, 김철진 부위원장은 1950년대 생이다. 직전 합영투자위원회에서는 김철진은 수석 부위원장이고, 김기석은 부위원장으로 김철진 부위원장이 김기석 위원장보다 직책이 더 높았다. 김정은은 이와 더불어 3년 이상 외국생활을 한 이들에 대해서는 귀환을 지시했다. 필자가 알고 지내던 북한 인사 한 명도 이 때문에 보따리를 싸야 했다.

뇌출혈로 쓰러진 北 국정원장, 우동측

리영호와 함께 또 한 명의 대표적인 '운구차 8인방'이 바로 우동측 당시 국가안전보위부 제1부부장이다. 우동측은 북한에서 장기간 우리의 국가정보원장에 해당하는 보위부장 노릇을 해왔다(그가 제1부부장으로 재임하던 20여 년간 보위부장은 공석이었기에 사실상 그가 보위부장이었다). 그랬던 우동측이 2012년 3월 하순 김 전 위원장 사망 100일 행사 이후 갑자기 모습을 감췄다. 장기간 공석이던 보위부장에는 김원홍이 임명됐다.

우동측

이 때문에 국내외 언론에서는 우동측이 내부 권력다툼에서 밀려나 경질됐으리라는 추측이 쏟아져 나왔다. 그러나 그가 모습을 감춘 진짜 이유는 뇌출혈 때문이라고 북측 인사는 전했다. 김 전 위원장 사망 이후 계속돼온 심한 스트레스와 과로 때문에 뇌출혈로 쓰러져 전신마비에 언어소통마저 힘든 상태, 즉 식물인간 상태가 돼버린 것이다.

김창선 서기실장 아들 김기석…김일성·김정일 운전기사 아들 김철진

북한이 2013년 7월 신설한 국가 경제개발위원회의 김기석 위원장은 김정은 체제의 첫 서기실장으로 알려진 김창선의 아들이다. 국방위원회 서기실장은 우리의 대통령 비서실장에 해당한

김기석

다. 김창선은 1944년생으로 김정일 국방위원장 시절에는 국방위원회 서기실 부부장을 역임했다. 김창선 서기실장의 후임으로는 김정은 노

김정은 노동당 제1비서를 단독 수행하는 김여정 (노동신문 2015년 3월 12일)

동당 제1비서의 여동생인 김여정이 임명된 것으로 알려져 있다. 북한
에서 서기실장의 높은 위상을 알 수 있는 대목이다.

　김창선에 대해 한 북한 전문가는 김창선의 첫째 부인은 김경희의 친
구라고 전했다. 김경희의 소개로 둘이 만나 결혼하긴 했지만, 결혼 생활
이 원만하지 않아 결국 김창선은 재혼했다고 한다. 그리고 국가경제개
발위원회 김철진 부위원장의 부친은 김일성 주석과 김정일 위원장의 운
전 기사였다. 북한에서 최고 지도자의 운전기사는 최고 지도자의 주요
일정을 함께 한다는 점에서 단순한 운전기사로 볼 수 없다. 그 역시 북
한 파워 엘리트의 한 명이라고 할 것이다. 국가경제개발위원회 신설 직
전 김철진은 북한의 외자 유치 전담 기관인 합영투자위원회의 수석 부
위원장으로 합영투자위원회의 7개 부위원장 가운데 가장 높은 자리였
다. 그의 직위는 당시 합영투자위원회의 리수용 위원장(2014년 4월 북
한 외무상(外務相)으로 임명. 가명;리철) 바로 아래로 차관급이었다.

　북한 파워 엘리트의 혈통인 김기석과 김철진은 김정은 체제 들어서
주요 보직을 맡으며 주목을 받았다. 2013년 신설한 국가경제개발위원

북한 합영투자위원회 홈페이지에 실린 김철진 합투위 수석 부위원장의 2012년 모습(우측이 김철진)

회의 위원장과 부위원장을 맡은 것이다. 하지만 이들은 장성택 처형 직후인 2013년 12월 말 평양으로 소환돼 조사받았다. 장성택 측근 대부분이 조사받던 시점이다. 김 위원장은 조사 결과 장성택 비리와 연관성이 크지 않아 사상교육만 받고 풀려나 2014년 2월 초 업무에 복귀했다. 업무 복귀 이후 베이징도 몇 차례 방문했다. 하지만 김철진 부위원장은 상황이 달랐다. 비리와 꽤 연관 있다는 조사 결과가 나와 임업연구소에 감금된 채 고된 노동을 하는 노동교화형이 선고됐다. 수개월 후 김 부위원장은 풀려났다.

리수용, 김정은 가정 집사로 복귀…장성택 조카 장영철의 친구 리광근

합영투자위원회 위원장이던 리수용은 김정일 위원장 사망 직후 김정은 제1비서의 가정 집사로 복귀했다. 리수용은 김정은이 스위스 제네바 유학 시절 스위스 주재 북한 대사를 역임하며 김정은을 돌봤던 인물이다. 리수용이 평양으로 돌아온 배경으로 크게 2가지 이유가 대두

리수용 외무상 (ytn 방송 화면)

됐다. 첫째는 김정은의 가정 집사 역할을 하며 장성택과 원로 세력의 견제를 위한 카드, 두 번째는 합영투자위원회의 중국 투자 유치 실패와 이에 따른 내부 알력 때문이라는 것이었다.

리수용의 후임으로 합영투자위원회 위원장이 된 리광근은 장성택의 조카인 당시 장영철 말레이시아 대사와 친구 사이이다. 리광근은 2014년 북한 대외경제성의 부상(副相, 차관급)으로 임명됐다. 대외경제성은 북한이 2014년 6월 외국자본 유치와 경제협력을 위해 무역성과 합영투자위원회, 국가경제개발위원회를 확대·개편한 내각 산하 기구이다. 대외경제성의 수장인 대외경제상은 리룡남 전 무역상이다.

장성택의 조카인 장용철 전 말레이시아 대사는 베이징을 자주 찾았다. 베이징에 오면 장용철은 베이징에서 근무하는 장성택의 조카사위 홍순철과 어울렸다. 하지만 장성택이 처형되면서 이들은 모두 평양으로 소환됐다. 이후 이들의 행방은 확인되지 않고 있다.

김정남이 후계자에서 밀려난 이유는?

김정일 위원장의 장남이자 김정은 제1비서의 이복형인 김정남. 그의 모친인 성혜림은 김정일 위원장의 두 번째 부인으로 알려져 있다. 김 위원장이 영화배우 성혜림과 동거에 들어갈 무렵 성혜림은 이미 남편과 딸이 있었다. 유부녀와의 사이에서 낳은 아들이 김정남인 것이다. 이에 관해 김정일 패밀리와 가까웠던 한 중국 인사는 이렇게 말했다.

"김정일은 김정남이 자신의 친아들이 맞는지 계속 의심을 품고 있었다. 전 남편의 아이일 수 있다는 의심을 버리지 못한 것이다."

유부녀와의 사이에서 낳은 아이였기에 친자라고 100% 확신할 수 없었고, 결국 이것이 김정남을 후계자에서 배제하는 데 일정 부분 이유가 됐다는 주장이다.

김정남 자카르타 서프라이즈

2014년 5월 중순 필자는 베이징 특파원 시절 알게 된 북한 취재원 Y로부터 흥미로운 정보를 들었다. 김정남의 근황에 관한 소식이었다. 김정남의 지인인 Y는 김정남이 최근 인도네시아 자카르타에서 생활하고 있다며 그 증거로 사진 한 장을 제시했다. Y가 전한 소식은 다음과 같다.

김정남은 5월 초 인도네시아 수도 자카르타에 있는 롯데쇼핑몰에 등장했다. 그는 일본인이 운영하는 이탈리아 레스토랑을 찾았고, 당시 비서로 추정되는 남녀 2명이 그를 수행했다. 레스토랑에 있던 일본인이 자신을 알아본 뒤 사진을 찍어도 되겠냐고 묻자 김정남은 흔쾌히 허락하며 "나는 일본 사람을 좋아한다"고 답했다.

Y가 보여준 사진 속 인물은 김정남이 분명했다. 과거에 비해 나이 들어 보이긴 했지만, 얼굴엔 특유의 여유로운 미소를 띠고 있었다. 하지만 촬영 시점과 장소는 검증이 필요해 곧바로 취재에 들어갔다. 먼저 김정남이 방문했다는 레스토랑의 존재부터 확인했다. 자카르타 현

2014년 5월 4일 인도네시아 자카르타에 있는 한 식당에 등장한 김정남

지에 수소문한 결과 자카르타 시내 롯데쇼핑몰 안에 있는 이탈리아 레스토랑의 존재를 확인할 수 있었다. 유명 일본인 사업가가 운영하는 피자 · 스파게티 전문점이었다.

김정남과 함께 사진을 찍은 사람이 이 레스토랑에서 일하는 일본인이라는 사실도 확인할 수 있었다. 그의 연락처를 확보해 전화통화까지 성공했다. 그 과정에서 신분을 공개할 수 없는 여러 취재원으로부터 큰 도움을 받았다. 레스토랑에서 일하는 일본인 직원은 조심스럽게 당시 상황을 전했다.

"5월 4일 점심 때 김정남이 여성 한 명과 함께 레스토랑을 찾았다. 김정남은 보통 사람처럼 행동했기 때문에 그다지 눈에 띄지 않았다. 다른 이들은 그가 김정남인지 알아보지 못했지만, 나는 일본 언론에서 그를 자주 봤기 때문에 한눈에 알아봤다. 함께 온 여성은 30대 안팎으로 보였다. 두 사람은 1시간 정도 식사하고 레스토랑을 떠났다."

당초 제보 받은 내용에 더해 김정남이 젊은 여성과 함께 레스토랑에

김정남이 방문한 자카르타 롯데쇼핑몰 내 이탈리안 레스토랑

서 식사한 사실이 확인됐다. 과연 이 30대 안팎의 여성은 누구일까. 당초 Y는 그녀에 대해 "마카오에서 함께 살다 싱가포르로 들어온 김정남의 두 번째 부인일 가능성이 있다"고 관측했지만, 훗날 "김정남의 수행원인 것으로 확인됐다"고 수정했다.

김정남의 모습이 확인된 것은 2013년 12월 장성택이 처형된 이후 처음이었다. 장성택 처형 이후 국내외 언론은 김정남의 중국 군사기지 은신설과 미국 망명설 등 온갖 추측을 쏟아냈다. 그가 자카르타 레스토랑에서 여성과 여유롭게 식사하는 장면이 목격됐다는 사실은 그의 신변에 별다른 이상이 없으며 여전히 건재하다는 뜻으로 해석할 수 있다.

Y는 김정남이 싱가포르와 인도네시아, 말레이시아, 프랑스 등지를 돌며 장성택 처형 이전과 크게 다를 바 없이 생활하고 있다고 전했다. 당시는 특히 인도네시아, 말레이시아 등지에서 일본어를 구사하며 친(親)일본 활동을 하는 것으로 알려졌다. 이 때문에 김정남이 일본인 커뮤니티에서 활동 폭을 넓히고 있는 것 같다는 관측이 나왔다. 사실이

라면 한동안 조용하던 그가 이런 활동을 펼치는 배경이 무엇인지 주목된다. 단순히 일본인을 좋아한다는 개인적 취향 때문만은 아닐 수도 있기 때문이다.

김정남은 2010년 9월 김정은 제1비서가 후계자로 확정된 직후 일본 언론과의 인터뷰를 통해 "3대 세습에 반대한다"며 노골적으로 비판했다. 김정일 위원장 사망 직후인 2012년 초 일본의 한 언론인이 김정남과 수년간 주고받은 e메일을 책으로 펴낸 뒤에는 아예 언론 노출을 꺼렸다. 이 책에는 북한 체제에 대한 김정남의 비판적 시각과 표현이 고스란히 담겨 있다.

장성택 처형 이후 세인의 관심이 다시 한 번 그에게로 쏠렸다. 김 전 위원장의 여동생 김경희와 그의 남편 장성택이 김정남을 각별히 챙기는 것으로 알려졌기 때문. 장성택 처형 이후 그가 모습을 드러내지 않자 그의 신변을 두고 갖가지 설이 양산된 것은 당연한 일이었다.

한동안 모습을 드러내지 않던 그가 과거 방식대로 '우연히' 노출됐고, 이는 언론보도로 이어졌다. 이탈리아 레스토랑에서 일본인과 사진을 찍으면서 그것이 세상에 공개되리라는 사실을 그가 몰랐을 리 없다. 결국 이처럼 '여유로운 등장'은 그가 김정은 체제에 순응하고 자중하기로 약속한 절차를 거쳤을 것이라는 추정을 가능케 한다. 앞으로 그의 공개 행보가 예전처럼 이어질 개연성도 크다. 그가 '좋아한다'는 일본인이나 일본 언론이 주요 상대가 될 것으로 보인다. 물론 김정은 체제에 대한 비판적 발언은 삼가면서 말이다.

김정남의 등장은 북한과 일본 정부 사이에 다양한 교섭이 진행되는 가운데 이뤄져 주목을 받았다. 핵과 경제 병진노선을 추구하는 평양은 잇단 강공 드라이브를 이어가느라 '경제 살리기'에 제동이 걸렸고, 이후 러시아나 일본과의 교류를 강화해 활로를 모색하려는 모습을 보였다.

북·일 교섭이 한창인 상황에서 김정남의 친일본 행보는 그래서 더욱 주목된다.

김정남의 탁월한 사업 능력이 그의 건재함을 지탱하는 한 요인일 것이라는 분석도 있다. Y는 김정은 체제가 김정남을 쉽게 내칠 수 없는 이유로 그가 북한 외화벌이 사업의 중요한 한 축을 담당해왔다는 점을 꼽는다. 알려진 것과 달리 김정남의 사업 능력은 상당하다고 Y는 전했다. 하지만 이에 대한 반론도 만만치 않다. 김정남은 김정일 위원장이 남겨준 자금으로 생활하고 있을 뿐 특별한 사업을 벌이지 않는다는 견해가 그것이다.

김정남은 2014년 여름 싱가포르와 파리 등지를 다니는 와중에 일본 언론을 접촉했고 이 과정에서 김정은 제1비서에 대한 평가, 그리고 장성택 처형에 대해 의견을 묻는 질문에 대해 신중하면서도 원론적인 답변을 한 것으로 전해졌다. 김정남의 동향은 남북한은 물론 미국과 중국, 일본 등 여러 나라의 정보기관에서 면밀하게 관찰하고 있다. 따라서 북한이 김정남에게 위해를 가한다는 것은 쉽지 않은 일이다.

김정남 사진 본 평양 시민의 반응

김정남의 존재에 대해 북한 주민들은 어떻게 생각하고 있을까? 중국에서 북한 근로자를 고용하고 있는 중국인 사장 A씨는 자신이 고용하고 있는 북한 근로자들로부터 그 답을 듣고 싶었다. A는 2014년 여름 자신의 공장에서 일하는 북한 근로자의 총책임자를 불렀다. 평양 출신이다. 그에게 스마트폰으로 김정남 사진을 보여주며 누구인지를 설명해줬다. 그랬더니 총책임자는 깜짝 놀라며 "그럴 리가 없다. 말도 안 된다"는 반응을 보였다. 심지어 "김정남은 남측이 조작해낸 거짓 인물"이라는 말까지 했다. 이번에는 평양 출신의 일반 근로자를 불러 똑같이 사진을 보여주며 설명했다. 역시 "말도 안 되는 소리"라며 펄쩍 뛰었다. 이들은 모두 김정은 제1비서에게 형이 있다는 사실조차 새까맣게 몰랐고 인정하려 들지도 않았다. 더 이상 말을 했다가는 이상한 오해를 살까 봐 A는 설명하는 것을 포기했다. 평양 시민인데도 이처럼 철저하게 차단되고 폐쇄적으로 살 수 있을까? A는 놀라울 따름이었다.

김정일 매주 목요일, 김정은 매주 금요일 업무 결재

김정은 노동당 제1비서는 매주 금요일 업무를 결재한다. 이는 김정일 위원장 사망 직후인 2011년 말 북측 고위급 인사의 발언을 분석한 결과이다. 부친 김정일 국방위원장의 결재일은 매주 목요일이었다. 김 위원장은 목요일 이른 새벽 주요 현안에 대해 결재를 했다. 김정일 위원장의 결재일은 중국 내 또 다른 취재원 2명으로부터 확인한 내용이다. 김정일 위원장의 목요일 결재 사실을 한국인에게 알려준 이가 간첩 혐의로 곤욕을 치른 사실을 알기에 필자는 김정은 제1비서의 결재일과 관련한 정보를 제한적으로만 전하겠다. 마침 한국 언론에 일부 유사하게 보도된 내용이 있기에 이와 비교하겠다.

북한 호위사령부(경호담당 기관) 소속 장수연구소 출신의 탈북자 이윤걸 씨가 설립한 북한전략정보서비스센터, 그리고 정성장 세종연구소 통일전략연구실 수석 연구위원은 김정은 제1비서가 매주 화요일과 금요일 회의를 소집한다고 밝혔다. 다음은 2013년 6월 정 위원의 언론 기고문 내용 가운데 일부이다.

"북한전략정보서비스센터는 2012년 2월 22일 "김정일 사망 직후인 2011년

김정은 제1비서 주재 금요회의 2013년 1월 27일자 조선중앙통신 사진(좌) 노동신문(우)

12월 23일(금요일) 최고위급 간부회의를 시작으로 김정은이 매주 화요일
과 금요일 오후에 당중앙위원회, 당중앙군사위원회, 국방위원회, 내각 핵
심 간부 회의를 주최한다"고 밝혔다. 필자는 이 회의가 북한 내부에서
'화요협의회'와 '금요협의회'로 불리고 있음을 확인했다. 금요협의회의 정
식 명칭은 '국가안전 및 대외 부문 일군협의회'다.

화요협의회에서는 중앙당 산하 각 조직들이 회의 전 주에 올린 보고와
긴급 현안 중 경제와 국내 정책 관련 사안들을 토론한다. 회의 뒤 김정은
은 핵심 참가 인사 3~5명과 저녁식사를 하면서 토론을 계속한다. 2012년
초 화요협의회 뒤 가진 만찬의 기본 멤버는 김정은의 고모부인 장성택
당중앙위원회 행정부장, 최태복 당중앙위원회 비서 겸 최고인민회의 의
장, 강석주 외교 담당 내각 부총리, 최룡해 당중앙위 비서, 문경덕 당중앙
위원회 비서 겸 평양시당위원회 책임비서, 박도춘 군수 담당 당중앙위원
회 비서, 리룡하 당중앙위원회 제1부부장 등이었다. 금요협의회에서는 주
로 대남·대미·대중 등 국제 현안과 안보 문제들이 논의되며 당중앙군사
위원회가 중심이 되고 국방위원회 위원들이 필요할 경우 참가한다."

정 위원은 북한 매체가 3차 핵실험(2013년 2월 12일)을 강행하기 직
전 공개한 한 장의 사진을 중시했다. 2013년 1월 26일 금요일 김정은
제1비서가 고위 간부들과 회의하는 모습이 담긴 사진이다. 회의 명칭
은 '국가안전 및 대외 부문 일군협의회'. 김 제1비서는 이 자리에서 해

당 부문 간부들에게 구체적인 과업을 제시했다고 매체는 전했다. 당시 회의 참석자는 최룡해 총정치국장, 현영철 총참모장, 김원홍 국가안전보위부장과 당중앙위원회의 박도춘 군수 담당 비서, 홍승무 기계공업부 부부장, 김영일 국제 담당 비서, 김계관 외무성 제1부상이다. 정 위원은 군부와 공안·정보기관의 핵심 실세들, 핵·미사일을 담당하는 군수공업 책임자, 대중·대미 외교 책임자들이 참석했다면서 이것이 이른바 '금요협의회'라고 설명했다.

정 위원의 기고문 내용과 필자가 파악한 내용은 일부 유사한 점이 있다. 필자가 파악한 내용은 2011년 12월 말, 즉 김정일 위원장 사망 직후 상황이다. 북한의 고위층 인사 A가 전한 것으로 구체적인 내용은 다음과 같다. "화요일 장성택 행정부장에게 현안 보고가 이뤄진다. 이 것이 김정은 제1비서에게 보고해야 할 사항으로 채택되면 금요일 장성택 행정부장이 김정은 제1비서에게 보고를 해 승인을 받는다. 이 때 현안 담당 간부가 배석하기도 한다." 이에 따라 실제로 2011년 12월 27일 화요일에 장성택 행정부장에게 보고가 이뤄졌고, 12월 30일 금요일에는 장성택 행정부장이 김정은 제1비서에게 보고를 했다.

필자는 이를 '업무 결재'의 순서로 이해한다. 즉 화요일에 핵심 간부의 결재를 얻고 금요일에 김정은 제1비서에게 최종 결재를 받는 것이다. 김정일 위원장은 생전에 매주 목요일 이른 아침 각종 국내외 주요 현안에 대한 결재를 진행했다. 북한에서는 최종적으로 이 결재가 이뤄져야만 비로소 국가 비준을 받은 것으로 인정된다. 그래서 김정은 제1비서 역시 매주 금요일 이른 아침에 결재를 하는 것으로 보인다. 그리고 이는 김정일 시대와 마찬가지 의미를 지닌다고 보아야 할 것이다.

최고 지도자의 결재가 없는 것에 대해 북한은 언제라도 효과가 없다고 주장할 수 있는 근거가 된다. 대표적인 사례로 북한의 "나진항에 중국 전용 부두가 없다"는 주장을 들 수 있다. 그동안 국내외 언론은 중국 다롄의 창리(創立)그룹이 북한 나진항 1호 부두의 개발권과 전용권을 따낸 것으로 보도해 왔다. 하지만 2014년 4월 전파를 탄 홍콩 봉황(鳳凰)위성TV 방송에서 김춘일 북한 나진항 대외사업과 과장은 "나진항을 빌려줬다는 것은 창리 그룹 측에서 주장하는 것이지 정식으로 빌려준 적은 없다"고 말했다. 북한이 이렇게 주장할 수 있는 근거는 당시 사업이 김정일 위원장의 '목요일 결재'를 얻지 못 했기 때문이다.

07

'장성택 처형'에 관하여

■■■

"장성택 설쳐대는 꼴, 北 혁명 혈통이 고까워했다"

　　2013년 말 세계를 놀라게 한 장성택의 숙청과 처형 소식은 2013년 3월
까지 3년여 동안 중국 베이징 특파원 생활을 한 필자에겐 더욱 남다르
게 다가왔다. 필자가 파악한 장성택 처형의 이유는 이렇다. "장성택 세
력이 갈수록 커지고 있었고, 그들이 너무 설치는 것이 북한 파워엘리트
그룹의 눈 밖에 났다." 장성택 처형은 리영호 전 북한인민군 총참모장
숙청과 비교된다.
　　리영호는 김정일 국방위원장의 운구차 8인방 가운데 1명으로, 이후
김정은 체제의 군부 핵심 실세로 떠올랐다 2012년 7월 숙청됐다. 보수
강경파를 대표하는 리영호는 대외개방과 경제개발을 중시하는 장성택
의 실리파 라인과 갈등이 잦았다. 리영호는 비록 숙청됐지만 장성택처
럼 처형되진 않았다. 이유는 리영호가 항일 빨치산 '혁명가' 2세대 혈통
이기 때문이다.
　　북한에는 크게 두 가지 세력이 존재한다. 김일성 왕조 혈통인 백두
혈통, 그리고 김일성과 함께 항일 빨치산 투쟁을 펼친 이들의 혁명 혈
통이다. 혁명 혈통인 리영호와 달리 엄밀히 말해 장성택은 두 세력 어
느 쪽도 아니다. 게다가 김정일 위원장의 여동생 김경희 조선노동당

비서와도 수년 전 이혼한 것으로 전해진다. 장성택 개인으로서는 기댈 언덕이 사라진 셈이다. 하지만 '장성택 사람들'은 이미 북한 사회 저변으로 뻗어나가 세력을 형성했다. 특히 김정은 체제의 친(親)경제 행보가 이들에게 날개를 달아줬다. 이것이 백두 혈통과 항일혁명 혈통 세력의 눈 밖에 난 것이다.

처형 1년여 전인 2012년 8월 중순, 장성택은 대표단을 이끌고 중국을 찾았다. 김정은 체제 북한의 첫 최고위급 방중이란 점에서 전 세계가 그를 주시했다. 각국 언론은 그를 '북한 2인자' '실세'라고도 부르며 방중 일정을 전했다. 일부 언론은 장성택을 '어린 김정은의 섭정왕' '후견인'으로 묘사하기도 했다. 당시 베이징에서 그의 방중 행보를 취재하던 필자는 이전 김정일 방중의 여러 모습을 자연스레 떠올렸다.

2010년과 2011년 김정일 방중은 각각 5월과 8월 모두 4차례 이뤄졌다. 김정일 국방위원장이 2년 연속 8월에 중국을 찾았던 것처럼 장성택도 8월에 중국을 찾았던 것이다. 장성택 방중의 정점은 8월 17일 후진타오 중국 국가주석과의 면담이었다. 흡사 북·중 정상회담이나 다름없는 모습, 외교 전면에 나설 수 없는 김정은을 대신하는 듯한 행보였다. 자신의 후견인, 섭정왕으로까지 불리는 장성택이 중국 지도부를 만나는 모습을 보면서 김정은은 무엇을 느꼈을까. 당시 한 베이징 외교가 인사가 사석에서 필자에게 했던 말이 아직도 기억에 생생하다. "장성택을 섭정왕이라 부르는 것은 김정은에게 위험하니까 손 좀 보라고 부추기는 것이나 마찬가지다." 그의 말은 마치 예언처럼 들어맞았다.

중국 지도부와 만남에서 장성택은 '신의주 특구 개발 계획'을 설명했다. 김정일 시대 신의주 특구 사업은 중국의 사전 동의를 받지 않고 추진했다 실패했기에 김정은 시대에는 중국의 동의를 받고 신의주 개발을 다시 시작하려 한 것이다. 10여 년 만이다. 장성택은 방중 기간 신의

주 특구 개발 계획을 중국 측에 설명했고, 중국은 동의를 하면서도 한 가지 조건을 달았다. "중국 국가 재정은 사용하지 않는다"는 것이었다. 이를테면 소극적 동의였던 셈이다.

공식 일정을 마치고 평양 복귀를 앞둔 장성택 대표단은 베이징의 국빈관, 댜오위타이(釣魚臺)에서 중국 측과 막바지 협상을 벌였다. 필자는 당시 협상에 참여한 북측 인사의 말을 들을 수 있었다. 협상은 자정을 넘어서까지 진행됐지만 의견 차이는 좁혀지지 않았다. 가장 큰 이견은 수해 지원과 식량 지원 등 인도적 지원 분야에서 나타났다. 2012년 당시 북한은 가뭄과 홍수가 겹쳐 식량난이 심각했다. 북한은 중국 측에 식량 지원을 부탁했지만, 중국 측이 내놓은 지원 규모는 북한 기대에 턱없이 못 미쳤다.

늦은 밤까지 밀고 당기기가 계속됐지만 중국의 양보 폭은 크지 않았다. 인도적 지원 외 북·중 경제협력에서도 기대만큼 성과는 없었다. 장성택이 귀환한 직후 북한 내부로부터 '소기의 목적을 달성하지 못한 실패한 방중'이라는 평가가 나오기 시작했다.

■■■■

장성택 처형은 '봉화조(烽火組)' 결정

필자는 2013년 말과 2014년 초 중국 내 취재원으로부터 장성택 처형 배경에 대해 추가로 듣게 됐다. 이 사건에 대해 북한 엘리트 집단은 세대교체 측면에서 평가하고 있다고 취재원은 전했다. 젊은 지도자의 등장에 따라 구세대가 물러나고 신세대가 권력을 차지하는 과정에서 발생한 불가피한 조치였다는 것이다.

그동안 어린 지도자 김정은 노동당 제1비서의 행보는 원로들이 보기엔 불만스러운 점이 많았다. 그러나 장성택 처형을 계기로 김정일 체제의 원로 그룹은 더는 이러쿵저러쿵 잔소리를 할 수 없게 됐다. 어린 지도자라고 얕잡아보거나 실수했다간 목숨이 위태로울 수 있다는 사실을 알게 된 것이다. 물론 이러한 '공포정치'는 신세대 엘리트에게도 '김정은에게 절대 복종'이라는 메시지를 뚜렷이 남겼다.

장성택 숙청과 관련해 북한 파워엘리트 그룹 봉화조(烽火組)가 그 중심 구실을 했다. 봉화조는 중국 태자당(太子黨;혁명 원로나 고위공직자 자제)과 비교되는 파워엘리트 2세 조직으로, 북한판 태자당으로 부르기도 한다. 2013년 1월 봉화조는 모임을 갖고 당시 최룡해 조선인민군 총정치국장을 조직의 최고 맏형으로 추대했다.

당시 모임에서 장성택 문제가 논의됐다. 장성택 라인이 북한 사회 저변으로 퍼져나가 무시 못 할 세력으로 성장했다는 사실과 이들이 지나치게 '설치고 있다'는 점이 문제로 제기됐다. 장성택 세력은 김정은 체제에 도전하는 잠재적 위험 요소라고 비판받았다. '김정은 유일체제 완수와 세대교체를 위해서는 이 세력을 제거해야 한다'는 게 1월 모임의 결론이었다. 그리고 이는 '왕조'에 해당하는 백두혈통 세력도 공감하는 부분이었다.

장성택은 김정일 국방위원장 집권 시절에도 여러 차례 숙청을 당하는 등 위기를 넘겼다. 김 위원장의 요리사였던 일본인 후지모토 겐지는 저서『북한의 후계자 왜 김정은인가』에서 장성택의 아슬아슬했던 순간을 묘사하고 있다.

"장성택은 여러 가지 일에 종사하면서도 김정일의 얼굴색을 살피고 눈치를 보는 식의 일처리를 하지 않았다. 신중하게 행동하는 성격인 것 같았다. 김정일이 "빨리 해!"라고 독촉을 해도 아랑곳하지 않고 자신의 페이스를 유지했기 때문에 김정일과의 의견 대립도 여러 번 있었던 것으로 보인다."

그러면서 후지모토는 1995년 김일성 추도 1주년을 전후해 한 연회장에서 벌어진 일화를 소개했다.

"장성택과 김정일이 이야기를 나누고 있었는데 갑자기 김정일이 장성택에게 버럭 소리를 질렀다. 이야기의 내용은 들을 수 없었지만 장성택이 김정일과는 다른 의견을 피력했기 때문으로 보인다. 김정일은 분을 억누르지 못해 앞에 놓여 있던 스테인리스로 된 냅킨꽂이를 집어 들어 던지려고 했다. 그것을 부인 고영희(실명은 고용희: 필자 주)가 김정일의 팔을 잡고 제지하는 바람에 큰일로 이어지지 않고 끝났다."

김정일 위원장 사망 직전인 2011년 12월 하나음악정보센터 시찰에 동행한 김정은과 장성택-『위대한 삶의 최후 1년-2011년』화보집

장성택의 '버릇없는 행동'을 김정일 위원장은 참을 수 있었을 것이다. 각별히 예뻐했던 여동생 김경희의 남편 아닌가. 그러나 김정은은 이야기가 다르다. 어린 나이가 약점인 그에게 장성택의 언행은 자신을 무시하고 권위에 도전하는 것으로 받아들여졌을 법하다. 장성택 세력을 제거해야 하는 이들은 이 점을 놓치지 않았다. 그 같은 분위기를 미처 눈치 채지 못한 장성택은 자기 방식으로 계속 행동하다 결국 화를 부른 셈이다.

봉화조 모임에서 장성택 세력 제거 결정이 내려진 2013년 1월부터 준비 작업이 차근차근 이뤄졌다. 10월에는 해외로 나가 있던 장성택 라인의 무역일꾼이 일제히 평양으로 소환되기 시작했다. 이들을 불러들여 물증을 확보해가며 그의 목을 죄여간 것이다. 측근들로부터 각종 비리 증거를 수집하는 일이 마무리된 11월 18일 평양은 장성택을 가택연금했다. 조치 30분 전 연금 사실을 중국 측에 통보했다. 이는 그나마 장성택이 중국 고위관계자들과 두터운 인맥을 가진 친중국파 인사란 점을 고려한 조치였다.

연금 일주일 뒤인 11월 25일 평양은 장성택의 최측근이던 조선노동당 행정부의 리용하 제1부부장과 장수길 부부장을 체포했고, 이틀 뒤 처형했다. 12월 8일 조선노동당 정치국 확대회의장에서 장성택 체포 장면을 공개한 평양은 나흘 뒤인 12일 그를 전격 총살했다. 처형하려면 명분이 필요했다. 국가전복, 즉 쿠데타 혐의가 만들어졌다. 일부 언론에서 보도한 장성택 세력과 군부 세력 간 총격전은 없었다는 게 필자 취재원의 전언이다.

처형 직전 법정에 선 장성택 (노동신문 2013년 12월 13일)

■ ■ ■

실망과 우려 가득 단둥과 황금평의 겨울

필자는 2013년 12월 14일 중국 베이징 서우두 국제공항에 내렸다. 장성택 처형 이틀 뒤였다. 12월 17일 김정일 국방위원장의 사망 2주년을 앞둔 시점이기도 했다. 세계의 이목은 다시 한 번 '북한의 창' 중국으로 쏠렸다. 특파원 생활을 마치고 귀국한 지 9개월 만에 다시 중국을 찾은 터라 필자의 소회는 남달랐다. 북·중 접경 도시인 단둥으로 떠나기 앞서 베이징에서 하루를 묵으며 이곳저곳 둘러봤다.

가장 먼저 찾은 곳은 주중 북한대사관. 베이징에 있는 각국 대사관 건물 가운데 규모가 가장 크다는 북한대사관 모습은 그새 크게 달라졌다. 정문 앞에 과거에 없던 철문이 하나 더 생긴 것이다. 철문이 굳건하게 버티고 있으니 대사관의 폐쇄성이 한층 두드러져 보였다.

철문 설치 이유는 일본 언론 때문이라고 했다. 차량이 나오느라 문이 열릴 때마다 고성능 카메라로 대사관 내부를 샅샅이 찍어대는 통에 이를 피하려고 아예 철문을 하나 더 만들었다는 것이다. 그 때문에 북한대사관을 오가는 차량은 문 두 개를 통과해야 하는 번거로움을 겪게 됐다. 문득 첨단장비와 풍부한 인력을 갖추고 북한 취재에 임하는 일본 언론이 떠올랐다.

단둥 호텔에 비치된 망원경

12월 15일 단둥으로 향했다. 단둥에 오면 항상 묵던 호텔에 투숙해 방안을 둘러보니 책상에 망원경이 하나 놓여 있다. 압록강 건너 신의 주 쪽을 보라고 마련해둔 것이다. 들여다보니 북한 측 건물과 주민들 움직임이 제법 선명하게 눈에 들어왔다. 이 호텔이 이런 서비스를 제공하게 된 것은 주변에 경쟁 호텔이 들어섰기 때문이다. 고객을 빼앗기지 않으려 '망원경으로 북한 엿보기'를 서비스로 제공하는 셈이다.

단둥은 장성택 라인의 무역일꾼이 다수 진출한 지역이어서 장성택 처형의 후폭풍을 가늠할 수 있는 곳이기도 했다. 실제로 단둥의 북한 무역상 거리에는 심상찮은 분위기가 가득했다. 낚시용품을 파는 한 중국인 대북 무역상은 "단둥에 있는 북한 관리 중에 낚시광이 꽤 있다"면서 "평소에는 겨울에도 북한 손님이 꾸준히 찾아왔는데, 요즘은 아예 발길이 뚝 끊겼다"고 말했다. 장성택 처형 이후 중국에서 북한으로 들어가는 차는 정상적으로 운행하지만 북한에서 나오는 차는 통제한다는 얘기였다. 단둥의 필자 취재원은 장성택 처형 직전 장성택 라인의 무역일꾼들이 속속 평양으로 소환됐다고 전했다.

북한 무역일꾼과 오랫동안 거래해온 이들은 북측 사업 파트너로부터 받아야 할 대금이나 물건을 받지 못해 속절없이 기다려야 하는 처지였다. 사업 파트너가 장성택 비리에 연루돼 단둥으로 나오지 못한다면 고스란히 떼일 판이었다. 한 중국인 무역상은 2013년 12월 나오기로 한 북한 근로자들이 아직 못 오고 있다며 발을 굴렀다. 500만 위안(한국 돈 8억 6000만 원가량)을 사실상 포기한 대북 무역상도 생겼다.

장성택 처형은 북한의 석탄 수출에도 영향을 미쳤다. 단둥 부두에서 석탄 수송선박 운항이 중단됐다. 현지 주민들은 항상 수북이 쌓여 있던 석탄이 장성택 사태 이후 현저히 줄었다고 전했다. 필자의 단둥 취재원은 인근 군부대에 선양군구에서 파견한 군인들이 증강 배치됐다고 전했다. 이들이 주로 야간에 북한 접경지역 주변을 시찰한다는 것. 북한 급변 사태에 대비한 비상조치였다.

신의주와 단둥을 잇는 신압록강 대교는 거의 완공된 모습이었다. 강 위로 시원하게 뻗은 다리는 북·중 경제협력의 상징답게 위용을 자랑했다. 단둥 쪽 육지로 이어지는 일부 구간에 마무리 공사가 남았을 뿐

2013년 말 건설 막바지에 이른 신압록강 대교

이었다. 신압록강 대교는 북·중 교역에 큰 진전을 가져다줄 것이라는 기대를 모은다. 단둥과 신의주는 '중조우의교'를 통해 교역과 왕래가 이뤄지고 있지만, 이 다리는 열차와 자동차가 교대로 통행해 물류이동에 제약이 크다. 신압록강 대교가 완공되면 단둥철교(중조우의교)로는 기차만 다니고 모든 차량은 새 다리를 이용하게 된다. 신의주-단둥 노선이 북·중 교역의 70%를 담당한다는 점을 감안하면, 대교 건설은 두 나라 무역과 물류이동에 획기적인 발전을 가져올 것으로 전망된다.

단둥 시는 이에 대비해 세관 건물 이전도 준비하고 있었다. 대교가 끝나는 지점에 해관(세관) 건물이 뼈대를 갖췄다. 교역 급증에 대비해 단둥 철교에 있던 기존 세관을 없애고 새 건물을 짓는 것이다. 신압록강 대교에 대한 기대는 주변 지역 개발 붐에서도 엿볼 수 있다. 대교가 시작하는 도로변에는 '싱가포르 성'이란 대규모 상업단지가 들어서고 있었다. 이러한 열기는 압록강 줄기를 따라 황금평 개발구까지 이어진다. 호화 별장과 아파트 단지 등 거대한 신도시가 조성되고 있었다.

이렇듯 '뜨던 분위기'에 장성택 처형이 찬물을 끼얹었다. 당장 대교 개통이 연기될 것이라는 전망이 나오고 있었다. 대표적인 친중국파 인사가 처형된 마당에 대교 건설이 기대만큼 효과를 거둘지 의문이라는 목소리도 나왔다. "인근에 투자했던 이들이 후회하고 있다. 부동산 거품으로 쪽박을 차는 이가 속출할 것"이라는 말이 공공연히 떠돌았다.

이런 가운데 2014년 10월 31일 중국 환구시보(環球時報)는 신압록강 대교의 개통이 무기한 연기됐다고 보도했다. 신압록강대교의 북한 쪽 접속 교량이 건설되지 않아 대교 개통이 미뤄지게 됐다는 것이다. 특히 신압록강대교의 압록강변 북한 쪽 부지에서는 아직까지 구조물 건립을 위한 터파기 공사도 개시되지 않아 대교의 개통 시점이 여전히 미지수라고 환구시보는 보도했다. 이 때문에 신압록강대교 개통을 기

신압록강 대교 인근에 중국 측이 짓는 해관(海關세관) 건물(좌), 그 부근에 들어선 '싱가포르 성'이라는 이름의 상업단지(우)

대하고 다리 부근의 부동산을 구매한 이들은 크게 실망을 하고 있다는 것이다. 환구시보의 보도는 황금평 일대 개발 상황이 필자가 취재했던 1년 전과 별반 달라진 것이 없음을 보여주고 있다.

압록강 하구 황금평 개발구로 향했다. 황금평 안에서는 북한 주민들의 움직임이 눈에 띄었다. 두툼한 겨울 외투를 입고 허리를 굽힌 채 뭔가를 찾는 모습이었다. 개발구 현장은 북·중 두 나라가 설치한 이중 철조망이 굳건히 지켰다. 철조망 사이에는 모두 아스팔트가 깔렸다. 탈북자를 감시하는 중국 경비 병력의 이동통로였다. 철조망 바로 아래에는 자그마한 막사가 줄줄이 들어서 있었다. 중국 군인들이 숨어 감시하는 곳이라고 필자 취재원이 전했다. 이중삼중의 경계경비인 것이다.

차량이 왕래하는 개발구 입구에는 사무실 건물이 완비됐고, 안쪽으로는 직선 차도가 길게 닦였다. 입구 근처에서는 중국인 근로자들이 굴착기 점검과 작동연습에 한창이었다. 공사를 위한 인프라는 모두 갖춰진 상태였다. 따지고 보면 준비야 이미 오래 전에 마쳤다. 2011년 6월 장성택 당시 조선노동당 행정부장과 천더밍 중국 상무부장이 참석해 성대하게 착공식을 열었다. 이후 2년 반이 지나도록 본격적인 착공이 이뤄지지 않았을 뿐이다.

황금평 개발구 주변에는 호화 별장과 아파트, 상업단지 등 대규모

개발 사업이 진행 중이었다. '황금평개발구 관리위원회 임시사무실'이라는 커다란 간판이 눈에 띄어 차를 세우고 들어가 봤다. 아직 정식으로 갖춰진 사무실은 아니었다.

추운 날씨 탓이었을까, 아니면 '장성택 처형'의 후폭풍이었을까. 개발구와 주변 일대는 을씨년스러울 정도로 고요했다. 이 무렵 북한 당국은 장성택 처형에도 북·중 경제협력은 예정대로 진행될 것이라고 거듭 강조했다. 하지만 이를 믿는 중국인은 별로 없어 보였다. 신압록강 대교와 황금평 개발구에는 중국 측의 실망과 우려가 드리워지고 있었다.

황금평 개발구를 알리는 간판, 황금평 개발구 출입문, 이중으로 설치된 철조망, 철조망 사이로 보이는 근로자들의 작업 모습(위로부터) (ytn 보도 화면)

■■■■

장성택 처형에도 투먼에서는 북·중 교역 활발

2013년 12월 17일 김정일 국방위원장의 사망 2주기 당일. 중국 단둥의 북한 영사사무소에 추모식장이 마련됐다. 찬바람이 매서운 이른 아침부터 건물 앞에는 조문행렬이 쉼 없이 이어졌다. 필자도 아침 일찍 나섰지만 현장은 이미 일본 취재진으로 바글바글했다. 영사사무소를 찾은 중국 내 북한 주민은 대부분 인터뷰를 요청하는 취재진을 외면한 채 추모식장으로 향했다.

그런데 한 중년 북한 남성이 인터뷰에 응하자 취재진이 벌떼처럼 몰려들었다. 이 남성은 "김정일 원수님의 유훈을 끝까지 관철해 역사적 주체혁명의 대업을 이어 끝까지 완성하겠다는 것을 결의한다"고 말했다. 장성택 처형에 대한 견해를 묻자 "우리 조국에서는 한갓 쥐새끼 무리에 지나지 않는다"고 단호하게 대답했다.

추모를 마친 뒤 하루 일과를 시작하려는 사람이 몰리면서 북한 영사사무소 건물 주변은 혼잡했다. 이날 단둥의 북한 식당들도 커튼을 내린 채 영업을 중단했다. 추모식장 내부 취재가 가능할까. 2011년 12월 김정일 위원장 사망 당시에는 잠입 취재가 가능했지만 이번에는 분위기가 사뭇 달랐다. 그때만 해도 북한이나 중국 모두 처음 겪는 일이다

2013년 12월 17일 아침 중국 단둥(丹東)의 북한 영사사무소 건물 앞. 김정일 국방위원장 사망
2주기를 추모하려는 사람들과 북적이는 취재진(좌), 추모 화환을 옮기는 여성들(우) (ytn 보도 화면)

보니 보도통제에 신경 쓸 겨를이 없어 현지 언론이라고 적당히 둘러대
면 진입할 수 있었다. 그러나 이번에는 당장 건물 앞에 모여든 취재진
이 너무 많아 눈에 띄었다.

　방법은 몸으로 부딪치는 것뿐. 추모객 행렬에 파묻혀 영사사무소로
올라가는 엘리베이터 안으로 들어가는 데까지는 성공했다. 앞뒤 좌우
로 모두 김일성, 김정일 배지를 단 북한 주민으로 가득했다. 그들이 들
고 온 조화(弔花) 향기가 진동했다. 남한 말투가 행여 이들을 자극할까
싶어 입도 벙긋하지 않았다. 휴대전화도 잽싸게 껐다. 추모식장이 있
는 층에 당도해 사람이 쏟아지듯 내리자마자 우려했던 일이 발생했다.

　복도에 중국 보안요원 몇 명이 지키고 있다가 취재진은 추모식장에
들어올 수 없다며 모두 내려가라고 외쳤다. 상부로부터 접근 차단 지
시가 떨어졌던 것이다. 일본 취재진과 우리 취재팀은 복도에서 최대한
버텼지만, 보안요원들은 용케도 색출해 빨리 나가라고 종용했다. 결국
내부 취재에 실패하고 모두 내려와야 했다. 다행히 시간이 지나면서
보안도 한결 느슨해졌다. 이후 일본 방송 등 일부 언론이 조문 행렬이

장성택 처형 소식에도 북한 남양과 연결된 중국 투먼 세관 주변에서는 물건을 싣고 내리는 인부들이 분주히 움직였다. 북한 트럭의 '함북' 번호판이 뚜렷하다(좌). 북한을 향하고 있는 트럭(우) (ytn 보도 화면)

한가해진 틈을 타 추모식장 내부 촬영에 성공했다. 필자는 오전에 방송 제작물을 본사로 송출한 뒤 곧바로 투먼으로 향했다.

단둥에서 투먼으로 가는 여정은 짧지 않다. 먼저 선양까지 승용차로 4시간을 달려 비행기를 탄 뒤 옌지에서 내린다. 거기서 투먼까지는 다시 차로 이동해야 한다. 12월 17일 오후 운전기사가 딸린 승용차를 예약해 단둥을 출발했다. 선양 타오셴 공항(瀋陽桃仙國際機場)까지 가는 동안 눈을 붙이려 했지만 그럴 수 없었다. 험상궂게 생긴 기사가 기이한 행동을 연발했기 때문이다. 대머리에 검은 선글라스를 쓰고 나타난 그는 첫인상부터 흡사 범죄용의자 같았다.

기사는 운전 중 계속 휴대전화 두 대로 번갈아가며 통화를 해댔다. 고속도로 과속탐지기가 나올 때마다 운전석 햇빛가리개를 내렸다. 가리개에는 CD가 여러 장 꽂혀 있었다. CD에 반사된 빛으로 과속탐지기 촬영을 막으려는 것이었을까. 계속 과속으로 달리던 그는 어느 순간부터 특정 승용차와 보조를 맞춰 그 뒤를 따라 규정 속도로 달렸다. 요금소를 통과할 때마다 이 선도 차량 뒤에 바짝 붙었고, 요금도 앞차가 계

장성택 처형 소식 후 중국 투먼 세관 인근에는 무장한 중국 군인들의 경비 태세가 한층 강화됐다

산했다. 이렇게 통과하니 요금소의 차량 인식 카메라에 번호판이 촬영
될 리 없었다. 기사는 모자까지 푹 눌러썼다. 운전자 모습 역시 카메라
에 잡힐 수 없었다. 선양 요금소를 통과하자 선도 차량은 사라졌고 예
정된 시각에 공항에 도착했다.

공항에는 또 다른 문제가 기다리고 있었다. 폭설 때문에 비행기 일
정이 연기된 것이다. 이륙이 많이 늦어져 자정 무렵에야 옌지 공항에
도착했다. 그곳에도 눈이 많이 내렸고 날씨까지 추워 도로 사정이 좋
지 않았다. 예약한 렌터카를 타고 조심조심 투먼으로 향했다. 새벽 1시
쯤 투먼 요금소를 나서자마자 늘 묵던 호텔로 향했다. 낯익은 주인이
부스스 잠자리에서 일어나 우리를 반겼다. 다른 숙박시설과 달리 여권
이나 신분증을 제시하지 않는 곳이어서 잠입 취재에 안성맞춤이었다.
물론 시설은 그다지 추천할 만하진 않지만 말이다.

12월 18일 이른 아침 필자는 일어나자마자 연락을 돌리기 시작했다.
그러나 예전 취재원들은 한결같이 필자를 피했다. 장성택 처형 이후
심상치 않은 분위기에 기자를 만나는 것 자체가 부담스러워진 것이다.
별수 없이 다시 '현장 박치기'. 먼저 투먼 일대를 돌아다녔다. 공안당국

투먼의 북·중 접경 지역을 통과하고 있는 북한 트럭

감시를 피해 촬영은 대부분 렌터카 안에서 비밀리에 진행했다. 시내에
서는 이렇다 할 특이 동향이 눈에 띄지 않았다. 북한 남양으로 이어지
는 다리가 있는 지역으로 향했다. 이곳에는 투먼 세관이 있다.

세관 주변 도로에는 '함북'(함경북도) 번호판을 단 북한 트럭이 즐비
했다. 트럭이 싣고 온 흰 상자에 담긴 물건을 옮기느라 인부들이 분주
했다. 옮겨 싣는 곳은 '중국해운그룹(China Shipping Company)' 마크가
선명한 거대한 트럭. 투먼과 남양을 잇는 다리 위로는 붉은색 북한 트
럭도 수시로 오갔다. 장성택 처형 정국에도 북·중 간 교역은 꽤 활발
한 듯 보였다.

그러나 평상시와 다른 모습도 있었다. 중국 군인들의 움직임이 유달
리 눈에 띄었다. 다리 아래 길에서 소총으로 무장한 군인들이 조를 이
뤄 순찰을 도는 모습이 자주 포착됐다. 출발 전 압록강의 북·중 접경
도시 단둥에 중국군이 증강 배치됐다는 소식을 접한 바 있었는데, 두만
강의 투먼 역시 마찬가지인 모양이었다. 혹시 발생할지 모르는 북한
급변사태에 대비하는 조치로 보였다.

■■■

中 최대 北 석탄 수입항, 현물 거래 증가

중국 산둥성의 르자오(日照) 항은 중국의 대표적인 광석 수입 항구로 접안 시설 4곳이 모두 석탄 전용 시설을 갖추고 있다. 르자오 항은 중국 항구 가운데 북한 석탄을 가장 많이 수입하는 항구이기도 하다. 르자오 항에서 일하는 중국인 B는 "장성택 처형 직후 르자오 항에서 특이한 현상이 나타났다"고 전했다. 북한 석탄을 실은 선박이 크게 증가한 것이다. 이는 장성택 처형 이후 교류가 거의 중단되다시피 한 단둥의 상황과는 사뭇 다른 모습이다. 이 점을 중국 당국도 의아하게 여겼다.

북한 석탄을 실은 선박이 증가한 것도 특징이지만 처리 방식도 과거와 달라졌다. 대부분 현물 거래 방식으로 급하게 물건을 처리했다. 그리고 돌아갈 때는 중국산 가전제품을 가득 싣고 갔다. 가전제품은 TV와 전기밥솥이 많았다. TV는 한 번에 100대씩 싣고 갔다. 200위안(한국 돈 3만여 원) 하는 저가 TV다. 전기밥솥은 중국 돈 40위안짜리(한국 돈 7,000원 남짓한) 싸구려를 주로 사갔다. "이렇게 싼 밥솥도 밥이 되는가?"라고 물으니 "밥이 되긴 된다. 보온이 안 될 뿐이지…"라고 B는 답했다.

장성택 처형 이후 북한은 석탄을 급하게 마구 팔았고 싼 가전제품을

산둥성의 르자오 항에 야적되어 있는 북한산 석탄 (ytn 보도 화면)

사들여갔다. 중국 당국은 외화벌이가 시급한 북한이 석탄 판매를 통해 황급하게 달러 확보에 나서는 한편, 인민 생활에 필요한 생활 가전제품을 싼 가격에 긁어모으는 것으로 판단했다. 필자는 장성택 처형과 연관된 것이 아닐까 하는 생각이 들었다. 처형된 장성택의 죄목 가운데 하나로 '중국과의 자원 거래' 문제가 지목되자 이와 관련된 북측 인사들이 문제를 서둘러 해결하는 과정에서 빚어지는 해프닝 말이다.

가전제품 가운데 북한 선원에게 가장 인기 있는 제품은 한국산 쿠쿠(cuckoo) 전기밥솥의 중국산 짝퉁이다. 중국 돈으로 300~400위안(한국 돈 5만~7만 원)이면 구매할 수 있다. 중국 매장에서 쉽게 구할 수 있는 한국산 중저가 화장품도 인기다. 북한 중상류층이 특히 즐겨 찾는 것은 한국산 올리브유다. 이 밖에 한국산인 오뚜기 카레와 각종 조미료도 많이 찾는다.

북한 선박의 왕래가 잦다 보니 르자오 항에서는 북한 선원들의 움직임도 평소와 달리 자주 목격됐다. 김일성 배지를 가슴에 단 북한 선원들이 한국 음식점 주변을 어슬렁거리며 들어갈지 말지 망설이다 'CC(폐쇄회로)TV 촬영'이라는 문구를 보고 깜짝 놀라 황급히 돌아간 적도 있었다.

르자오 항 내부의 북한 석탄과 석탄 이동 시설 (ytn 보도 화면)

중국 산둥성의 르자오(日照) 항 (ytn 보도 화면)

■ ■ ■

'장성택 처형'에 날아간 '김정은 방중'

2013년 11월 중순 필자에게 중국 내 취재원으로부터 귀가 솔깃한 제보가 들어왔다. "북한 김정은 노동당 제1비서가 비행기를 타고 다음 달(12월) 중국을 방문할 계획이다. 김 제1비서는 베이징 인민대회당 앞에서 레드 카펫을 밟으며 의장대를 사열할 예정이다"는 것이었다.

당시 필자의 취재원은 "중국 시진핑 국가주석이 2014년 상반기에(실제로는 7월초) 방한해 박근혜 대통령과 만날 예정이다. 북한은 이에 앞서 김정은 제1비서가 방중해 먼저 시진핑 주석을 만나기를 절실히 원했다"고 전했다. 그러면서 김정은 방중을 준비하기 위한 선발대가 2013년 11월 중국을 찾았다고 말했다.

2013년 11월 14일 필자는 원광대학교 초빙교수 자격으로 원광대 측에 기고를 했다. 제목은 '김정은, 다음 달(12월) 비행기 타고 공식 중국 방문'이었다. 바로 다음 날 김정은 방중과 관련한 미국 발 기사가 국내에 소개됐다. 미국에 서버를 둔 중화권 매체 '둬웨이(多維)'가 베이징 정가 소식통을 인용해 보도한 것이다. 김정은 노동당 제1비서가 2014년 1월 31일 춘절(春節, 설날) 이전에 중국을 방문하고 싶다는 의사를 중국 측에 밝혔다는 내용이었다. 11월 말에는 미국 자유아시아방송

(RFA)이 중국 단둥의 소식통을 인용해 김정은 방중과 관련한 소식을 전했다. RFA는 "11월 하순 북한의 1호 열차가 단둥 역에 도착하자마자 중국 기관차로 바꿔달고 곧바로 선양 방향으로 떠났다"면서 "김정은 방중을 위한 사전 답사일 가능성이 높다"고 보도했다. 필자의 11월 중순 기고 이후 김정은 방중과 관련한 보도가 미국 매체에서 잇달아 나온 것이다.

하지만 '김정은 방중'은 2013년 12월에 성사되지 않았다. 왜 그랬을까? '장성택 처형'이라는 급박한 변수 때문이라고 필자의 취재원은 전했다. 북한은 11월 18일 장성택을 가택 연금했고, 바로 직전 중국 정부 측에 이를 사전 통보했다. 중국 정부는 장성택 가택 연금 사실을 통보받고 깜짝 놀랐다. 동시에 그동안 북·중 간에 준비해오던 김정은 방중과 관련한 조율 작업은 전면 중단됐다. 중국의 유력 인사는 장성택 처형 사태에 대해 "북한이 큰 사고를 쳤다. 이런 북한과 무슨 일을 할 수 있겠나? 중국이 받은 충격과 실망은 엄청나다"면서 "앞으로 당분간 김정은 방중은 쉽지 않을 것"이라고 전했다.

중국이 장성택을 얼마나 중시하는지 엿볼 수 있는 사례가 있다. 2012년 8월, 처형 불과 1년여 전 장성택은 중국을 방문해 당시 중국 천더밍 상무부장 대표단과 회담을 가졌다. 나선(나진·선봉) 지구, 황금평-위화도 공동 개발과 관련한 북·중 간의 3차 회의였다. 2011년 6월 2차 회의에 이은 이 회의는 당초 2012년 5월 열릴 예정이었다. 북한은 당시 회의 참석 대표로 부부장급(副部長級)을 보내려 했다. 하지만 중국의 반응은 시큰둥했다. "급이 너무 낮다. 북한에서 부부장급이 추진하는 일은 믿지 못하겠다. 2차 회의 때와 마찬가지로 장성택을 대표로 보내라"는 것이었다. 북한은 부랴부랴 조치를 취해 장성택이 참여하도록 했다. 그제야 중국은 적극적으로 임하기 시작했다. "장성택이 있어야만

백두산 부근 삼지연 비행장에 도착해 비행기에서 내리는 김정은 노동당 제1비서 (노동신문 2014년 4월 2일)

믿고 일할 수 있다"고 할 만큼 장성택에 대한 중국의 신뢰는 높았던 것 이다.

장성택은 중국이 북한의 개혁 개방 문제를 편하게 논의할 수 있는 몇 안 되는 인물 가운데 한 명이었다. 중국은 그런 장성택을 통해 북한 개 혁개방의 싹을 보았다. 그처럼 믿었던 자신들의 사람을 쳐낸 것에 분노 한 중국은 곧바로 반응했다. 북한이 공들여 추진하던 김정은 방중 카드 를 던져버린 것이다. 한창 무르익던 김정은 방중은 그렇게 무산됐다.

김정은 제1비서가 비행기를 이용한다는 점은 훗날 사실로 드러났다. 2014년 4월 북한 매체들은 김정은 제1비서가 비행기에서 내리는 장면 을 처음으로 공개했다. 양강도 삼지연 비행장에서 김정은 제1비서가 고려항공 여객기에서 내리는 사진이었다. 이 사진으로 인해 김정은 제 1비서는 비행기가 아닌 열차만 고집했던 아버지 김정일 국방위원장과 비교됐다. 또 '김정은 방중'은 비행기로 이뤄질 개연성이 큰 것으로 받 아들여졌다.

전용기로 시찰 중인 김정은 제1비서의 모습을 담은 사진 (노동신문 2015년 2월 15일)

　　2014년 7월 하순 여야 초당파 의원 등을 포함한 방중단은 중국을 방문해 중국 공산당 권력서열 5위인 류윈산(劉雲山) 공산당 정치국 상무위원과 왕자루이(王家瑞) 대외연락부장 등을 만났다. 방중단의 단장이었던 새정치민주연합 이석현 국회 부의장은 귀국 이후 가진 기자간담회에서 "작년(2013년) 김정은 제1비서가 중국을 방문하려고 했는데 중국에서 안 된다고 한 것으로 안다"라고 말했다. 중국 고위층이 건네준 정보를 우회적 화법으로 표시한 것으로 풀이된다.

08

北의 취재 제안, 그리고
김정은 시대의 스포츠

■■■

北의 '김정은 취재' 제안

2012년 여름과 겨울 베이징 특파원이던 필자에게 북측으로부터 놀라운 제안이 각각 들어왔다. 우선 2012년 8월 초순의 제안. 갓 지도자로 등극한 김정은 노동당 제1비서를 취재할 수 있는 기회를 주겠다는 것이었다. 바로 며칠 전인 8월 2일 왕자루이(王家瑞) 중국 공산당 대외연락부장이 북한을 방문해 김정은 제1비서를 면담했던 터였다. 이는 김정은 제1비서가 북한 최고 지도자에 등극한 이후 처음 만나는 외국 대표단이었다.

8월 초순 필자에게 들어온 북측의 제안은 이런 것이었다. "김정은 제1비서가 왕자루이에 이어 두 번째 외교 면담을 준비하고 있다. 조만간 이뤄질 예정인데 대상은 미국의 유력 인사이다. 그 때 취재할 수 있는 기회를 제공하겠다."

북측은 당시 김정은 제1비서가 2차 면담자로 누구를 검토하고 있는지는 구체적으로 밝히지 않았다. 분명한 것은 최고 지도자의 이미지를 대외에 널리 선전·홍보하기 위한 전략의 일환이란 점이었다. 물론 이러한 취재에 공짜는 없다. 과거 사례를 보면 분명 일정한 대가를 요구할 것이었다. 당시 구체적인 요구 조건은 제시되지 않았다. 일단 의향을 타진하기 위한 연락이었다. 그런데 미국의 유력 인사가 방북한다면 평양에 주재하는 서방 언론 특파원 취재, 또 미국 국내 언론의 동행 취재가 있지 않겠는가? 북측은 그럴 수 있다고 전제하면서 필자의 취재는 미국 외 언론으로 유일하게 허용하는 것이라고 전했다.

2012년 8월 김정은-왕자루이 회동 (ytn 보도 화면)

북한이 요구할 적지 않은 대가까지 고려한다면 이는 그다지 보도 가치가 크지 않다고 생각했다. 어차피 외신 보도 내용은 공개되는 즉시 화면과 내용 모두 인용 보도가 가능한 것이었기 때문이다. 그래서 이 제안은 받아들이지 않았다.

그런데 이후 미국의 유력 인사 방북은 성사되지 않았다. 대신 그 해 11월 30일 김정은 제1비서는 두 번째 외국 대표단을 맞았는데 중국 공산당 대표단이었다. 단장은 리젠궈(李建國) 중앙위원회 정치국원 겸 전국인민대표대회 상무위원회 부위원장이었다. 리젠궈는 당시 만남에서 시진핑 총서기의 친서를 전달했다.

훗날 필자가 확인한 바로는 북한이 계획했던 두 번째 외교 면담 대상자는 커트 캠벨(Kurt M.Campbell) 당시 미 국무부 동아시아태평양 담당 차관보였다. 다만, 캠벨과의 면담이 어디까지 진행됐고 또 왜 무산됐는지에 대해서는 확인할 수 없었다.

커트 캠벨 전 미국 동아시아태평양 담당 차관보 (ytn 보도 화면)

한편, 존 케리(John Forbes Kerry) 미국 국무장관이 상원 외교위원장 시절 방북을 추진하다 무산된 사실이 훗날 공개됐다. 노태우 정부 시절인 1989년부터 1993년까지 주한 미국 대사를 지낸 도널드 그레그(Donald Phinney Gregg)는 2014년 9월 하순 미국 브루킹스연구소에서 이런 사실을 발언했다. 그레그 전 대사는 "2012년 3월 당시 존 케리 미국 상원 외교위원장이 방북을 추진했지만 북·미 간의 2·29 합의가 파기되면서 방북 계획이 무산됐다"고 말했다.

북·미 간의 2012년 2·29 합의는 미국이 북한에 식량 지원을 해주는 대가로 북한은 비핵화 사전 조치를 이행한다는 내용이었다. 하지만 북한은 합의 후 10여 일 뒤인 3월 16일 장거리 로켓 발사 계획을 발표하고 다음 달 이를 행동에 옮기면서 2·29 합의는 깨졌다.

필자가 받은 북측의 두 번째 제안은 2012년 11월 중순 장성택 라인으로부터 들어온 것으로 '평양 취재' 건이었다. 시점 상 한국의 대통령 선거 이후 평양 방문 취재를 하라는 것이었다. 그런데 조건이 있었다. 20만 달러어치의 체육 용품을 지원하라는 것이었다. 두 차례 나눠 지원이 가능하다고 했다. 북한은 2012년 11월 4일 노동당 중앙위원회 정치국 확대회의에서 국가체육지도위원회를 설치하고 위원장에 장성택을 임명했다. 위원회는 가시적인 성과를 얻어야만 했다.

앞서 필자는 북측에 평양 취재 등 방북 취재에 강한 의욕을 보였고, 이를 안 북측이 훗날 다시 필자에게 '방북 취재'를 제안한 것이다. 일종의 '언론의 호기심'을 이용한 마케팅 방식이었다. 북한은 김대중 정부 시절 한국 언론이 방북 취재를 하는 과정에 막대한 비용을 아낌없이 사용한다는 사실을 체감했고 이를 다시 적용하려는 것이었다. 물론 북측의 이러한 제안은 수용 불가능한 것이었다. 금액도 거액일 뿐더러 이명박 정부의 대북 경제 제재 조치인 5.24 조치 때문이라도 불가능했다. 경제 행위가 아니라 언론의 취재 행위에 따른 대가이긴 하지만 예외적으로 허용할 가능성은 거의 없었다.

■■■

"우리도 큰 대회에서 메달 따라우!"

김정은 체제 들어 북한에서 돋보이는 특징 가운데 하나가 '스포츠 열풍'
이다. 이는 김정은 조선노동당 제1비서가 스포츠광이라는 점과 연관돼
있다. 김정은은 최장신 농구선수인 리명훈 등과 팀을 만들어 경기를
즐기는가 하면, 리명훈의 미국프로농구(NBA) 진출을 추진하기도 한 것
으로 알려졌다. 그의 농구 사랑은 NBA 스타 데니스 로드먼(Dennis
Rodman)을 2013년과 2014년 모두 네 차례나 초청한 데서도 엿볼 수 있
다. 최고 지도자의 이러한 스포츠 사랑이 북한 사회 전반에 스포츠 열
풍으로 이어진 것이다.

김정은 집권 첫해인 2012년 여름 런던올림픽에 참가한 북한은 금메달
4개와 동메달 1개를 획득했다. 1992년 바르셀로나올림픽 이후 20년 만에
거둔 최고 성적이다. 북한 매체는 이를 대대적으로 보도하며 김정은 체
제 찬양으로 연결했다. 북한은 이어 열린 런던 장애인올림픽(패럴림픽)
에도 대표단을 보냈다. 패럴림픽에 대표단을 보낸 것은 이때가 처음이
다. 그해 11월 북한은 국가체육지도위원회를 발족했다. 위원장은 장성
택. 이때부터 북한은 '체육 강국 건설'을 소리 높여 외치기 시작했다.

런던올림픽에서 북한 성적은 우수했지만, 한국이 양궁에서 금메달

2006년 20세 이하 세계 여자 축구대회에서 우승한 북한 선수단 기념 사진. 북한이 발간한 화보집 『평양』

3개를 따고 축구에서 동메달을 획득한 데 비해 북한은 이들 종목에서 메달을 하나도 따지 못했다. 당시 김정은 제1비서는 "우리 동포(남한) 는 축구와 양궁에서 메달을 잘 따는데 같은 민족인 우리는 왜 못 하나? 우리 민족은 예부터 활을 잘 쏘는 민족인데 왜 남쪽은 되고 우리는 안 되나?"라는 말을 했다. 그리고 당시로부터 가장 가까운 국제 체육 행사 인 인천아시안게임을 언급하며 메달에 도전하라고 지시했다.

김정은은 특히 2010년 남아공월드컵 경기를 보면서 남북 간 축구 실 력 격차에 큰 자극을 받았다. 이 대회에는 북한도 참가했다. 1966년 잉 글랜드월드컵 이후 첫 본선 진출이었다. 북한 대표팀은 잉글랜드월드컵 당시 아시아 국가로는 처음으로 8강에 올라 세계를 깜짝 놀라게 했다. 북한으로서는 그 어느 때보다 남아공월드컵에 대한 관심이 뜨거울 수밖 에 없었다. 공식 슬로건 역시 '또다시 1966년처럼, 조선아 이겨라!'였다.

하지만 결과는 참담했다. 브라질과 포르투갈 등 세 팀에 12골을 내 주며 조별리그에서 탈락했다. 이와 달리 한국 대표팀은 원정 대회 첫 16강 진출이란 성과를 거뒀다. 희비가 엇갈린 것이다. 남북한의 축구 현실을 직시하며 당시 김정은은 2007년 인도에서 만난 X의 말을 하나 하나 곱씹지 않았을까?

2010년 남아공 월드컵 본선 출전 자격을 얻은 북한 축구선수단 환영 장면. 북한이 발간한 화보집『평양』

2012년 11월 신설된 국가체육지도위원회의 지상 과제는 양궁과 축구에서 괄목할 만한 실력 향상을 통해 국제대회에서 메달을 따는 것이었다. 위원회 측은 스포츠 전문가들에게도 자문했다. 그 결과 첨단 체육시설과 장비를 갖추고 세계적 수준의 교육 및 훈련을 받아야 한다는 결론이 나왔다. 북한 선수의 기본기와 정신력은 뛰어나지만 체육시설과 장비가 워낙 수준이 뒤떨어져 기량 향상을 막고 있다는 얘기였다. 위원회는 외국 첨단 체육장비를 확보하는 것을 구체적인 목표로 세웠다. 이는 김정은 앞에 가시적 성과로 내놓기에도 좋았다.

2013년 초 외국에 나가 있던 장성택 라인 일꾼들에게 첨단 체육장비를 확보하라는 특명이 떨어졌다. 이에 따라 중국에서 활동하는 북한 인사들이 분주하게 뛰어다녔다. 필자에게도 이러한 제안이 간접적으로 전달됐다. 일부 한국 측 인사는 북측과 직접 접촉하기도 했고, 북측이 성과를 얻는 일도 있었다. 대표적인 것이 바로 한국산 활과 화살이다.

2013년 3월 북한 조선중앙통신과 조선중앙TV는 김정은이 4·25국방체육단과 압록강국방체육단의 양궁 경기를 관람한 뒤 선수들이 사용하는 활과 화살을 살펴보는 장면을 공개했다. 당시 공개한 활과 화살이 바로 한국 업체 제품이었다. 김정은은 이날 "활쏘기 경기에서도 어떤 기재를 이용하는가에 따라 경기 성과가 크게 좌우된다. 선수들에게 제일 좋은 기재들을 마련해줘야 한다"고 말했다.

2013년 9월 터키 안탈리아(Antalya)에서 열린 세계양궁선수권대회에서는 남한 감독이 북한 선수의 멘토 역할을 하기도 했다. 연합뉴스는 이 대회에서 장영술 한국 양궁대표팀 총감독이 북한 선수에게 '원 포인트 레슨'을 해줬다며 자세한 기사를 전했다. 이 대회에서도 북한은 한국산 장비를 사용했다.

이러한 노력 덕분에 북한은 양궁에서 괄목할 만한 실력 향상을 보이기 시작했다. 2014년 4월 말 중국 상하이에서 열린 세계양궁연맹(WA) 월드컵에서 북한은 사상 첫 월드컵 메달 목전까지 다가갔다. 세계 랭킹 33위인 북한 여자 대표팀이 4위를 기록한 것. 특히 랭킹 11위인 미국과 5위인 우크라이나를 잇달아 격파해 주목을 받았다.

인천아시안게임에서 메달을 따라는 김정은 제1비서의 지시는 그대로 실현됐다. 북한은 인천아시안게임에서 금메달 11개, 은메달 11개, 동메달 14개로 7위를 차지했다. 2002년 부산 아시안게임에서 9위를 차지한 뒤 12년 만에 톱10 진입에 성공한 것이다. 참가국 가운데 가장 괄목할만한 성적을 거뒀다. 특히 역도에서 신기록만 4개를 얻어내는 등 눈부신 활약을 했다.

북한을 가장 들뜨게 한 것은 역시 축구였다. 여자 축구는 일본을 3 : 1로 꺾고 우승을 차지했고, 남자 축구는 한국과의 결승에서 0 : 1로 져 은메달을 차지했다. 북한은 인천아시안게임에서 거둔 우수한 성적을 국내 정치에서도 최대한 활용했다. 조선중앙TV는 여자 축구 결승전 종료 직후인 10월 1일 밤 11시쯤 긴급 보도로 북한 여자축구팀의 승리 소식을 전했다. 그리고 밤 12시 무렵부터 2시간 정도 여자축구 결승전을 녹화 중계했다. 북한 매체들은 아시안게임 선수단의 귀환 소식을

인천아시안게임 기간 중 방한한 북의 최고 실세3인, 좌로부터 김양건, 황병서, 최룡해(ytn 보도 화면)

대서특필했고, 평양은 축제 분위기에 들떴다. 남한을 방문했던 '최고 실세 3인'은 아시안게임 선수단 환영 연회에도 직접 참석했다.

북한은 인천아시안게임에 앞서 4차 핵실험 예고와 잇단 미사일 발사 등 무력시위를 이어갔다. 아시안게임 대회 참가 의사도 참가국 가운데 가장 늦게 밝혔고 응원단 파견도 취소했다. 하지만 그러면서도 체육 대회에는 적극 참여하는 모습을 보이고 있다. 2014년만 보더라도 4월 말 상하이에서 열린 양궁 월드컵에 참가한 데 이어 일본 도쿄에서 열린 세계탁구선수권대회에도 참가했다. 그리고 9월 인천아시안게임에 참여해 두각을 나타냈다. 2015년 들어서 3월 초 북한은 광주 하계유니버시아드 대회(2015년 7월 개최)에 참여하겠다는 의사를 밝혔다. 북한은 이 대회에 역대 최대 규모 수준인 백여 명의 선수단을 파견할 계획이라고 밝혔다. 북한이 대회 참여 의사를 밝힌 시점은 한미 훈련이 시작된 직후로 당시 핵전쟁 가능성을 언급하는 등 군사적 위협 수위를 높이던 시기여서 더욱 주목을 받고 있다. 북한이 '핵·경제 병진'에 이어 '핵·스포츠 병진'을 추구한다 해도 과언이 아니다.

■■■■

김정은 시대 주목받는 정치인, 안토니오 이노키

북한과의 스포츠 교류를 강조하는 인물로 프로 레슬러 출신인 안토니오 이노키 일본 참의원을 빼놓을 수 없다. 그는 70대의 나이에 일본의 '유별난' 대북 활동 참의원으로 주목을 받고 있다. 이노키 의원은 수십 차례 방북해 북한과 스포츠 교류를 중심으로 한 다양한 문제를 논의했다. 그는 특히 2013년 11월 초순에는 일본 참의원의 불허 결정에도 불구하고 북한을 찾았다. 당시 장성택 국방위원회 부위원장과 김영일 노동당 비서를 만나 일본 국회의원단의 방북을 제안해 긍정적인 답변을 받아냈다. 특히 장성택이 공개석상에 모습을 드러낸 것은 이노키 의원과의 당시 만남이 마지막이었다.

2014년 7월 중순에는 이노키 의원을 포함한 일본 국회의원들과 재일동포들이 함께 북한을 찾았다. 바로 직전인 7월 4일 일본 정부는 대북 경제제재 일부를 해제한다고 발표했던 터였다. 방북 대표단은 당시 북한의 경제 현장을 잇달아 찾아 눈길을 끌었다. 특히 관심을 끈 행보는 일본 국회의원 대표단의 개성공단 방문이었다. 남북 합작의 경제 특구인 개성공단에 일본 정치인들이 찾았다는 점에서 북·일 간의 공단 조성도 논의하는 게 아닌가 하는 관측이 나왔다. 이러한 경제 행보는 북·일 간의 경제협력이 재개되고 있음을 보여주는 것으로 해석됐다.

2014년 8월 이노키 의원은 일본과 미국, 프랑스 등의 프로 레슬링 선수 21명을 이끌고 평양을 찾았다. 국제프로레슬링 대회를 개최하기 위해서였다. 이 대회는 1995년에 이어 북한에서 두 번째 열리는 국제프로레슬링 대회였다. '평화를 위하여, 친선을 위하여'를 기치로 내건 대회는 이틀간 진행됐다. 대회가 열린 류경정주영체육관을 꽉 메운 관중들은 경기 내내 열광했다. 당시 이노키 의원은 김영남 북한 최고인민회의 상임위원장과 만나 스포츠 교류는 물론 일본인 납치자 문제와 관련해서도 논의를 한 것으로 전해졌다.

2014년 8월 이노키 의원 김영남 최고인민회의 상임위원장 면담 장면 (ytn 보도 화면)

이노키 의원은 한국 연합뉴스와의 인터뷰에서 "북한이 국제프로레슬링 대회를 통해 세계를 향해 모종의 메시지를 보내려 한다는 인상을 받았다. 스포츠 교류에 대한 기대감이 우리가 생각하는 이상으로 느껴졌다"라고 말했다. 이노키 의원은 특히 "어떤 경우라도 (북한과의) 스포츠 교류라는 문은 열어 두었으면 한다는 것은 강석주 노동당 비서도 그렇고 나도 그렇게 생각한다. 남북관계에서 '정치의 벽'이 높을수록 국민에게 관심을 받는 행사를 통해 양국 국민이 좀 더 다른 측면을 보게 되면 정치도 바뀔 가능성이 있다"라고 언급했다.

안토니오 이노키 의원의 사례는 우리에게도 시사하는 바가 크다. 2007년 김정은을 만난 X같은 스포츠 인사들의 노력이 남북 관계 개선에 도움이 될 것인지 적극 검토해볼 시점이다.

09

北 문건으로 본
김정은 체제의 북한 경제

■■■

2012년 북·미 회담 직전 날아온 파격 e메일…북 14개 경제 관련법
전문

김정일 국방위원장이 사망한 지 두 달 정도 지난 2012년 2월 하순 중국
베이징에서는 북·미 3차 고위급 회담이 열렸다. 이 회담을 앞두고 필
자에게 e메일 한 통이 날아왔다. 중국 내 취재원이 보낸 것이었다.
북·미 고위급 회담 취재가 끝난 뒤에야 뒤늦게 확인한 첨부파일을 살
펴보고 깜짝 놀랐다. 북한의 14개 경제 관련법 전문이 고스란히 담겨
있었던 것.

　북한이 법을 제정 또는 개정하고 불과 2~3개월 정도 후에 보내온
e메일로 그야말로 '따끈따끈한' 내용이었다. 물론 한 번도 공개된 적이
없는 것이었다. 하지만 문건의 진위 여부와 의미 등에 대해 좀 더 정확
한 판단이 필요했다. 평소 친하게 지내던 베이징 외교가의 한 인사와
만나 문건을 건네주며 분석을 당부했다. 자료를 살펴본 뒤 다시 만났
을 때 그는 꽤 상기돼 있었다. "북한 경제법이 맞다. 과거와 달리 파격
적인 내용이 다수 담겼다. 외국 투자 기업의 투자 자산을 보호하고 이
윤 송금을 허용하는 등 국제법상 법규를 수용한 것이 특징이다. 매우
중요한 자료다."

　14개 법 가운데 새롭게 제정된 것은 '황금평·위화도 경제지대법'이

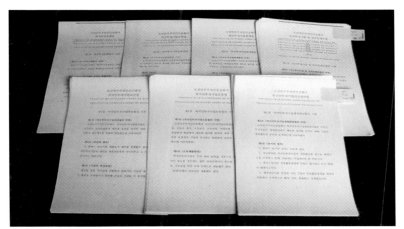
저자가 입수한 북한의 14개 경제관련법

었고, 나머지 13개 법은 개정된 것이었다. 전자는 2011년 12월 3일 제정됐고, 후자는 같은 해 11월과 12월 개정됐다. 13개 개정법은 나선경제무역지대법, 외국인기업법, 외국인투자기업노동법, 외국인투자기업재정관리법, 외국인투자기업파산법, 외국인투자법, 외국투자기업 및 외국인세금법, 외국투자기업등록법, 외국투자기업회계법, 외국투자은행법, 토지임대법, 합영법, 합작법 등이었다.

북한은 법 제·개정에 앞서 2011년 중국과 싱가포르, 유럽 등에 경제관료와 국제법 전문가를 다수 파견한 바 있다. 이처럼 북한이 관련법 마련과 손질에 나선 이유는 해외 사업을 진행하면서 얻은 '학습'의 결과물이자 '경제 발전을 위해 외국 자본을 적극 끌어들이겠다'는 결정에 따른 것으로 풀이됐다.

14개 법의 공통적 특징은 한마디로 외자 유치를 위해 국제 법규를 적극 수용했다는 점이다. "투자자 재산을 국유화하지 않고, 거둬들일 경우 보상을 한다"는 규정이 14개 법 모두에 들어가 있다. 법에서 구체적으로 명시한 내용을 들자면 이렇다.

- 국가는 투자자의 재산을 국유화하거나 거둬들이지 않는다.(나선경제무역지대법 제7조)
- 부득이한 사유로 외국인 투자기업의 재산을 국유화하거나 거둬들일 경우에는 이에 해당하는 보상을 한다.(외국인투자기업재정관리법 제8조)
- 외국투자가가 얻은 합법적 이윤과 소득, 또 기업 또는 은행을 청산하고 남은 자금은 제한 없이 북한 영역 밖으로 송금할 수 있다.(외국인투자법 제20조)

"투자 기업 친화적으로 법을 마련해뒀으니 이제 마음 놓고 투자해 달라"는 북한의 신호와 손짓이었다. 특히 나선경제무역지대법과 황금평 · 위화도 경제지대법에는 조선 동포도 투자 가능하도록 조항을 마련했는데 이는 향후 남북경협이 활성화할 경우 남쪽 기업의 투자 유치를 염두에 둔 것으로 풀이된다.

또 하나 주목되는 것은 14개 법 가운데 절반인 7개 법이 김정일 위원장 사망 직후 개정됐다는 점이다. 이는 2011년 12월 21일 개정된 것으로, 모두 외국인 투자와 관련된 내용들이다. 구체적으로는 외국인투자기업노동법, 외국인투자기업재정관리법, 외국인투자기업파산법, 외국투자기업 및 외국인세금법, 외국투자기업등록법, 외국투자기업회계법, 외국투자은행법이다. 비상시국인 '김정일 사망' 나흘째 이들 7개 법을 개정했다는 점에서 경제 문제에 대한 김정은 체제 북한의 절박함을 엿볼 수 있다.

14개 경제 관련법 가운데 유일하게 새로 제정한 황금평 · 위화도 경제지대법은 총 7장 74개 조항으로 구성됐다. 황금평 운영 자체를 기업 책임자 회의에서 해결할 수 있게 하는 제도적 장치를 마련한 것과 출입에 대한 자율, 각종 세금 감면 등 개성공단의 모델을 상당 부분 반영한 것이 특징으로 분석됐다.

■■■■

북한 국가경제개발위원회 신설과 경제개발구법 전문

북한 최고인민회의는 2013년 4월 1일 경제개발구 창설을 위한 사업을 추진하기로 결정했다. 이 결정에 따라 그 해 5월 29일 최고인민회의 상임위원회에서 경제개발구법을 제정했고, 7월말 국가경제개발위원회라는 경제기구를 신설했다. 당시 필자는 신설된 국가경제개발위의 인사 정보, 그리고 경제개발구법 전문을 입수했다.

북한은 국가경제개발위원회의 당 비서에 김양국, 위원장에 김기석, 제1부위원장에 김철진을 각각 임명했다. 김양국 비서는 김양건 조선노동당 대남 담당 비서 겸 통일전선부장의 동생이다. 김양건 부장은 북한에서 대남정책을 총괄하는 인물이다. 김기석과 김철진은 전 합영투자위원회의 부위원장과 수석 부위원장이었다. 김양국 비서는 경제개발위 업무를 추진하면서 상당히 의욕을 보였다. 형인 김양건 부장이 관리하는 대남 사업 권한의 일부를 요구해 이를 경제개발위로 가져오기도 했다.

경제개발구법은 모두 7개 장으로 구성됐다. 제1장에서는 경제개발구법의 기본을 설명하고 있다. 제2장부터 제5장까지는 경제개발구의 창설과 개발, 관리, 경제개발구에서의 경제활동을 규정했다. 그리고 제

북한의 경제개발구법 전문

6장과 7장에서는 경제개발구의 각종 특혜와 분쟁 해결에 관해 설명하고 있다.

경제개발구법 전문을 전해준 필자의 취재원은 북한 경제개발위가 중앙급으로는 총 13개 특구를, 지방급으로는 220개 지역의 개별 경제개발국을 관리한다고 전했다. 지방급 경제개발구는 도와 시 등 전국 220개 지역에 개별 경제개발국을 설치해 운영하도록 했다. '개성 인삼'처럼 각 지역별 특성에 맞는 자체 개발구를 추진한다는 것이다.

그 해 11월 북한은 실제로 압록강경제개발구와 신평관광개발구 등 13개 경제개발구를 발표했다. 이어 2014년 7월 6곳을 추가해 경제개발구는 모두 19곳으로 늘었다.

■■■■

北 갈마반도 천지개벽 '김정은 도시' 원산의 부푼 꿈

국가경제개발위의 조직과 경제개발구법 정보를 입수한 이후 2013년 9월 필자는 북한의 경제개발 프로젝트의 실체를 확인할 수 있는 문건들을 잇달아 입수했다. 가장 눈에 띄는 것은 원산 특구 개발 계획도이다.

필자가 확보한 원산 특구 개발계획도는 두 장이다. 첫 번째 도면은 하단에 '원산시 중심부 건축형성계획도'라고 적혀 있다. 두 번째 도면은 같은 제목 옆에 '(1안)'이라는 표기가 추가돼 있다(편의상 전자를 구계획도, 후자를 신계획도라고 부르기로 한다). 구계획도는 2012년 작성됐고, 신계획도는 2013년 작성돼 7월 확정됐다. 신계획도는 원산 특구 개발계획도의 최종본이라고 취재원은 덧붙였다.

두 계획도를 비교했을 때 가장 큰 차이는 갈마반도에서 드러난다. 구계획도에 있던 비행장이 신계획도에서는 사라진 것이다. 그 대신 신계획도에서는 갈마반도 좌측의 넓은 평야지대에 새로운 비행장이 등장한다. 구계획도에서 갈마반도에 있는 비행장은 원산 갈마 비행장으로, 공군 군사시설이다. 반면 신계획도에 등장하는 비행장은 영어로 'WONSAN International Airport', 즉 원산국제공항으로 돼 있다. 이 공항이 등장하는 지역은 원산시와 붙은 안변군이다. 북한이 군사 비행장인

북한 당국이 작성한 '원산시 중심부 건축형성계획도'. 2012년 계획도(상), 2013년 7월 확정된 계획도(하)

원산 갈마 비행장을 없애고 그 대신 원산 부근 안변 지역에 민간 국제 비행장을 준비한다는 사실을 알 수 있다. 이 공항이 계획대로 완공된다면 평양 순안 국제공항에 이어 북한의 두 번째 국제공항이 된다.

이는 2013년 3월 필자가 북측 당국자로부터 취재한 내용과도 일치한다. 당시 이 인사는 "갈마 비행장을 옮겼다. 옮긴 비행장은 활주로를 만들려고 땅을 파헤치기 시작했다"고 말했다. 원산국제공항 조성 공사가 최소한 2013년 3월 이전에 진행됐음을 알 수 있다. 이 인사는 그러면서 "마식령은 스키장 건설을 위해 굴을 다 뚫었다. 도로도 만들고 있다"고 말하기도 했다.

2013년 7월 북한을 방문하고 돌아온 박상권 평화자동차 사장의 발언도 이와 일치한다. 박 사장은 기자회견을 통해 "북한이 군 비행장인 갈마 비행장을 안변으로 옮기면서 민간용으로 전환하고 관광 시설 개발에 착수했다"고 말했다. 그러면서 "김정은 제1비서가 마식령 스키장 건설 사업과 원산 특구 개발 사업을 통해 주민들에게 자신의 능력을 입증하려 한다"고 강조했다.

계획도 상으로 원산은 국제적 관광 휴양지라고 해도 손색이 없을 정도다. 길게 뻗은 명사십리 해수욕장을 따라 실내 수영장이 마련되고 갈마반도 양쪽 끝 지역에는 경마장과 요트 항이 각각 들어선다. 갈마반도 중심에는 각종 예술센터와 스포츠센터, 야외극장, 상품 박람회장을 배치했다. 또 해변 가까이엔 어린이 종합 호스텔과 외국인 호스텔 구역을 별도로 마련했다.

원산항은 리모델링되고, 고속도로와 철도도 대대적으로 개량 및 보수 작업이 이뤄진다. 계획도를 살펴보면 쭉 뻗은 고속도로와 인터체인지 등 교통이 신도시답게 단장될 계획임을 알 수 있다. 북한의 고속도로는 총 6개로, 이 가운데 원산을 지나는 고속도로는 원산-금강산 고속도로와 평양-원산 고속도로 2개다. 원산항으로 들어오는 철도도 있다. 지금은 이들 고속도로와 철도 모두 시설이 상당히 노후됐기 때문에 특구 개발을 하면서 개량 작업을 진행하는 것이라고 취재원은 전했다.

원산 개발계획도는 국제공항과 도로, 철도 등의 인프라를 갖추고 다양한 관광 상품을 조성해 외국 관광객을 끌어들이겠다는 계획을 보여준다. 외화를 벌어들일 전초기지로 삼겠다는 김정은 체제의 야심을 담고 있다.

IBK기업은행 경제연구소 조봉현 수석연구위원은 계획도에 대해 김정은 제1비서의 취향을 잘 반영해 '김정은 도시'라고 불러도 좋을 정도라고 평가했다. 김정은 제1비서는 요트와 경마 등 스포츠를 매우 좋아하는데, 원산 개발계획도에는 이러한 시설이 골고루 갖춰져 있다. 어린이 놀이터와 동물원 등 가족 위락시설, 예술 공연장 등 다양한 문화시설도 마찬가지다. 이러한 시설은 김정은 제1비서가 부인 리설주와 함께 파격적인 행보를 보이며 방문했던 시설과 성격이 유사하다.

원산 개발계획도는 필자가 입수한 다른 지역 계획도와 달리 영어로 작성됐다. 이에 대해 필자의 취재원은 싱가포르의 도시설계 전문가들이 북한 당국과 상의해 계획도를 직접 마련했고, 원산 관광 특구 개발계획을 설계하려고 수차례 북한을 오갔다고 전했다. 더욱 주목할 것은 싱가포르가 원산 관광 특구 개발에 150억 달러를 투자하기로 했다는 점이다. 이미 북한과 싱가포르 정부 사이에 계약을 체결했다는 게 취재원들의 설명이다. 마식령 스키장 건설을 비롯해 원산에서 벌어지는 다양한 개발 사업은 싱가포르 자본이 투입된 결과물이라는 것이다. 다만 싱가포르의 투자액이 150억 달러에 이른다는 주장은 일부 과장됐을 개연성이 있다. 북한당국이 추가로 외자유치를 하려고 성과를 부풀렸을 수도 있기 때문이다.

원산 관광 특구에 대해서는 일본도 관심이 많다. 인연이 깊기 때문이다. 1882년 러시아와 영국의 군사력을 의식해 원산항을 강제로 개항한 장본인이 바로 일본이다. 이 때문에 원산에는 지금도 일본의 흔적이 적지 않다. 항만과 도로 같은 인프라, 중공업 공장 등을 일본이 주도적으로 건설했다. 북한 건국 이후에는 일본인이 북한을 방문할 수 있는 유일한 합법적 루트가 바로 원산이었다. 일본 니가타 항과 원산항을 오가는 북한 만경봉호가 여객 및 화물을 싣고 다녔다. 하지만 만경봉호 운항은 2006년부터 전면 중단됐다. 북한의 미사일 발사와 핵실험, 일본인 납치문제 등을 이유로 일본 정부가 만경봉호의 입항을 금지하는 조치를 내린 것이다.

원산항은 또 나진항과 더불어 일제강점기에 일본이 대륙 진출의 거점으로 삼았던 곳이기도 하다. 후쿠시마 원자력발전소 참사 이후 일본 일각에서는 원산과 남포를 제조 기지로 활용하는 방안을 검토 중인 것으로 알려졌다. 상황이 이렇다 보니 원산을 대외에 개방해 개발하려는 북측 움직임에 대해 일본 역시 참여 기회를 모색하며 깊은 관심을 보인다는 게 정통한 인사들의 설명이다.

■■■

남포, 강령 등 경제개발계획도

원산 개발계획도 외에 필자가 확보한 경제개발계획도는 4건으로 신의
주-평양-개성 고속도로와 고속철도 노선도, 신의주-대계도 경제개발지
구도, 강령군 특구 개발계획도, 남포 특구 개발계획도이다.

　남포 계획도는 2013년 작성된 것으로 전해진다. 남포는 대동강 하류
연안의 직할시로, 북한 제2 도시다. 계획도는 크게 2가지 개발지대를
보여준다. '남포 영남(嶺南) 공업개발지대'와 '온천 녹색(綠色)개발지대'
다. 남포직할시에 속하는 영남리(嶺南里)와 온천군(溫泉郡) 2개 지역의
개발계획인 셈이다. 이들 두 지역은 대동강을 사이에 두고 서로 마주
한다. 영남리 개발지구의 특정 지점과 온천군 개발구의 특정 지점을
찍어 양쪽 1.2km 거리를 표시한 부분, 그리고 영남리 개발구의 특정 지
점에서 서해갑문과 남포항까지의 거리를 각각 10km, 12km로 표시한
부분이 눈에 띈다. 이는 남포 특구가 북한 최대 갑문인 서해갑문과 서
해안 최대 항구도시인 남포항과 연계해 개발될 것임을 보여주는 것으
로 풀이된다.

　남포 영남 공업개발지대에는 모두 7개의 개발구역을 조성했다. 여객
과 화물이 드나들 수 있고 보세구역 등이 자리한 항만, 식품류 생산,

남포 지역 경제개발계획도, 조감도(상) 구역도(하)

사료 생산, 경공업, 정보산업, 상업 봉사 등의 구역이다. 이 가운데 사료 생산 구역은 김정은 제1비서가 2013년 부쩍 강조한 '축산업 육성'과 관련 있는 것으로 보인다.

온천군에 들어설 예정인 '온천 녹색개발지대'는 말 그대로 녹색 친환경산업 위주의 개발이 예상된다. 온천군은 온천 평야와 해안 간석지를 중심으로 농업이 발달했다. 과수 재배와 가축 사육이 많고, 수산물도

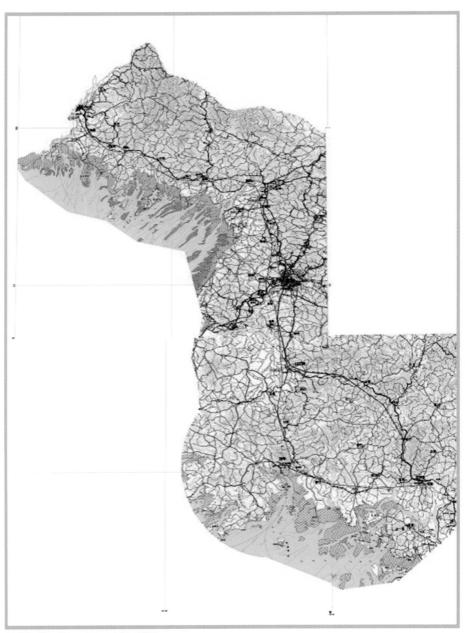

신의주·평양-개성 고속도-고속철 계획도

풍부하다. 특히 북한 최대 소금산지이기도 하다. 이처럼 천혜의 여건 속에 다양한 자연 생산물을 갖춘 온천군을 그 특색에 맞게 친환경 생산 단지로 개발하려는 의도로 보인다.

북한은 신의주와 평양, 개성을 잇는 고속도로와 고속철도 건설도 계획하고 있다. 고속도로는 왕복 4차선이고 철도는 복선이다. 각각 길이 376km로 계획했다. 신의주-평양 구간은 187km, 평양-개성 구간은 189km에 이른다. 북한은 남한과의 협력 건설을 희망하고 있다. 필자는 중국 특파원 시절 북측 인사로부터 이에 대한 북측 의지를 전해들은 바 있다. 만일 이 계획이 현실화한다면 한반도 물류의 대변혁이 가능하다는 점에서 주목할 만하다. 단순히 남북 간 물류 이동뿐 아니라, 동북아 진출의 교두보를 마련할 수 있을 것으로 기대되기 때문이다.

'신의주-대계도 경제개발지구도'는 북한이 오래전부터 추진해온 신의주 특구 계획도라고 할 수 있다. 2002년 9월 북한은 신의주 특별행정구 기본법을 발표하고 초대 행정장관에 중국 부호인 양빈(楊斌) 어우야(歐亞: 유라시아)그룹 총재를 앉혔다. 신의주를 중국에 의존하지 않고 홍콩식 특구로 개발하겠다는 의도였다. 그러나 중국 정부가 양빈을 탈세 등의 혐의로 구속하면서 북한의 독자적 특구 개발에 제동을 걸었다. 이후 북한은 2004년 신의주 특별행정구라는 기존 명칭 대신 '신의주-대계도 경제개발지구'라는 이름을 사용하며 개발 정책을 펼치게 된다.

강령군은 황해남도 남부 해안에 있는 지역이다. 해안선의 굴곡이 심하고 연안에는 간석지가 발달했으며 주변엔 섬이 밀집해 있다. 강령군 바로 위에는 해주시가 자리한다. 북한은 강령과 해주 두 지역 모두 경제 특구로 계획하고 있다. 필자가 확보한 강령군 개발계획도의 명칭은 '강령군 국토건설 총계획도'다.

2013년 6월 일본 아사히 신문은 "북한이 강령군에 국제금융과 첨단산

업 등의 거점이 될 경제특구를 건설할 계획"이라며 '강령군 경제특구 계
획 요강'이라는 북한 내부문건을 공개했다. 강령 특구 개발에 총 500억 달
러가 투자되고, 특구 안에는 카지노 등도 건설될 예정이라고 덧붙였다.

강령군 개발은 2007년 남북정상회담 대화에서도 언급됐다. 당시 김정
일 위원장이 노무현 대통령에게 말한 내용을 정리하면 이렇다. "2000년
6월 당시 정몽헌 현대그룹 회장이 해주 옆 강령군을 공업단지로 개발
해달라고 해서 그렇게 해보라고 말한 적이 있다."

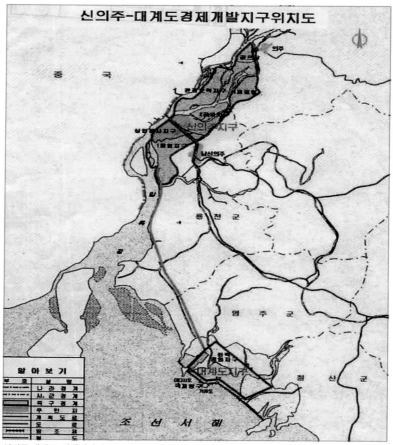

신의주-대계도 경제개발지구도

■■■■

결국 무산된 北 최대 규모 투자설명회

2013년 9월 필자는 북한의 국가경제개발위원회에서 작성한 문건과 투자설명회 관련 문건을 잇달아 입수했다. 2013년 10월 중순 중국 베이징에서 계획한 투자설명회 관련 문건도 확보했다.

필자가 입수한 국가경제개발위원회 내부 문건은 경제개발위가 2013년 8월 14일 중국 국가발전 및 개혁위원회(이하 발개위)의 국제협력센터 해외투자연구소 앞으로 보낸 '동의서'이다. 발개위(發改委)는 중국 경제발전 계획을 총괄해 수립하고 해외에서 들어오는 주요 투자를 승인하는 부서다. 국가경제개발위원회가 발개위 앞으로 작성한 동의서 내용은 다음과 같다.

"북한 국가경제개발위원회는 중국 발개위의 국제협력센터 해외투자연구소가 우리나라의 경제발전에 이바지하려는 데 대해 진심으로 사의를 표한다. 또한 10월 중에 제1차 동북아 지역 경제 성장 연구 토론회를 진행하자는 데 대해 전적으로 동의한다."

동의서는 8월 중순 중국 발개위 국제협력센터 해외투자연구소의 겅즈웬(耿志遠) 소장이 평양을 방문했을 때 작성한 것이다. 내용으로 미

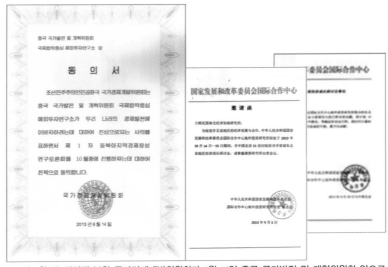

2013년 7월 말 신설된 북한 국가경제개발위원회가 8월 14일 중국 국가발전 및 개혁위원회 앞으로 보낸 투자설명회 개최 동의서(왼쪽). 중국 국가발전 및 개혁위원회가 10월 중순 베이징에서 개최하려고 기획한 투자설명회와 관련해 주요 관련국 당국과 기업에 발송한 초청장(가운데)과 연기를 통보한 9월 30일 추가 공문(오른쪽)

뤄 볼 때 북·중 양측이 2013년 10월 베이징에서 행사를 개최하기로 합의했음을 확인할 수 있다.

발개위가 개최한다는 '동북아지역 경제성장 연구 토론회'가 어떤 행사인지는 필자가 별도로 입수한 공문을 통해 확인할 수 있다. 발개위는 한국의 관련 정부기관과 연구소, 기업 등에 이 토론회에 참석해줄 것을 요청하는 초청장을 보냈다. 초청장에 기재된 토론회는 2013년 10월 14일부터 이틀간 베이징 한 호텔에서 열리는 것으로 돼 있다. 토론회 목적은 "남북한과 중국, 싱가포르 등 동북아 주요 당사자의 다자간 협력 가능성을 검토하고, 다자간 경제 교류를 통한 동북아의 상생 발전을 도모하자는 것"으로 돼 있다. "한반도의 신성장동력사업을 통해 남북의 공동번영을 도모하며 아울러 동북아 경제권 진출의 발판을 마련한다"는 내용도 있다.

토론회 주제로 발개위 측은 '북한의 경제성장 촉진'을 제시했다. 이틀간의 일정은 크게 세 차례 회의로 진행될 예정이었다. 첫날에는 제1회의, 2회의가 열리는데 제1회의 주제는 '동북아 협력 가능한 신성장 동력사업'으로, 발표자는 북한 국가경제개발위원회와 중국, 홍콩, 싱가포르 기업으로 돼 있다. 중국 측에서는 상디(商地)그룹이 나진·선봉 개발 방안에 대해, 홍콩 측에서는 다중화(大中華) 국제그룹이 신의주 경제특구 개발 방안에 대해, 싱가포르 측에서는 메칠그룹이 원산 관광 특구 개발 방안에 대해 각각 발표할 예정이었다. 이들 기업은 각각 발표를 담당한 지역의 개발 사업에 참여하고 있었다.

제2회의 주제는 '동북아 협력 가능한 경제 협력 방안'으로 북한 측이 발표를 맡을 계획이었다. 국가경제개발위원회 산하의 두 기관인 경제개발총국과 국가관광총국을 비롯해 육해운성(陸海運省)과 무역성, 금속공업성이 발표하도록 예정돼 있었다. 둘째 날 오전 열리는 제3회의는 경제특구와 관광특구, 산업통상자원, 교통·물류 분야 4개 분과로 나눠 그룹별 미팅으로 진행한다는 게 당초 예정돼 있던 행사의 골자였다.

이 투자설명회가 의미심장한 이유는 북한 국가경제개발위원회의 김기석 위원장과 김철진 부위원장이 나올 예정이었기 때문이다. 이 조직의 사실상 첫 국제무대 데뷔였던 셈이다. 국가경제개발위원회 위원장은 장관급으로, 계획대로 됐다면 북한의 역대 투자설명회 가운데 최고위직의 참석이었다. 북한 국가경제개발위원회는 예정된 설명회에서 경제특구와 관광특구 등 중앙급 13개, 지방급 220개의 경제개발구 개발계획을 발표할 예정이었다.

요약하면 이렇다. 5월 말 경제개발구법을 제정한 북한은 이를 집행하기 위해 7월 국가경제개발위원회를 신설했다. 그리고 석 달 뒤인 10월 국가경제개발위원회는 대규모 투자설명회를 통해 자신들의 다양한 특구 개발계획을 제시하고 외국기업의 투자를 노렸던 것이다. 사상 최대 규모의 투자설명회가 될 것이라는 관측이 나왔던 이유다.

그러나 이 설명회는 개최가 임박한 9월 말 돌연 연기됐다가 결국은 무산됐다. 무산의 이유는 우리 정부가 남측의 토론회 참여를 사실상 불허했기 때문이었다. 행사 기획과 갑작스러운 연기에 얽힌 복잡한 속사정은 북측 경제개발 노선이 쉽사리 현실화되기 어려운 현실을 고스란히 보여주는 한편의 소극(笑劇)에 가깝다.

2012년 베이징 투자설명회에 등장한 김정일 수양딸 '진달래'

2013년 베이징에서의 투자설명회는 무산됐지만 그 전 해엔 성황리에 치러졌다. 필자는 2012년 9월 말 베이징에서 열린 북한의 투자설명회를 취재한 적이 있다. 중국 기업인을 상대로 한 이 설명회의 명칭은 '조선 투자 환경 소개 및 투자 항목 상담회'였다. 설명회 바로 직전 중국은 대북 투자 펀드 30억 위안(한국 돈 5,300억 원)을 조성하기로 북한과 합의한 바 있다. 북한은 당시 설명회에 중국 언론을 제외한 외신취재를 허용하지 않았고, 필자는 기자 신분을 밝히지 않은 채 설명회장에 들어가 취재를 진행했다.

중국 기업인 100여 명이 참석한 당시 설명회는 북한 무역성 산하 대외경제투자협력위원회와 중국의 민간외교 기구인 공공외교문화교류센터가 공동으로 주최했다. 북한 측에서는 국영기업 관계자 30여 명이 나와 광산과 조선소, 건강식품 등 50여 개 투자 프로젝트를 소개했다. 북측은 이러한 투자설명회가 김정은 조선노동당 제1비서의 지시라고 강조했다. 윤형일 당시 대외경제투자협력위원회 국장은 "(김정은 동지는) 다른 나라의 좋은 것은 대담하게 우리 실정에 맞게 받아들이며 세계적인 발전 추세에 맞게 모든 일을 설계하고 진행하도록 이끌고 있다"고 발언했다.

2012년 9월 26일 베이징에서 열린 북한 투자 설명회 (ytn 보도 화면)

　북한 측은 다양한 투자유치 홍보동영상과 설명 자료를 제시했지만, 가장 관심을 끌었던 것은 고(故) 김정일 국방위원장의 아랍계 수양딸로 알려진 '진달래 사파리니'의 등장이었다. 그는 1982년부터 1992년까지 북한 주재 팔레스타인 대사를 지낸 '무스타파 알 사파리니'의 딸이다.

　사파리니 대사 부부는 김정일 위원장의 도움으로 북한 산부인과병원 평양산원에서 불임치료를 받아 딸을 출산했다. 이에 대사 부부는 감사의 표시로 김 위원장에게 딸의 작명을 부탁했고 김 위원장은 진달래라는 이름을 지어준 것으로 알려져 있다. 2012년 베이징 투자 설명회에 등장할 당시 진달래 씨는 중국 베이징대 생명과학원 병원의 산부인과 의사로 재직 중이었다. '진달래 아동기금회' 회장 자격으로 설명회에 참가한 그는 중국 기업들에게 적극적으로 기금에 참여해줄 것을 당부했다. 이 기금회는 북한 어린이의 교육과 건강을 위해 2011년 7월 설립한 것으로, 북측이 진달래 씨를 공개행사에 등장시킨 것은 기금 모금 목적과 함께 김정일 위원장의 '인덕'을 선전하려는 의도도 있었던 것으로 분석됐다.

북한 투자 설명회에 참석하여 주목받았던 김정일의 수양딸 진달래 (ytn 보도 화면)

　당시 설명회에 참가한 중국 기업인들은 '북한의 개방'을 기회로 여기
며 많은 관심을 보였다. 당시 중국 하이산국제투자유한공사의 정강 대
표는 "미래에 북한은 비약적으로 발전할 것이다. 이 때문에 중국 기업
의 북한 투자는 역사적으로 드문 기회를 맞고 있다"고 말했다. 설명회
이후 북한은 투자 프로젝트 43개를 중국 측에 추천하면서 관심 있는
중국 기업과 일대일 개별상담을 이어갔다. 비용을 지불한 기업들만 참
가 가능한 자리였다.

　김정은 체제 들어 북한은 외자 유치를 위해 외국인을 상대로 한 투
자설명회를 적극적으로 추진하고 있다. 2014년 9월에는 랴오닝성 다롄
(大連)에서 개최된 '2014 월드옥타 중국 경제인대회'에서 세계 한인 경
제인 200여 명을 대상으로 원산-금강산 지구를 홍보했다. 2015년에는
3월 20일 중국 선양(瀋陽)에서 관광 특구 개발에 관한 국제 심포지엄을
열고 국적을 제한하지 않고 모든 문을 개방하겠다고 밝혔다. 또 5월에
는 금강산에서 중국 기업 등을 초청해 투자 설명회를 개최할 예정이다.

　2015년 초 필자는 북한이 2013년 하반기 베이징 투자설명회 때 발표할 예정이었던 투자설명회 파워포인트 자료를 다수 입수했다. 자료의 내용들은 2013년 말부터 이어지고 있는 북한 경제 개발 계획 발표와 궤를 함께 하고 있다. 자료를 살펴보면서 필자는 2013년 취재 내용이 하나 둘 떠올랐다. 그리고 비록 계획이 성공하진 않았지만 당시 북한이 얼마나 파격적으로 경제 개발 프로젝트를 꿈 꿨는지에 놀라움을 금치 못 했다.

돌이켜 보면 2013년 신설한 경제개발위원회는 기구를 이끄는 인물부터 화려했다. 대남 실세, 김양건 당 비서의 친동생 김양국이 경제개발위원회의 비서를 맡았고, 김정은 체제 초대 서기실장(대통령 비서실장)의 아들인 김기석이 위원장을, 그리고 김일성 주석과 김정일 위원장의 운전기사 아들인 김철진이 제1부위원장을 담당한 것이다. 필자는 이 책을 통해 북한 내부의 파워포인트 자료 일부를 부록으로 공개한다. 북한이 2013년 11월 발표한 13개 경제개발구와 관련한 자료이다.

■■■

중국 인민은행이 주목하는 황금평·위화도의 미래

2011년 7월 중국 인민은행 단둥지점은 '자유무역구를 모델로 한 북·중 경제협력 연구'라는 제목의 연구 보고서를 발간했다. 북중 접경 압록 강 위의 섬인 황금평, 위화도 개발에 대한 중국 측의 연구 보고서이다.

바로 전 달 북한과 중국은 북한 장성택 행정부장과 중국 천더밍 상 무부장(장관급)이 참여한 가운데 황금평-위화도 공동 개발 착공식을 가졌는데, 이와 관련해 중국 인민은행 단둥지점이 별도 조사팀을 꾸려 조사를 벌인 것이다. 이 보고서는 접경 지역에서 북한과의 경제협력을 추진하는 중국의 내심이 고스란히 담겼다는 점에서 면밀하게 고찰해 볼 필요가 있다.

보고서는 크게 5개 항으로 구성됐다. 먼저 1항에서는 '황금평 북·중 국제자유무역구' 탄생 과정과 합의 내용을 다음과 같이 설명하고 있다.

"2010년 12월 북한 합영투자위원회와 중국 상무부가 베이징에서 황금평 협력 발전 양해각서(MOU)를 체결했다. 황금평 개발권을 중국에 양도했 고, 50년 임대 기간에 50년 더 연장할 수 있다. 민영 기업이 맡아서 개발 하고 만일 손실이 발생하면 중국 정부가 80%를 부담한다."

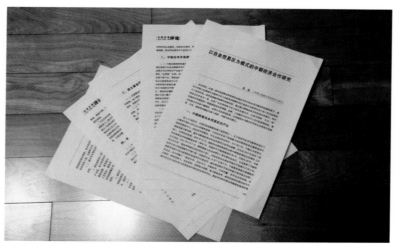
중국 인민은행의 황금평·위화도 관련 연구보고서

　내용을 간추려보면, 북한이 최대 100년간 황금평을 개발할 수 있는 권리를 중국 기업에 줬고, 손실이 생기면 중국 정부가 상당 부분 책임진다는 게 핵심이다.

　보고서 2항 '북·중 공동 국제 경제무역구 건설의 현실적 배경'에서는 북한의 잇단 도발이 야기한 대북제재 때문에 2010년 북한이 심각한 경제난에 직면했고, 이를 해결하려는 노력의 와중에 접경 지역에서 북·중 교역이 급격히 증가했음을 적시하고 있다.

　"2010년 단둥 시의 대북 무역 수출입 총액은 10억 달러로 중국 전체 대북 무역 수출입 총액의 60%를 차지했다. 이 가운데 대북 수출 무역은 23억 달러로 전년보다 21% 증가했고, 북한의 대중 수출은 12억 달러로 전년보다 51% 급증했다. 2010년 중국이 북한에서 수입한 석탄은 4억 달러 규모로 전년보다 54% 증가했고, 철광석 수입은 2억 달러 규모로 배가 늘었다.
　북한이 중국에서 수입한 것은 주로 식량과 원유이고 자동차와 밀가루, 휴대전화도 많다. 2009년 2차 핵실험과 이후 일련의 사건(필자 주: 천안함 침몰 등 북한 도발을 의미하는 것으로 해석된다)으로 북한은 심각한 경제난에 처했고, 경제문제를 해결하기 위해 대외 투자유치를 대폭 확대하려는 노력을 기울였다. 2010년 5월 김정일 국방위원장의 방중 때 위화도 50㎢ 지역을 자유무역구로 지정하고 중국을 포함한 외국인의 무비자 자유출입 허가를 언급했다."

"황금평 개발, 전략적으로 중요"

3항에서는 황금평과 위화도 자유무역구의 6가지 장점을 소개하고 있다. 중국이 황금평-위화도에 관심을 보이는 구체적이면서도 현실적인 이유가 잘 드러나 있어 주목된다.

"첫째, 두 지역은 소수 주민만 살고 물과 전기, 가스, 통신 등 기초시설이 없는데, 황금평과 연결된 단둥에서 기초 시설을 공급하면 개발 부담이 줄어들게 된다. 둘째, 남·북·중 3국의 혜택을 누리면서 외부 투자를 유치할 수 있다. 셋째, 압록강 유역의 태평만, 풍만 등의 전력발전소는 모두 북·중 쌍방이 공동 건설 및 관리하는데, 북한은 전력 사용률이 낮고 싸기 때문에 황금평과 위화도 두 섬에 공업용 전기 공급을 할 수 있다. 넷째, 북한의 싸고 질 좋은 노동력 공급으로 기업의 인력난을 해결할 수 있다. 다섯째, 북한의 풍부한 광산 자원을 활용해 기업의 자원난(資源難)을 해결할 수 있다. 북한은 경제개발가치가 있는 광산 매장지역이 국토 넓이의 80%를 차지하는 '유용광물(有用鑛物)의 표본실'이다. 여섯째, 신압록강대교 도로 건설로 자유무역구 내 컨테이너 차량이 직접 단둥 항구까지 들어와 중계무역을 할 수 있다. 이로써 북·중, 한·중, 중·일 간 무역 교류가 증가하면서 자유무역구는 앞으로 동북아 가공무역 창고 물류의 중심이 될 것이다."

보고서는 그러면서 "정치, 경제적으로 황금평과 위화도 국제 자유무역구 건립은 매우 중요한 전략적 의미가 있다"고 평가했다. 아울러 "선

2011년 6월 황금평·위화도 북중 공동 개발 착공식 장면 (ytn 보도 화면)

(先) 민간 후(後) 정부, 선 특색 후 규모의 형식을 통해 랴오닝성의 연해 경제 띠와 압록강 유역의 북·중 경제 협력 띠를 연결할 수 있다. 이는 북·중이 과거 초급 단계의 변경무역 거래 방식을 벗어나 '북한 원재료를 수입해 중국 완성품으로 수출'하는 북·중 공동 모델로 전환하는 것을 의미한다. 그와 동시에 과거 중국이 일방적으로 북한에 원조하는 방식에서 벗어나 '쌍방호혜' 방면으로 변화되는 것을 의미한다"고 분석했다.

중국 인민은행 단둥지점은 이러한 장점뿐 아니라 단점에 대해서도 면밀히 분석했다. 4항에서는 주의해야 할 문제점 4가지를 지적했다. 첫째가 북한이 국제사회와 조화를 이루지 못하는 데서 비롯되는 정치적 위험성, 둘째는 북한의 예측할 수 없는 요인 등에서 비롯되는 기업 운영의 위험성, 셋째는 2010년 경험한 압록강 대홍수 사태 같은 자연재해, 마지막으로 해외 송금과 무역 결산이 되지 않는 문제를 꼬집으며 이는 기업 손실은 물론 화폐 밀수까지 유발한다며 상세히 다뤘다.

만만디(慢慢地) 전략으로 황금평 접수

5항에서는 4가지 건의를 했다. 첫째, 자유무역구 안에 첨단기술공업원단지와 국제무역단지, 국제금융단지, 휴가관광단지 기능을 강화해야 한다는 것이다. 아시아에서 가장 큰 정보기술(IT) 산업단지를 건설해 '동방의 실리콘밸리' 개발 및 북한 특색을 맛볼 수 있는 휴가관광단지 등 4가지 단지 조성을 제안한 것이다. 둘째, 기업의 이윤 송금을 보장하는 '합법적인 은행 결산통로 건립' 건의다. 셋째, 자유무역구 내 각종 특혜정책을 실시해야 한다는 것이다. 넷째, 북·중 협력무역구의 홍보를 강화해 투자유치에 좋은 기반을 마련해야 한다는 것이다. 아울러 북한 투자에 대한 의심과 불신 해소를 위해 랴오닝성 정부가 단둥과 북한에서 관련 포럼을 자주 개최할 것도 건의했다. 보고서는 말미에 이렇게 정리했다.

> "비록 현재 북·중 국제 자유무역구 건설에 많은 어려움과 문제가 있긴 하지만 신압록강대교 건설과 주변 북측 섬 개방에 따라 단둥은 물론 랴오닝성과 북한의 대외 경제 무역교류협력은 더 광범해질 것이다. 이로써 랴오닝성이 동북아 경제권에서 가지는 전략적 위치 또한 더욱 높아질 것이다."

사업 추진에 현실적 어려움이 있긴 하지만 개발에 따른 가치가 매우 크기 때문에 꾸준히 밀고 나갈 것을 결론으로 제시한 것이다. 중국 인민은행의 건의사항 가운데 합법적인 은행 결산통로 마련과 자유무역구 안에서의 각종 특혜정책 실시 등 상당 부분은 북한이 2011년 말 새롭게 제정한 '황금평·위화도 경제지대법'에 그대로 반영됐다. 당장 황금평에서 가시적인 움직임이 나타나지 않는다고 우리가 코웃음 치는 동안 중국의 '황금평 접수'는 '만만디'(慢慢地)로 달성되고 있는지도 모를 일이다.

조선민주주의인민공화국 경제개발구법

(주체102(2013)년 5월 29일 최고인민회의 상임위원회 정령 제3192호로 채택됨)

제1장 경제개발구법의 기본

제1조 (경제개발구법의 사명)

조선민주주의인민공화국 경제개발구법은 경제개발구의 창설과 개발, 관리에서 제도와 질서를 바로 세우고 대외경제협력과 교류를 발전시켜 나라의 경제를 발전 시키고 인민생활을 높이는데 이바지한다.

제2조 (경제개발구의 정의와 류형)

경제개발구는 국가가 특별히 정한 법규에 따라 경제활동에 특혜가 보장되는 특수경제지대이다. 경제개발구에는 공업개발구, 농업개발구, 관광개발구, 수출가공 구, 첨단기술개발구 같은 경제 및 과학기술분야의 개발구들이 속한다.

제3조 (관리소속에 따르는 경제개발구의 구분)

국가는 경제개발구를 관리 소속에 따라 지방급 경제개발구와 중앙급 경제개발구로 구분하여 관리하도록 한다. 경제개발구의 명칭과 소속을 정하는 사업은 비상설 국가심의위원회가 한다.

제4조 (경제개발구의 창설사업 주관기관)

조선민주주의인민공화국에서 경제개발구의 창설과 관련한 실무사업은 중앙 특수경제지대 지도기관이 통일적으로 맡아한다. 국가는 경제개발구의 창설과 관련하여 대내외적으로 제기되는 문제들을 중앙 특수경제지대 지도기관에 집중시켜 처리하도록 한다.

제5조 (투자가에 대한 특혜)

다른 나라의 법인, 개인과 경제조직, 해외동포는 경제개발구에 투자할 수 있으며 기업, 지사, 사무소 같은 것을 설립하고 경제활동을 자유롭게 할 수 있다. 국가는 투자가에게 토지리용, 로력채용, 세금납부 같은 분야에서 특혜적인 경제활동 조건을 보장하도록 한다.

제6조 (투자장려 및 금지, 제한부문)

국가는 경제개발구에서 하부구조건설부문과 첨단과학기술부문, 국제시장에서 경쟁력이 높은 상품을 생산하는 부문의 투자를 특별히 장려한다. 나라의 안전과 주민들의 건강, 건전한 사회도덕생활, 환경보호에 저해를 주거나 경제 기술적으로 뒤떨어진 대상의 투자와 경제활동은 금지 또는 제한한다.

제7조 (투자가의 권리와 리익보호)

경제개발구에서 투자가에게 부여된 권리, 투자재산과 합법적인 소득은 법적보호를 받는다. 국가는 투자가의 재산을 국유화하거나 거두어들이지 않으며 사회공공의 리익과 관련하여 부득이하게 투자가의 재산을 거두어 들이거나 일시 리용하려 할 경우에는 사전에 통지하며 그 가치를 제때에 충분히 보상하도록 한다.

제8조 (신변안전의 보장)

경제개발구에서 개인의 신변안전은 조선민주주의인민공화국의 법에 따라 보호된다. 법에 근거하지 않고는 구속, 체포하지 않으며 거주장소를 수색하지 않는다. 신변안전과 관련하여 우리 나라와 해당 나라사이에 체결된 조약이 있을 경우에는 그에 따른다.

제9조 (적용법규)

경제개발구의 개발과 관리, 기업운영같은 경제활동에는 이 법과 이 법에 따르는 시행규정, 세칙을 적용한다.

제2장 경제개발구의 창설

제10조 (경제개발구의 창설근거)

경제개발구의 창설은 국가의 경제발전전략에 따라 한다.

제11조 (경제개발구의 지역선정원칙)

경제개발구의 지역선정원칙은 다음과 같다.
1. 대외경제협력과 교류에 유리한 지역
2. 나라의 경제 및 과학기술발전에 이바지할수 있는 지역

3. 주민지역과 일정하게 떨어진 지역
4. 국가가 정한 보호구역을 침해하지 않는 지역

제12조 (경제개발구와 관련하여 제기된 문제의 처리)

기관, 기업소, 단체는 다른 나라 투자가로부터 경제개발구의 창설, 개발과 관련한 문제를 제기받았을 경우 중앙특수경제지대 지도기관에 제기된 내용을 문건으로 넘겨주어야 한다. 중앙특수경제지대 지도기관은 제기받은 문건을 구체적으로 검토, 확인하고 처리하여야 한다.

제13조 (해당 나라 정부의 승인과 그 정형통지)

다른 나라 투자가는 경제개발구에 투자하려 할 경우 자기 나라 정부의 사전승인을 받으며 그 정형을 우리 나라 해당 기관에 문건으로 통지하여야 한다.
자기 나라의 법에 따라 정부승인을 받을 필요가 없을 경우에는 승인통지를 하지 않는다.

제14조 (지방급경제개발구의 창설신청문건제출)

지방급경제개발구의 창설 신청문건은 해당 도(직할시) 인민위원회가 중앙 특수경제지대 지도기관에 낸다. 이 경우 도(직할시)안의 해당 기관들과 합의한 문건을 함께 낸다.

제15조 (중앙급경제개발구의 창설신청문건 제출)

중앙급경제개발구의 창설신청문건은 정해진 절차에 따라 해당 기관이 작성하여 중앙특수경제지대 지도기관에 낸다. 이 경우 해당 기관들과 합의한 문건을 함께 낸다.

제16조 (련관기관들과의 합의)

중앙특수경제지대지도기관은 경제개발구의 창설심의문건을 비상설국가심의 위원회에 제기하기전에 련관중앙기관들과 충분히 합의하여야 한다.

제17조 (경제개발구의 창설승인)

경제개발구의 창설승인은 비상설 국가심의위원회가 한다. 중앙특수경제지대 지도기관은 창설심의문건을 비상설 국가심의위원회에 제기할 경우 련관 중앙기관들과 합의한 문건을 함께 제출하여야 한다.

제18조 (경제개발구의 창설공포)

경제개발구를 내오는 국가의 결정을 공포하는 사업은 최고인민회의 상임위원회가 한다.

제3장 경제개발구의 개발

제19조 (경제개발구의 개발원칙)

경제개발구의 개발원칙은 다음과 같다.
1. 계획에 따라 단계별로 개발하는 원칙
2. 투자유치를 다각화하는 원칙
3. 경제개발구와 그 주변의 자연생태환경을 보호하는 원칙
4. 토지와 자원을 합리적으로 리용하는 원칙
5. 생산과 봉사의 국제경쟁력을 높이는 원칙
6. 경제활동의 편의와 사회공공의 리익을 다같이 보장하는 원칙
7. 해당 경제개발구의 지속적이고 균형적인 발전을 보장하는 원칙

제20조 (개발당사자)

다른 나라 투자가는 승인을 받아 경제개발구를 단독 또는 공동으로 개발할 수 있다. 우리 나라의 기관, 기업소도 승인을 받아 경제개발구를 개발할 수 있다.

제21조 (개발기업에 대한 승인)

개발기업에 대한 승인은 중앙특수경제지대지도기관이 한다. 중앙특수경제지대 지도기관은 개발기업을 등록하고 개발사업권 승인증서를 발급하여야 한다.

제22조 (개발계획의 작성과 승인)

경제개발구의 개발총계획과 세부계획은 지역국토건설총계획에 기초하여 해당 기관 또는 개발기업이 작성한다. 개발총계획의 승인은 내각이 하며 세부계획의 승인은 중앙특수경제지대지도 기관이 한다. 개발계획의 변경승인은 해당 계획을 승인한 기관이 한다.

제23조 (개발방식)

경제개발구의 개발방식은 해당 경제개발구의 특성과 개발조건에 맞으며 나라의 경제발전에 이바지할수 있는 합리적인 방식으로 정할수 있다.

제24조 (토지임대차계약)

개발기업은 토지를 임대하려는 경우 해당 국토관리기관과 토지임대차계약을 맺어야 한다. 토지임대차계약에서는 임대기간, 면적과 구획, 용도, 임대료의 지불기간과 지불방법, 그밖의 필요한 사항을 정한다. 해당 국토관리기관은 토지임대차계약에 따라 토지임대료를 지불한 기업에 토지리용증을 발급하여야 한다.

제25조 (토지임대기간 및 임대기간연장)

경제개발구의 토지임대기간은 최고 50년까지로 하며 토지임대기간은 해당 기업에 토지리용증을 발급한 날부터 계산한다. 토지임대기간이 끝난 기업은 필요에 따라 계약을 다시 맺고 임대받았던 토지를 계속 리용할수 있다.

제26조 (토지리용권의 출자)

기관, 기업소, 단체는 다른 나라 투자가와 함께 개발기업을 설립하는 경우 정해진데 따라 토지리용권을 출자할 수 있다.

제27조 (건물, 부착물의 철거와 이설비용부담)

경제개발구에서 개발구역안에 있는 건물과 부착물의 철거, 이설과 주민이주에 드는 비용은 개발기업이 부담한다.

제28조 (하부구조 및 공공시설건설)

경제개발구의 하부구조와 공공시설건설은 개발기업이 한다. 개발기업은 정해진데 따라 하부구조, 공공시설건설을 다른 기업을 인입하여 할수 있다.

제29조 (토지리용권과 건물의 매매, 재임대가격)

기업은 토지리용권과 건물소유권을 매매, 재임대, 증여, 상속하거나 저당할수 있다. 개발한 토지의 리용권과 건물의 매매, 재임대가격은 개발기업이 정한다.

제30조 (토지리용권, 건물소유권의 등록)

기업은 토지리용권 또는 건물소유권을 취득하였을 경우 관리기관에 등록하고 해당 증서를 발급받아야 한다. 토지리용권, 건물소유권이 변경되였을 경우에는 변경등록을 하고 해당 증서를 다시 발급받아야 한다.

제4장 경제개발구의 관리

제31조 (경제개발구관리기관)

경제개발구의 관리는 중앙특수경제지대 지도기관과 해당 도(직할시) 인민 위원회의 지도방조 밑에 경제개발구관리기관이 한다. 관리기관은 해당 경제개발구의 실정에 맞게 관리위원회, 관리사무소 같은 명칭으로 조직할 수 있다.

제32조 (경제개발구의 관리원칙)

경제개발구의 관리원칙은 다음과 같다.
1. 법규의 엄격한 준수와 집행
2. 기업의 독자성보장
3. 경제활동에 대한 특혜제공
4. 국제관례의 참고

제33조 (중앙특수경제지대지도기관의 사업내용)

중앙특수경제지대지도기관은 다음과 같은 사업을 한다.
1. 경제개발구와 관련한 국가의 발전전략안작성
2. 경제개발구와 관련한 다른 나라 정부들과의 협조 및 투자유치
3. 경제개발구와 관련한 위원회, 성, 중앙기관들과의 사업련계
4. 관리기관의 사업방조
5. 경제개발구기업창설심의기준의 검토승인
6. 경제개발구의 세무관리
7. 이밖에 국가가 위임한 사업

제34조 (도(직할시)인민위원회의 사업내용)

도(직할시)인민위원회는 자기 소속의 경제개발구와 관련하여 다음과 같은 사업을 한다.
1. 관리기관의 조직
2. 경제개발구법규의 시행세칙같은 경제개발구사업과 관련한 국가관리 문건의 작성 및 시달
3. 관리기관의 사업방조
4. 경제개발구의 관리와 기업에 필요한 로력보장
5. 이밖에 국가가 위임한 사업

제35조 (관리기관의 구성과 책임자)

관리기관은 해당 경제개발구의 실정과 실리에 맞게 필요한 성원들로 구성하며 책임자는 관리위원회 위원장 또는 관리사무소 소장이다. 책임자는 관리기관을 대표하며 관리기관 사업을 주관한다.

제36조 (관리기관의 사업내용)

관리기관은 다음과 같은 사업을 한다.
1. 경제개발구의 개발, 관리에 필요한 준칙작성
2. 투자환경의 조성과 투자유치
3. 기업의 창설승인과 등록, 영업허가

4. 대상건설허가와 준공검사
5. 대상건설설계문건의 보관
6. 토지리용권, 건물소유권의 등록
7. 기업의 경영활동협조
8. 하부구조와 공공시설의 건설, 경영에 대한 감독 및 협조
9. 환경보호와 소방대책
10. 관리기관의 규약작성
11. 이밖에 중앙특수경제지대 지도기관과 도(직할시)인민위원회가 위임하는 사업

제37조 (관리기관의 예산편성과 집행)

관리기관은 자체예산을 편성하고 집행하여야 한다. 이 경우 정해진데 따라 예산편성 및 집행정형과 관련한 문건을 해당 인민위원회 또는 중앙특수경제지대지도기관에 낸다.

제5장 경제개발구에서의 경제활동

제38조 (기업의 창설신청)

경제개발구에 기업을 창설하려는 투자가는 관리기관에 기업창설신청문건을 내야 한다. 관리기관은 기업창설 신청문건을 받은 날부터 10일안으로 기업창설을 승인하거나 부결하며 그 결과를 신청자에게 알려주어야 한다.

제39조 (수속절차의 간소화)

중앙특수경제지대 지도기관과 해당 도(직할시)인민위원회, 관리기관은 기업창설과 관련한 신청, 심의, 승인, 등록같은 수속절차를 간소화하여야 한다.

제40조 (기업등록과 법인자격)

기업창설승인을 받은 기업은 정해진 기일안에 창설등록, 주소등록, 세관등록, 세무등록을 하여야 한다. 기업은 관리기관에 창설등록을 한 날부터 우리 나라 법인으로 된다. 그러나 다른 나라 기업의 지사, 사무소는 우리 나라 법인으로 되지 않는다.

제41조 (로력의 채용)

경제개발구의 기업은 우리 나라 로력을 우선적으로 채용하여야 한다. 이 경우 해당 로동행정기관에 로력채용신청문건을 내고 로력을 보장받아야 한다. 필요에 따라 다른 나라 로력을 채용하려 할 경우에는 관리기관과 합의하여야 한다.

제42조 (종업원 월로임 최저기준의 제정)

경제개발구종업원의 월로임 최저기준은 중앙특수경제지대 지도기관이 정한다. 이 경우 관리기관 또는 해당 도(직할시)인민위원회와 협의한다.

제43조 (상품, 봉사의 가격)

경제개발구에서는 기업들사이에 거래되는 상품가격, 봉사가격, 경제개발 구안의 기업과 개발구밖의 우리 나라 기관, 기업소, 단체사이에 거래되는 상품가격은 국제시장가격에 따라 당사자들이 협의하여 정한다.

제44조 (기업의 회계)

경제개발구에서 기업의 회계계산과 결산은 경제개발구에 적용하는 재정회계 관련법규에 준하여 한다. 재정회계 관련법규에서 정하지 않은 사항은 국제적으로 인정되는 회계 관습에 따른다.

제45조 (기업소득세률)

경제개발구에서 기업소득세률은 결산리윤의 14%로, 장려하는 부문의 기업소득세률은 결산리윤의 10%로 한다.

제46조 (류통화페와 결제화페)

경제개발구에서 류통화페와 결제화페는 조선원 또는 정해진 화페로 한다.

제47조 (외화, 리윤, 재산의 반출입)

경제개발구에서는 외화를 자유롭게 반출입할수 있으며 합법적인 리윤과 기타 소득을 제한없이 경제개발구 밖으로 송금할 수 있다. 경제개발구에 들여왔던 재산과 합법적으로 취득한 재산은 경제개발구밖으로 내갈 수 있다.

제48조 (지적소유권의 보호)

경제개발구에서 지적소유권은 법적보호를 받는다. 지적소유권의 등록, 리용, 보호와 관련한 질서는 해당 법규에 따른다.

제49조 (관광업)

경제개발구에서는 해당 지역의 자연풍치와 환경, 특성에 맞는 관광자원을 개발하여 국제관광을 발전시키도록 한다. 투자가는 정해진데 따라 관광업을 할수 있다.

제50조 (인원, 운수수단의 출입과 물자의 반출입조건보장)

통행검사, 세관, 검역기관과 해당 기관은 경제개발구의 개발과 관리, 투자가의 경제활동에 지장이 없도록 인원, 운수수단의 출입과 물자의 반출입을 보장하여야 한다.

제51조 (유가증권거래)
경제개발구에서 외국인투자기업과 외국인은 정해진데 따라 유가증권을 거래할 수 있다.

제6장 장려 및 특혜

제52조 (토지리용과 관련한 특혜)
경제개발구에서 기업용토지는 실지수요에 따라 먼저 제공되며 토지의 사용분야와 용도에 따라 임대기간, 임대료, 납부방법에서 서로 다른 특혜를 준다. 하부구조 시설과 공공시설, 장려 부문에 투자하는 기업에 대하여서는 토지위치의 선택에서 우선권을 주며 정해진 기간에 해당한 토지사용료를 면제하여 줄수 있다.

제53조 (기업소득세의 감면)
경제개발구에서 10년 이상 운영하는 기업에 대하여서는 기업소득세를 덜어주거나 면제하여 준다. 기업소득세의 감면기간, 감세률과 감면기간의 계산시점은 규정으로 정한다.

제54조 (재투자분에 해당한 소득세반환특혜)
투자가가 리윤을 재투자하여 등록자본을 늘이거나 새로운 기업을 창설하여 5년이상 운영할 경우에는 재투자분에 해당한 기업소득세액의 50%를 돌려준다. 하부구조 건설부문에 재투자할 경우에는 납부한 재투자분에 해당한 기업 소득세액의 전부를 돌려준다.

제55조 (개발기업에 대한 특혜)
경제개발구에서 개발기업은 관광업, 호텔업 같은 대상의 경영권취득에서 우선권을 가진다. 개발기업의 재산과 하부구조시설, 공공시설 운영에는 세금을 부과하지 않는다.

제56조 (특혜관세제도와 관세면제대상)
경제개발구에서는 특혜관세제도를 실시한다. 경제개발구 건설용 물자와 가공무역, 중계무역, 보상무역을 목적으로 들여오는 물자, 기업의 생산 또는 경영용물자와 생산한 수출상품, 투자가가 쓸 생활용품, 그밖에 국가가 정한 물자에는 관세를 부과하지 않는다.

제57조 (물자의 반출입신고제)
경제개발구에서 물자의 반출입은 신고제로 한다. 물자를 반출입하려 할 경우에는 물자반출입신고서를 작성하여 해당 세관에 낸다.

제58조 (통신보장)
경제개발구에서는 우편, 전화, 팍스 같은 통신수단리용에서 편의를 제공한다.

제7장 신소 및 분쟁해결

제59조 (신소와 그 처리)
경제개발구에서 개인 또는 기업은 관리기관, 중앙특수경제지대지도기관, 해당 기관에 신소할 수 있다. 신소를 받은 기관은 30일안에 료해처리하고 그 결과를 신소자에게 알려주어야 한다.

제60조 (조정에 의한 분쟁해결)
경제개발구에서 당사자들은 조정의 방법으로 분쟁을 해결할수 있다. 조정안은 분쟁당사자들의 의사에 기초하여 작성하며 분쟁당사자들이 수표하여야 효력을 가진다.

제61조 (국제중재에 의한 분쟁해결)
분쟁당사자들은 중재합의에 따라 우리 나라 또는 다른 나라 국제중재기관에 중재를 제기하여 분쟁을 해결할 수 있다. 중재절차는 해당 국제중재위원회의 중재규칙에 따른다.

제62조 (재판에 의한 분쟁해결)
분쟁당사자들은 해당 경제개발구를 관할하는 도(직할시)재판소 또는 최고재판소에 소송을 제기하여 분쟁을 해결할수 있다.

부 칙

제1조 (법의 시행일)

이 법은 채택한 날부터 시행한다.

제2조 (적용 제한)

나선경제무역지대와 황금평, 위화도경제지대, 개성공업지구와 금강산국제관광 특구
에는 이 법을 적용하지 않는다.

조선민주주의인민공화국
황금평, 위화도경제지대법

주체100(2011)년 12월 3일 최고인민회의 상임위원회 정령 제2006호로 채택

제1장 경제지대법의 기본

제1조 (경제지대법의 사명)

조선민주주의인민공화국 황금평, 위화도경제지대법은 경제지대의 개발과 관리에서 제도와 질서를 바로세워 대외경제협력과 교류를 확대발전시키는데 이바지한다.

제2조 (경제지대의 지위와 위치)

황금평, 위화도경제지대는 경제 분야에서 특혜정책이 실시되는 조선민주주의 인민공화국의 특수 경제지대이다. 황금평, 위화도 경제지대에는 평안북도의 황금평 지구와 위화도지구가 속한다.

제3조 (경제지대의 개발과 산업구성)

경제지대의 개발은 지구별, 단계별로 한다. 황금평지구는 정보산업, 경공업, 농업, 상업, 관광업을 기본으로 개발하며 위화도지구는 위화도개발계획에 따라 개발한다.

제4조 (투자당사자)

경제지대에는 세계 여러 나라의 법인이나 개인, 경제조직이 투자할수 있다. 우리 나라 령역밖에 거주하고있는 조선동포도 이 법에 따라 경제지대에 투자할 수 있다.

제5조 (경제활동조건의 보장)

투자가는 경제지대에서 회사, 지사, 사무소 같은 것을 설립하고 기업활동을 자유롭게 할 수 있다. 국가는 토지리용, 로력채용, 세금납부, 시장진출 같은 분야에서 투자가에게 특혜적인 경제활동조건을 보장하도록 한다.

제6조 (투자장려 및 금지, 제한부문)

국가는 경제지대에서 하부구조건설부문과 첨단과학기술부문, 국제시장 에서 경쟁력

이 높은 상품을 생산하는 부문의 투자를 특별히 장려한다. 나라의 안전과 주민들의 건강, 건전한 사회도덕 생활, 환경보호에 저해를 주거나 경제 기술적으로 뒤떨어진 대상의 투자와 영업활동은 금지 또는 제한한다.

제7조 (경제지대 관리운영의 담당자, 관리위원회 사업에 대한 관여 금지 원칙)

경제지대의 관리운영은 중앙특수경제지대 지도기관과 평안북도인민 위원회의 지도와 방조 밑에 관리위원회가 맡아한다. 이 법에서 규정한 경우를 제외하고 다른 기관은 관리위원회의 사업에 관여할 수 없다.

제8조 (투자가의 권리와 리익보호)

경제지대에서 투자가의 재산과 합법적인 소득, 그에게 부여된 권리는 법에 따라 보호된다. 국가는 투자가의 재산을 국유화하거나 거두어들이지 않는다. 사회공공의 리익과 관련하여 부득이하게 투자가의 재산을 거두어 들이거나 일시 리용하려 할 경우에는 사전에 그에게 통지하고 해당한 법적절차를 거치며 차별없이 그 가치를 제때에 충분하고 효과있게 보상하여 주도록 한다.

제9조 (신변안전과 인권의 보장, 비법구속과 체포금지)

경제지대에서 공민의 신변안전과 인권은 법에 따라 보호된다. 법에 근거하지 않고는 구속, 체포하지 않으며 거주장소를 수색하지 않는다. 신변안전 및 형사사건과 관련하여 우리 나라와 해당 나라사이에 체결된 조약이 있을 경우에는 그에 따른다.

제10조 (적용법규)

경제지대의 개발과 관리, 기업운영 같은 경제활동에는 이 법과 이 법시행을 위한 규정, 세칙, 준칙을 적용한다. 경제지대의 법규가 우리 나라와 다른 나라사이에 체결된 협정, 량해문, 합의서 같은 조약의 내용과 다를 경우에는 조약을 우선 적용하며 경제지대밖에 적용하는 법규의 내용과 다를 경우에는 경제지대법규를 우선 적용한다.

제2장 경제지대의 개발

제11조 (경제지대의 개발원칙)

경제지대의 개발원칙은 다음과 같다.
1. 경제지대와 그 주변의 자연지리적조건과 자원, 생산요소의 비교우세보장

2. 토지, 자원의 절약과 합리적리용
3. 경제지대와 그 주변의 생태환경보호
4. 생산과 봉사의 국제경쟁력제고
5. 무역, 투자 같은 경제활동의 편의보장
6. 사회공공의 리익보장
7. 지속적이고 균형적인 경제발전의 보장

제12조 (경제지대의 개발계획과 그 변경)

경제지대의 개발은 승인된 개발계획에 따라 한다. 개발계획의 변경승인은 해당 개발계획을 승인한 기관이 한다.

제13조 (경제지대의 개발방식)

경제지대에서 황금평지구는 개발기업이 전체 면적의 토지를 임대받아 종합적으로 개발하고 경영하는 방식으로 개발한다. 위화도지구는 개발 당사자들 사이에 합의한 방식으로 개발한다.

제14조 (개발기업에 대한 승인)

개발기업에 대한 승인은 중앙특수경제지대지도기관이 관리위원회를 통하여 개발기업에게 개발사업권승인증서를 발급하는 방법으로 한다. 개발기업의 위임, 개발사업권승인증서의 발급신청은 관리위원회가 한다.

제15조 (토지임대차계약)

개발사업권 승인증서를 받은 개발기업은 국토관리기관과 토지임대차계약을 맺어야 한다. 토지임대차계약에서는 임대기간, 면적과 구획, 용도, 임대료의 지불기간과 지불 방법, 그밖의 필요한 사항을 정한다. 국토관리기관은 토지임대료를 지불한 개발기업에게 토지리용증을 발급하여 준다.

제16조 (토지임대기간)

경제지대에서 토지임대기간은 해당 기업에게 토지리용증을 발급한 날부터 50년까지로 한다. 지대안의 기업은 토지임대기간이 끝난 다음 계약을 다시 맺고 임대 받은 토지를 계속 리용할 수 있다.

제17조 (건물, 부착물의 철거와 이설)

철거, 이설을 맡은 기관, 기업소는 개발공사에 지장이 없도록 개발지역안의 공공건물과 살림집, 부착물 같은 것을 철거, 이설하고 주민을 이주시켜야 한다.

제18조 (개발공사의 착수시점)

개발기업은 개발구역 안의 건물과 부착물의 철거, 이설사업이 끝나는 차제로 개발공사에 착수하여야 한다.

제19조 (하부구조시설 및 공공시설건설)

경제지대의 하부구조 및 공공시설건설은 개발기업이 하며 그에 대한 특별허가경영권을 가진다. 개발기업은 하부구조 및 공공시설을 다른 기업을 인입하여 건설할수 있다.

제20조 (토지리용권과 건물의 양도 및 임대가격)

개발기업은 개발계획과 하부구조건설이 진척되는데 따라 개발한 토지와 건물을 양도, 임대할 권리를 가진다. 이 경우 양도, 임대가격은 개발기업이 정한다.

제21조 (토지리용권, 건물소유권의 변경과 그 등록)

경제지대에서 기업은 유효기간안에 토지리용권과 건물소유권을 매매, 교환, 증여, 상속의 방법으로 양도하거나 임대, 저당할수 있다. 이 경우 토지리용권, 건물소유권의 변경등록을 하고 토지리용증 또는 건물소유권등록증을 다시 발급받아야 한다.

제3장 경제지대의 관리

제22조 (경제지대의 관리원칙)

경제지대의 관리원칙은 다음과 같다.
1. 법규의 엄격한 준수와 집행
2. 관리위원회와 기업의 독자성보장
3. 무역과 투자활동에 대한 특혜제공
4. 경제발전의 객관적법칙과 시장원리의 준수
5. 국제관례의 참고

제23조 (관리위원회의 설립, 지위)

경제지대의 관리운영을 위하여 지대에 관리위원회를 설립한다. 관리위원회는 경제지대의 개발과 관리운영을 맡아하는 현지 관리기관이다.

제24조 (관리위원회의 구성)

관리위원회는 위원장, 부위원장, 서기장과 필요한 성원들로 구성한다. 관리 위원회에는 경제지대의 개발과 관리에 필요한 부서를 둔다.

제25조 (관리위원회의 책임자)

관리위원회의 책임자는 위원장이다. 위원장은 관리위원회를 대표하며 관리위원회의 사업을 주관한다.

제26조 (관리위원회의 사업내용)

관리위원회는 다음과 같은 사업을 한다.
1. 경제지대의 개발과 관리에 필요한 준칙 작성
2. 투자환경의 조성과 투자유치
3. 기업의 창설승인과 등록, 영업허가
4. 투자장려, 제한, 금지목록의 공포
5. 대상건설허가와 준공검사
6. 대상건설설계문건의 보관
7. 경제지대의 독자적인 재정관리체계수립
8. 토지리용권, 건물소유권의 등록
9. 위임받은 재산의 관리
10. 기업의 경영활동협조
11. 하부구조 및 공공시설의 건설, 경영에 대한 감독 및 협조
12. 경제지대의 환경보호와 소방대책
13. 인원, 운수수단의 출입과 물자의 반출입에 대한 협조
14. 관리위원회의 규약 작성
15. 이밖에 경제지대의 개발, 관리와 관련하여 중앙특수경제지대지도 기관과 평안 북 도인민위원회가 위임하는 사업

제27조 (기업책임자회의의 소집)

관리위원회는 기업의 대표들이 참가하는 기업책임자회의를 소집할수 있다. 기업책임 자회의에서는 경제지대의 개발과 관리, 기업운영과 관련하여 제기되는 중요문제를 토의한다.

제28조 (예산의 편성과 집행)

관리위원회는 예산을 편성하고 집행한다. 이 경우 예산편성 및 집행정형과 관련한 문 건을 중앙특수경제지대 지도기관과 평안북도인민 위원회에 내야 한다.

제29조 (평안북도인민위원회의 사업내용)

평안북도인민위원회는 경제지대와 관련하여 다음과 같은 사업을 한다.
1. 경제지대법과 규정의 시행세칙작성

2. 경제지대개발과 관리, 기업운영에 필요한 로력보장
3. 이밖에 경제지대의 개발, 관리와 관련하여 중앙특수경제지대지도 기관이 위임한
   사업

제30조 (중앙특수경제지대지도기관의 사업내용)
중앙특수경제지대 지도기관은 다음과 같은 사업을 한다.
1. 경제지대의 발전전략 작성
2. 경제지대의 개발, 건설과 관련한 국내기관들과의 사업 련계
3. 다른 나라 정부들과의 협조 및 련계
4. 기업창설심의기준의 승인
5. 경제지대에 투자할 국내기업의 선정
6. 경제지대생산품의 지대밖 국내판매 협조

제31조 (사업계획과 통계자료의 제출)
관리위원회는 해마다 사업계획과 경제지대의 통계자료를 중앙특수경제지대 지도 기
관과 평안북도인민위원회에 내야 한다.

제4장 기업의 창설 및 등록, 운영

제32조 (기업의 창설신청)
경제지대에 기업을 창설하려는 투자가는 관리위원회에 기업창설신청 문건을 내야 한
다. 관리위원회는 기업창설 신청문건을 받은 날부터 10일안으로 승인 하거나 부결하
고 그 결과를 신청자에게 알려주어야 한다.

제33조 (기업의 등록, 법인자격)
기업창설승인을 받은 기업은 정해진 기일안에 기업등록, 세관등록, 세무등록을 하여
야 한다. 관리위원회에 등록된 기업은 우리 나라 법인으로 된다.

제34조 (기업의 권리)
경제지대에서 기업은 규약에 따라 경영 및 관리질서와 생산계획, 판매계획, 재정계획
을 세울 권리, 로력채용, 로임기준과 지불형식, 생산물의 가격, 리윤의 분배방안을 독
자적으로 결정할 권리를 가진다. 기업의 경영활동에 대한 비법적인 간섭은 할수 없으
며 법규에 정해지지 않은 비용을 징수하거나 의무를 지울 수 없다.

제35조 (기업의 업종과 그 변경승인)

기업은 승인받은 업종범위 안에서 경영활동을 하여야 한다. 업종을 늘이거나 변경하려 할 경우에는 관리위원회의 승인을 받아야 한다.

제36조 (로력의 채용)

기업은 우리 나라의 로력을 우선적으로 채용하여야 한다. 필요에 따라 다른 나라 로력을 채용하려 할 경우에는 관리위원회에 통지하여야 한다.

제37조 (월로임최저기준)

경제지대의 기업에서 일하는 종업원의 월로임 최저기준은 평안북도 인민 위원회가 관리위원회와 협의하여 정한다.

제38조 (지대밖의 우리 나라 기업과의 거래)

기업은 계약을 맺고 경제지대 밖의 우리 나라 령역에서 경영활동에 필요한 원료, 자재, 물자를 구입하거나 생산한 제품을 판매할 수 있다. 우리 나라 기관, 기업소, 단체에 원료, 자재, 부분품의 가공을 위탁할 수도 있다.

제39조 (상품, 봉사의 가격)

경제지대에서 기업들 사이에 거래되는 상품과 봉사가격, 경제지대안의 기업과 지대밖의 우리 나라 기관, 기업소, 단체사이에 거래되는 상품의 가격은 국제시장가격에 준하여 당사자들이 협의하여 정한다. 식량, 기초식품 같은 중요 대중필수품의 가격과 공공봉사료금은 평안북도인민위원회가 정한다. 이 경우 기업에 생긴 손해에 대한 재정적 보상을 한다.

제40조 (기업의 돈자리)

기업은 경제지대에 설립된 우리 나라 은행이나 외국투자은행에 돈자리를 두어야 한다. 우리 나라 령역 밖의 다른 나라 은행에 돈자리를 두려 할 경우에는 관리위원회의 승인을 받아야 한다. 경제지대에 은행 또는 은행지점을 설립하는 절차는 규정으로 정한다.

제41조 (보험가입과 보험기구의 설립)

경제지대에서 기업과 개인은 우리 나라 령역 안에 있는 보험회사의 보험에 들며 의무보험은 정해진 보험회사의 보험에 들어야 한다. 경제지대에서 투자가는 보험회사를, 다른 나라의 보험회사는 지사, 사무소를 설립 운영할 수 있다.

제42조 (기업의 회계)

경제지대에서는 기업의 회계계산과 결산을 국제적으로 통용되는 회계기준을 적용하여 하도록 한다.

제43조 (기업의 세금납부의무와 기업소득세률)
경제지대에서 기업은 정해진 세금을 납부하여야 한다. 기업소득세률은 결산리윤의
14%로, 특별히 장려하는 부문의 기업소득 세률은 결산리윤의 10%로 한다.

제44조 (지사, 사무소의 설치 및 등록)
경제지대에 지사, 사무소 같은 것을 설치하려 할 경우에는 관리 위원회의 승인을 받
고 등록을 하여야 한다. 지사, 사무소는 관리위원회에 등록한 날부터 정해진 기일안
에 세무 등록, 세관등록을 하여야 한다.

제5장 경제활동 조건의 보장

제45조 (심의, 승인절차의 간소화)
경제지대에서는 통일적이며 집중적인 처리방법으로 경제활동과 관련한 각종 심의,
승인절차를 간소화하도록 한다.

제46조 (류통화폐와 결제화폐)
경제지대에서는 정해진 화폐를 류통시킨다. 류통화폐와 결제화폐는 조선원 또는 정
해진 화폐로 한다. 경제지대에서 외화교환, 환률과 관련한 절차는 규정으로 정한다.

제47조 (외화, 리윤, 재산의 반출입)
경제지대에서는 외화를 자유롭게 반출입할 수 있으며 합법적인 리윤과 기타 소득을
제한없이 경제지대 밖으로 송금할 수 있다. 투자가는 경제지대에 들여왔던 재산과 지
대에서 합법적으로 취득한 재산을 제한없이 경제지대 밖으로 내갈 수 있다.

제48조 (지적재산권의 보호)
경제지대에서 지적재산권은 법적보호를 받는다. 관리위원회는 경제지대에서 지적재
산권의 등록, 리용, 보호와 관련한 사업체계를 세워야 한다.

제49조 (원산지관리)
경제지대에서 원산지관리사업은 원산지관리기관이 한다. 원산지관리기관은 상품의
원산지 관리사업을 경제지대법규와 국제관례에 맞게 하여야 한다.

제50조 (특별허가경영권)

경제지대에서는 하부구조시설과 공공시설에 대하여 특별허가대상으로 경영하게 할 수 있다. 특별허가경영권을 가진 기업이 그것을 다른 기업에게 양도하거나 나누어 주려 할 경우에는 계약을 맺고 관리위원회의 승인을 받아야 한다.

제51조 (경제지대상품의 구입)

경제지대 밖의 우리 나라 기관, 기업소, 단체는 계약을 맺고 경제지대의 기업이 생산하였거나 판매하는 상품을 구입할 수 있다.

제52조 (계약의 중시와 리행)

기업은 계약을 중시하고 신용을 지키며 계약을 성실하게 리행하여야 한다. 당사자들은 계약의 체결과 리행에서 평등과 호혜의 원칙을 준수하여야 한다.

제53조 (경영과 관련한 봉사)

경제지대에서는 규정에 따라 은행, 보험, 회계, 법률, 계량 같은 경영과 관련한 봉사를 할 수 있다.

제54조 (광고사업과 야외광고물의 설치승인)

경제지대에서는 규정에 따라 광고업과 광고를 할 수 있다. 야외에 광고물을 설치하려 할 경우에는 관리위원회의 승인을 받는다.

제55조 (건설기준과 기술규범)

경제지대에서의 건설설계와 시공에는 선진적인 다른 나라의 설계기준, 시공 기술기준, 기술규범을 적용할 수 있다.

제56조 (관광업)

경제지대에서는 자연풍치, 민속문화 같은 관광자원을 개발하여 국제관광을 발전시키도록 한다. 투자가는 규정에 따라 경제지대에서 관광업을 할수 있다.

제57조 (통신수단의 리용)

경제지대에서는 우편, 전화, 팍스 같은 통신수단을 자유롭게 리용할 수 있다.

제58조 (인원, 운수수단의 출입과 물자의 반출입조건보장)

통행검사, 세관, 검역기관과 해당 기관은 경제지대의 개발, 기업활동에 지장이 없도록 인원, 운수수단의 출입과 물자의 반출입을 신속하고 편리하게 보장하여야 한다.

제59조 (유가증권거래)

외국인투자기업과 외국인은 규정에 따라 경제지대에서 유가증권을 거래할 수 있다.

제6장 장려 및 특혜

제60조 (투자방식)

투자가는 경제지대에 직접투자나 간접투자 같은 여러가지 방식으로 투자할수 있다.

제61조 (수출입의 장려)

기업은 경제지대안이나 지대밖의 기업과 계약을 맺고 상품거래, 기술무역, 봉사무역을 할수 있으며 수출입대리업무도 할수 있다.

제62조 (기업소득세의 감면)

경제지대에서 10년 이상 운영하는 정해진 기업에 대하여서는 기업 소득세를 면제하거나 감면하여 준다. 기업소득세를 면제 또는 감면하는 기간, 감세률과 감면기간의 계산시점은 해당 규정에서 정한다.

제63조 (토지리용과 관련한 특혜)

경제지대에서 기업용토지는 실지수요에 따라 먼저 제공되며 토지의 사용분야와 용도에 따라 임대기간, 임대료, 납부방법에서 서로 다른 특혜를 준다. 하부구조시설과 공공시설, 특별장려부문에 투자하는 기업에 대하여서는 토지위치의 선택에서 우선권을 주며 정해진 기간에 해당한 토지사용료를 면제하여줄수 있다.

제64조 (재투자분에 해당한 소득세반환)

경제지대에서 리윤을 재투자하여 등록자본을 늘이거나 새로운 기업을 창설하여 5년 이상 운영할 경우에는 재투자분에 해당한 기업소득세액의 50%를 돌려준다. 하부구조 건설부문에 재투자할 경우에는 납부한 재투자분에 해당한 기업 소득세액의 전부를 돌려준다.

제65조 (개발기업에 대한 특혜)

개발기업은 관광업, 호텔업 같은 대상의 경영권취득에서 우선권을 가진다. 개발기업의 재산과 하부구조시설, 공공시설운영에는 세금을 부과하지 않는다.

제66조 (특별허가대상경영자에 대한 특혜)

관리위원회는 특별허가대상의 경영자에게 특혜를 주어 그가 합리적인 리윤을 얻도록 한다.

제67조 (경제지대의 출입)

경제지대로 출입하는 외국인과 운수수단은 려권 또는 그를 대신하는 출입증명서를 가지고 지정된 통로로 사증없이 출입할 수 있다. 우리 나라의 다른 지역에서 경제지대로 출입하는 질서, 경제지대에서 우리 나라의 다른 지역으로 출입하는 질서는 따로 정한다.

제68조 (특혜관세제도와 관세면제)

경제지대에서는 특혜관세제도를 실시한다. 가공무역, 중계무역, 보상무역을 목적으로 경제지대에 들여오는 물자, 기업의 생산과 경영에 필요한 물자와 생산한 수출상품, 투자가에게 필요한 사무용품과 생활용품, 경제지대건설에 필요한 물자, 그밖에 정해진 물자에는 관세를 부과하지 않는다.

제69조 (물자의 반출입신고제)

경제지대에서 물자의 반출입은 신고제로 한다. 물자를 반출입하려는 기업 또는 개인은 반출입신고서를 정확히 작성하여 반출입지점의 세관에 내야 한다.

제70조 (교육, 문화, 의료, 체육 등의 편리제공)

경제지대에서는 거주자, 체류자에게 교육, 문화, 의료, 체육 같은 분야의 편리를 보장한다.

제7장 신소 및 분쟁해결

제71조 (신소와 그 처리)

기업 또는 개인은 관리위원회, 평안북도인민위원회, 중앙특수경제지대 지도기관과 해당 기관에 신소할 수 있다. 신소를 받은 기관은 30일 안에 료해처리하고 그 결과를 신소자에게 알려주어야 한다.

제72조 (조정에 의한 분쟁해결)

관리위원회 또는 해당 기관은 분쟁당사자들의 요구에 따라 분쟁을 조정할 수 있다.

이 경우 분쟁당사자들의 의사에 기초하여 조정안을 작성하여야 한다. 조정안은 분쟁당사자들이 수표하여야 효력을 가진다.

제73조 (중재에 의한 분쟁해결)
분쟁당사자들은 합의에 따라 경제지대에 설립된 우리 나라 또는 다른 나라 국제중재기관에 중재를 제기할 수 있다. 중재는 해당 국제중재위원회의 중재규칙에 따른다.

제74조 (재판에 의한 분쟁해결)
분쟁당사자들은 경제지대의 관할재판소 또는 경제지대에 설치된 재판소에 소송을 제기할 수 있다. 경제지대에서의 행정소송절차는 따로 정한다.

부 칙

제1조 (법의 시행일)
이 법은 공포한 날부터 시행한다.

제2조 (법의 해석권)
이 법의 해석은 최고인민회의 상임위원회가 한다.

중국 인민은행의
황금평 · 위화도 관련 연구보고서

以自由贸易区为模式的中朝经济合作研究

袁 迪 （中国人民银行丹东市中心支行）

在全球化、区域一体化加速推进和我国沿边地区对外开放步伐不断加快的新形势下，素有中国最大边境城市之称的丹东与其毗邻的朝鲜共同开发的自由贸易区也已进入如火如荼的开工建设阶段。如何发挥毗邻朝鲜的地缘优势，通过建立跨境经济合作区的合作模式，将中朝沿边经济连为一体，从更广泛的领域参与东北亚次区域合作，已成为国家"五点一线"沿海经济带建设的一项重要而迫切的课题。近期，人民银行丹东市中心支行组成调查组，通过实地走访多家中朝商社、边贸公司及政府机构，从多视角对中朝合作开发自由贸易区的投资、开发、建设等问题进行深入剖析，并提出相关建议。

一、中朝跨境自由贸易区的产生

进入21世纪后，中国仍然是朝鲜的最大贸易国之一，辽宁省的丹东市对朝贸易进出口总额每年都以25%左右的速度递增，已经初步形成了我国最大的对朝贸易商品集散地和对朝贸易物流中心。经过多年的建设，丹东边境经济合作区、出口加工区、中朝互市贸易区，基础设施不断完善，提升为跨境经济合作区的条件已经完全成熟，并且在2010年底有了更深入、实质性的进展。2010年12月，朝鲜的合营投资委员会和中国商务部在北京缔结《合作发展黄金坪的谅解备忘录（MOU）》，明确向中方租借黄金坪50年，可延长50年，并转让开发权。2011年6月7日，朝鲜最高人民会议举行了常任委员会会议，正式批准了中朝两国合作开发"黄金坪和威化岛经济区计划"，并决定首先从黄金坪地区开始推行开发计划，该项开发计划是朝鲜打开国门的一项重要行动。6月7日至9日，中国商务部部长陈德铭和朝鲜劳动党中央行政部长张成泽召开黄金坪、威化岛经济区开发合作联合指导委员会第二次会议。双方明确了"政府引导、企业为主、市场运作、互利共赢"的开发合作原则。双方商定、将共同努力，充分利用、发挥各自优势，努力将黄金坪、威化岛经济区建设成为中朝经贸合作示范区与世界各国开展经贸合作的平台。黄金坪经济区将由香港新恒基国际集团等民营企业操作，如果发生损失，其中的80%由中国政府来承担，投资上限也进行了大幅调整。黄金坪经济区开工仪式已于6月8日举行，中朝两国高层官员出席了开工仪式。

二、中朝合作开发国际经济自贸区的现实基础

（一）中朝边境贸易快速发展。鸭绿江是丹东深化对外开放的根本优势所在，特殊的地理位置使丹东成为朝鲜对外贸易理想的转口地。到2010年底，丹东市实有各类外贸公司、边贸公司自营权生产企业1000多家，其中对朝边境小额贸易企业500多家，近10万人依靠着吃"边贸饭"生存。目前朝鲜与中国的边境贸易已不再是以物易物的交换方式了，也不仅限于海产品，贸易金额逐年稳步增长，丹东对外贸易中，对朝贸易占40%。2010年，丹东市对朝贸易进出口总额完成10亿美元，约占全国对朝进出口总额的60%以上，成为中国对朝贸易的重要边境口岸。其中，对朝出口贸易额为23亿美元，与上一年相比增长21%。2010年朝鲜对中国出口额高达12亿美元，与上一年相比激增51%。这主要缘于中国对铁矿石、煤炭和金属铜的旺盛需求。2010年中国从朝鲜进口煤炭同比增加54%，将近4亿美元，铁矿石进口翻了一番，将近2亿美元。而朝鲜从中国进口的商品主要是粮食和成品油，用于缓解国内物资匮乏状况。朝鲜去年从中国进口原油价值3.25亿美元，比2009年增加了37%，其它主要进口产品是汽车、面粉、稻米和手机。在未来的几年内，双方的贸易额和产品种类都会扩大。

（二）朝鲜政府对建立自由贸易区愿望迫切。朝鲜前年举行第二次核试验之后，联合国对其实施了制裁。但之后的一系列事件，促使国际社会提高了对朝鲜的制裁力度，韩国也终止了对朝鲜的经济援助，韩朝、朝日、朝美关系日趋紧张。并且，朝鲜与韩国开发的开城工业园、金刚山旅游项目停滞给本不富裕的朝鲜经济带来较大压力，这些都进一步增加了朝鲜因欠收而面临的粮食供给困难。可以看出，发展经济、提高人们生活水平，是当前朝鲜最为迫切的任务。今年以来，朝鲜明显加大了对外招商引资的宣传力度。朝中社多次通过采访朝鲜相关人士，介绍朝鲜对外招商引资政策、优惠关税制度、保障投资权益和良好投资环境等。2010年5月金正日访问中国时，就曾提到将威化岛上的50平方公里区域指定为自由贸易区，允许包括中国在内的外国人无签证自由出入。并且，朝鲜政府一直希望建立一个实验田性质的开发区为以后的经济改革打下理论和实践基础。显然，朝鲜将鸭绿江上的威化岛和黄金坪岛租赁给中国，并认为把这个试验台建立在中朝边界是非常合适的。

（三）威化岛和黄金坪岛的地理位置得天独厚。威化岛和黄金坪岛地理位置优越，是中朝贸易的中心地区。威化岛是鸭绿江中最大的岛屿，它位于朝鲜平安北道首府所在地新义州的东北方，面积为30.48平方公里。黄金坪岛位于正在建设中的丹东新城对面，该岛已不是一座真正意义上的岛屿，因原本可以行船的河汊慢慢淤积，它的一部分土地已与中国丹东浪头镇通过陆地相接，边境线上的朝方铁丝网就架设在丹东新区公路一侧，面积11.45平方公里，是鸭绿江中的第二大岛，土地肥沃，是朝鲜新义州地区的代表性粮仓地带。

三、建立黄金坪及威化岛自由贸易区优势

（一）目前黄金坪及威化岛上有少量居民，没有水、电、气，通信等基础设施，地域条件特殊。由于黄金坪与丹东市直接相连，电、水、气、通讯完全可以借助丹东市目前的现有条件，直接开发成本低，供应有保障。

（二）中朝经济贸易合作区可尽享"三国一地"的优惠条件。充分利用好这片自由贸易洼地，灵活使用中、朝、韩三国的优惠政策和优越条件，将极大吸引外来投资。根据韩国法律，持朝鲜产地证的出口产品一律免征进口关税。朝鲜对自由贸易区也有相关的免税政策，朝鲜对在罗津先锋经济贸易地区内的外国投资企业就执行了多项优惠政策，如国家（朝鲜）制定的品目之外的进出口物资免收关税；从生产部门产生利润之年起三年免征所得税，此后两年减免50%范围的所得税，所得税为结算利润的14%等等。另外，朝鲜政府将提供立法保护合作区内投资者的私人财产不容侵犯的法律保证。

（三）待条件成熟后，在自贸区内可以充分利用朝方廉价充沛的电力来解决"电荒"问题。鸭绿江流域的太平湾、丰满等电站皆由中朝双方共建共管，因朝鲜轻重工业不发达，电能使用率极低，电价低廉且充沛，足以满足两岛工业用电，有助于区内入驻企业降低生产成本、节能减排、摆脱长期困扰企业发展的电荒难题。

（四）廉价高效的劳动力将大大降低生产成本，解决企业"用工荒"。朝鲜拥有大量技术比较成熟、文化水平较高但工资水平却相当低的工人，这也是美日韩以及新加坡、香港、台湾企业关注朝鲜的重要原因。朝鲜政府规定，外资或合资企业除为朝鲜员工交纳社会保险以外，企业员工劳动报酬为500元/月。据了解，丹东近年来企业员工工资大幅增长，前阳地区的新龙泰、飞马特、菊花等服装加工企业工人的工资逐年提升。新龙泰制衣有限公司一名熟练工基本月工资2200元，加上计件工资，最高能挣到3000多元，员工的福利待遇也明显改善。即便如此，企业仍面临"用工荒"，劳动力存在大量缺口。而建立中朝合作自由贸易区，入驻企业可以利用朝鲜廉价劳动力来减低企业的产品成本，再以较高的价格在国际市场销售，有利于极大提高产品的竞争力。

（五）利用朝鲜丰富的矿产资源化解企业"资源荒"瓶颈。朝鲜素来享有"有用矿物标本室"的称誉，具有经济开发价值的矿产蕴藏区约占国土面积的80%，已探明矿物有300多种，其中有经济开发价值的矿物达200多种。最主要矿产资源有金、银、铜、钨、钼、铅、铝、镁、锌、铁矿、石灰石、云母、石棉、重晶石、萤石、石墨和菱镁矿以及煤炭等，且多种矿产资源储量居世界前列。利用朝鲜丰富的矿产资源，可以弥补我国日益紧缺的工业原料，可以将自贸区建设成资源加工基地和转口地，为传统的资源型企业和贸易公司跨越式发展带来良好的利润回报。

（六）鸭绿江公路大桥开辟中朝贸易通道。随着新鸭绿江公路大桥建成后，可以使自贸区集装箱车辆通过公路直达大东港转口，使丹东成为环朝鲜半岛、辐射日本和东南亚的交通

枢纽。随着中朝、中韩、中日之间贸易交流不断增加,自贸区将成为东北加工贸易、仓储物流的基地。

无论从政治角度还是经济角度来看,建立黄金坪岛和威化岛跨境自贸易区都具有重要的战略意义。通过先民间后政府,先特色后规模的形式对自贸区进行经营和运作,将可形成连接辽宁沿海经济带和鸭绿江流域的中朝经济合作带,意味着以往中朝两国较为简单的初级边境贸易往来方式,向令人期待的"进口朝鲜原材料,出口中国工业成品"的中朝模式转变;也意味着由以往总是中国单方面援助朝鲜,向双方互惠方面变化。通过开展形式多样、富有成效的跨境经济合作,促进两国间人员、商品、资本、生产要素的自由流动和融合,优势互补、互利双赢,能有效提高相关区域比如辽宁省丹东周边的整体竞争力。

四、建立自由贸易区存在的主要问题

(一)政治风险。朝鲜目前和国际社会在一些领域持有不同意见,而这些紧绷的国际事务有可能会影响到区内入驻企业的业务发展。

(二)运营风险。自贸区在招商过程中可能面临不可预知因素或阻力,如企业对朝鲜政局不了解,不敢投资建厂等;中朝两国合作管理初期,因各自国情、法规不同,前期合作管理可能会存在一些需要磨合的问题等等。

(三)自然灾害。鸭绿江虽然自然条件优越,但也难免会出现如 2010 年汛期发生的百年不遇的洪水冲击。因威化岛和黄金坪岛均处于鸭绿江沿岸,一旦出现气候灾害有可能会对自贸区生产建设产生影响。

(四)"汇路"不通,贸易结算问题悬而未决。迄今为止,中朝两国银行仍未建立边贸结算关系,朝鲜境内没有与中方银行直接汇兑的外汇银行,不能直接进行边贸结算业务,所以两国银行之间采用的是间接式现汇结算。一些朝鲜商社通过朝鲜银行在澳门设立的分支机构以及朝鲜光鲜金融会社的办事机构同中国企业进行信用证或单向支付结算,多数情况是通过朝鲜首都平壤的银行与香港的银行间汇款,手续复杂,时间拖得很长,使边贸企业资金流转速度放慢,严重地阻碍了双边贸易的进一步发展。因此,现钞结算在目前的对朝边贸结算活动中占据了主导地位。尽管这种结算方式很快捷,但却与现有政策相抵触。根据中国人民银行规定:"人民币入境每人每次最多可携带 20000 元"。《边境贸易外汇管理办法》第二十一条只对具有人民币汇款证明及资金划转证明的边贸企业办理出口收汇核销作出明确规定,对现钞结算如何核销并无相关说明,因无政策依据,海关不接受企业外币现钞和人民币现钞的入境申报,这既给企业造成损失,又容易导致货币走私,给外汇管理部门及海关对外汇的监管造成风险。

五、相关建议

辟建威化岛、黄金坪跨境自贸区是深化高科技制造业、国际贸易物流、国际金融以及度假旅游的现实需要；是开发利用国外资源和市场、实现可持续发展的必然选择。对这项多元化的系统工程，应瞄准主攻、多措并举，科学有序地予以推进。

（一）建议在自贸区内强化高科技工业园区、国际贸易区、国际金融区以及度假旅游区功能。

1. 强化高科技工业园区主要功能：汇集朝鲜以及中国暨世界高级人才建成亚洲最大 IT 产业园、参与世界外包服务产业，建成"东方硅谷"；建设东北亚地区较为集中的以大规模集成电路、新型显示器件、专用电子设备和材料为主体的电子工业园；引进世界 500 强企业入驻园区，建设其它高科技密集产业；充分利用朝鲜的稀缺矿产资源建立新能源产业园区；利用朝鲜廉价劳动力资源，建设具有市场前景的劳动力密集型和科技密集型轻工业产业园等。

2. 强化国际贸易区主要功能：利用"三国一地"优惠政策以及依托新鸭绿江大桥带来的物流便利，引进世界知名大型跨国公司进驻园区，带动和搞活中国东北和朝鲜半岛、日本、俄罗斯及东南亚国际贸易及物流。

3. 强化国际金融区主要功能：利用自贸区的政治优势和地理优势，以为朝鲜金融服务为目标、引进世界知名银行、保险公司、金融公司、投资公司、证券公司入驻园区，打造中国东北及朝鲜半岛最大的金融中心。

4. 强化度假旅游区主要功能：建设朝鲜民俗村及朝鲜特色饮食保健产业；建设大型朝鲜特色演艺广场产业；建设高尔夫球场等运动场所。

（二）建立合法的银行结算渠道。允许辖内外汇指定银行到自贸区设立外汇金融机构办事处，或允许朝鲜商业银行到丹东市建立金融分支机构，扩大双边经贸结算渠道，以解决中朝双方结算资金汇划问题。

（三）加大对自贸区的财政、税收及信贷的支持力度，尽快落实自贸区内实施的各类优惠政策，营造有利于自贸区发展的内外部环境。

（四）加大中朝合作贸易区的宣传力度，为招商工作打好基础。对朝鲜的积极变化以及贸易区内实施的优惠政策，多数中国客商不甚了解，因而一直疑虑重重、信心不足。这种"跨境"制约已成为障碍开放的重要原因，必须从快加以解决。建议省政府在丹设立东北亚研究所分支机构，经常开展论坛研讨活动，提升对朝合作研究宣传效能，并主动出击和斡旋，定期赴朝举办国际经贸发展论坛，帮助区内企业宣介合作意图，加强交流、增进共识、促进合作。

虽然目前建立中朝跨境自由贸易区还存在着诸多困难和问题需两国共同商榷解决，但可以预见的是，伴随着新鸭绿江大桥及周边朝方岛屿的开放，丹东乃至辽宁省与朝鲜的对外经济贸易交流合作将更为广泛便捷，辽宁省在东北亚经济圈中的战略地位也将因此而提升。

（责任编辑：李景农）（校对：LN）

| 부록 4

북한의 13개 경제개발구 관련 자료

자강도 위원공업개발구
Yuwon IDZ

현대적인 광물자원가공, 목재가공,
기계설비제작업,농토산물가공업을
기본으로 하면서 잠업 및
담수양어과학연구기지를 결합한
공업개발구

Yuwon EDZ has a development
value for mineral resource
processing, timber processing,
local farm products processing,
manufacturing of machine &
equipment including

량강도 혜산경제개발구
Hyesan EDZ

수많은 관광객들의 선망
의 대상, 대자연밀림의 바
다 – 백두산 지구의 국경
도시 혜산경제개발구

Hyesan EDZ – tourist attraction
as it is located in the border
area of Mt. Paektu, a vast sea
of natural forest

황해북도 신평관광개발구
Sinphyong Tourist Resort

험준하고 기묘한 산악미와 깨끗하고 상쾌한 물경치가 어울려 독특한
풍치를 이루는 황해북도 신평관광개발구

함경북도 청진경제개발구
Chongjin EDZ

철광석을 비롯한 풍부한 광
자원과 수산자원, 대규모혹색
야금공업기지를 자랑하는
함경북도 청진경제개발구
Chongjin EDZ in North
Hamgyong Province proud of
having a large deposit of iron ore
and mineral resources, marine
resources and a large non-ferrous
metal industry

함경북도 어랑농업개발구
Orang ADZ

고리형순환생산체계를 도입한
농축산기지와 채종, 육종을
포함한 농업과학연구개발기지를
기본으로 하는 현대적이며
집약화된 농업개발구
There is an modern &
intensive ADZ where makes a
point of doing agricultural
science & research institute
including an agricultural &
livestock products place, seed
gathering & breeding with a
ring-shaped circulation

함경북도 온성섬관광개발구
Onsong Tourist Resort

골프장, 수영장, 경마장,
민족음식점을 비롯한
봉사시설을 갖추어놓고
외국인들에 대한 전문적인
휴식관광봉사를 기본으로
하는 관광개발구
There is a tourist resort
where makes a point of
doing a professional
tourist service for
foreigners in golf place,
swimming pool, race-

황해북도 송림수출가공구
Songrim Export Processing Zone

수출가공업, 창고보관업,
화물운송업을 기본으로
하는 집약형 수출가공구를
건설하는것을 목적으로 하
는 개발구

There is an intensive
method of export
processing zone where
makes a point of doing
the export processing

함경남도 흥남공업개발구
Hungnam IDZ

함경남도 흥남공업개발구

흥남항을 통한 수출가공,
화학제품,건재,기계설비제작
위주의 함경남도 흥남공업개발구

Hungnam IP in South Hamgyong
Province oriented to export
processing via Hungnam Port and
production of building materials and
machinery.

함경남도 북청농업개발구
Pukchong ADZ

과수업과 과일종합가공업,
축산업을 기본으로 하는
고리형 순환생산체계가
확립된 현대적인
농업개발구

There is a modern ADZ where
set a ring-shaped circulation
production system making a
point of doing a fruit-growing,
fruit processing, stockbreeding.

강원도 현동공업개발구
Hyondong IDZ

독특한 민속공예품과 민족적이면서도 현대적인 관광기념품, 가공품 생산으로
원산관광지구의 발전을 안받침하게 될 강원도 현동공업개발구
Hyongdong IP in Kangwon Province will support the development of Wonsan Tourist
Resort with the production of original national handicrafts, national yet modern
souvenirs and processed goods.

남포시 와우도수출가공구
Waudo Export Processing Zone

나라의 가장 큰 무역항을 가지고 있는 오랜 항구도시
남포시에 위치한 와우도수출가공구

인천아시안게임에서 느낀 3가지 단상(斷想)

인천아시안게임 폐막식 당일인 2014년 10월 4일. 최룡해 노동당 비서
와 황병서 인민군 총정치국장, 김양건 통일전선부장 등 최고 실세들이
포함된 북한 인사 11명이 남한을 전격 방문했다. 사상 처음 있는 일이
었다. 평양공항에서 인천공항까지 비행 시간은 채 1시간이 걸리지 않
았다. 이들의 안전한 도착을 위해 남한은 철저한 보안 유지와 더불어
철통같은 경비를 펼쳤다. 그리고 김관진 청와대 국가안보실장과 류길
재 통일부장관, 김규현 국가안보실 제1차장 등이 나와 오찬 회담을 가
진 데 이어 아시안게임 폐막식에서는 정홍원 국무총리가 나와 이들을
맞았다.

  격하게 대립하던 남북 양측은 오래간만에 화기애애한 분위기를 가
졌다. 언제 그랬냐는 듯 서로 악수하고 웃으며 이야기꽃을 피웠다. 대
화의 소재는 역시 아시안게임에서 남북 양측의 우수한 경기였다. 특히
남남북녀(南男北女)를 상징적으로 보여준 축구 경기 대화가 분위기를
이끌어갔다.

  이날 필자는 때마침 YTN의 편집부장으로 당직 근무였다. 출근하자
마자 특보 체제에 돌입해 숨가쁘게 돌아가는 일련의 상황을 지켜보며
필자는 몇 가지 점에서 졸저와 연관돼 있음을 느꼈다. 우선, '후계자 김
정은'의 인도 일정과의 연관성이다. 인천아시안게임에서 북한 축구팀

이 거둔 우수한 성적은 24살 청년 김정은이 인도에서 가진 우연한 인연이 적지 않은 작용을 한 것으로 보인다. 인천아시안게임 축구 경기에서 북한의 여자와 남자 팀이 각각 금메달과 은메달을 획득한 것은 결코 우연이 아니었다.

둘째, 필자가 베이징 특파원 기간 취재했던 김정은 제1비서의 '메달 지시'가 현실화된 점이다. 2012년 김정은 제1비서는 "같은 민족인데 왜 우리는 남쪽처럼 메달을 따지 못 하는가? 우리도 남쪽처럼 메달을 따도록 하라"고 지시하며 당장 인천아시안게임을 언급했다. 그리고 북한 팀은 그 지시를 이행했다. 인천 대회에서 북한은 괄목할 만한 성적을 거두며 7위에 올랐다.

끝으로 '김정은식 스포츠 정치'를 주목할 필요가 있다. 최고 실세 3인방을 남쪽으로 전격 보낸 배경에는 여러 가지 포석이 있었을 것이다. 단, 그것을 가능하게 한 동력은 스포츠였다. 정치도, 경제도 아니었다. 스포츠는 폐쇄 사회, 북한이 외부 세계와 연결할 수 있는 훌륭한 고리 역할을 하고 있다. 스포츠가 있었기에, 그리고 '스포츠광(狂) 김정은'이 있었기에 바로 어제까지 으르렁대던 남북이 손잡고 웃을 수 있었다.

인천아시안게임은 북한이 국제사회와 함께 하도록 이끌 수 있는 힘이 스포츠에 있음을 보여줬다. 북한은 이념을 떠난 스포츠에 매료됐다. 북한을 향해 변화하라고 백번 강요하거나 설교하는 것보다 스포츠를 통한 교류를 확대함으로써 변화를 모색하는 것이 효과적일 수 있음을 보여줬다. 스포츠는 김정은 시대 북한과 소통하는 한 방식이 될 수 있을 것이다.

북한의 변화를 기대하며

2013년 9월 방북한 미국의 전 프로농구 스타 데니스 로드먼(Dennis Rodman)은 김정은 제1비서가 자신의 재방북 문제를 거론하면서 "'정말로 바꾸고 싶다(really actually wants to change things)'는 말을 했다"고 언급했다. 김 제1비서의 당시 발언은 북한의 변화를 언급한 것으로 해석됐다. '김정일의 요리사'로 유명한 후지모토 겐지는 자신의 저서 『북한의 후계자 왜 김정은인가?』에서 스위스 유학 중 방학 기간 잠시 귀국한 17살 김정은과의 대화를 소개했다. 김정은이 했다는 발언 내용은 다음과 같다.

> "우리나라는 아시아의 다른 나라에 비해 공업 기술이 한참 뒤떨어져. 우리나라에서 내세울 것이라곤 지하자원인 우라늄 광석 정도일 거야. 초대소에서도 자주 정전이 되고 전력 부족이 심각해 보여…(중략)…일본이 미국에 졌지. 하지만 멋지게 부활한 거 아냐? 상점에 가 봐도 물품들이 얼마나 넘쳐나던지. 우리나라는 어떨까?…(중략)…우리나라 인구는 2,300만 명인데, 중국은 13억이라는 어마어마한 인구를 가졌는데도 통제가 잘되고 있다는

게 대단한 것 같아. 전력 보급은 어떻게 되고 있는지? 13억 명의 인구를 먹여 살릴 수 있는 농업의 힘도 대단하고, 식량 수출도 성공적이라고 하더군. 여러 가지 면에서 우리가 본보기로 삼지 않으면 안 되겠지?'

필자는 베이징 특파원 기간 동안 '변화를 갈망하는 김정은의 지시'와 관련된 언급을 수차례 들을 수 있었는데, 그 내용은 이런 것들이다.

"사회주의 원칙이 훼손되지 않는다는 조건 아래 경제 발전에 도움이 된다면 모든 지식과 방법 도입에 노력해야 한다."
"말로 하는 충성은 할아버지, 아버지 시대로 끝났다. 말이 아니라 인민경제생활 개선에 실적을 나타내는 것이 충성이다."
"성과를 내지 못 하는 자는 낙오할 것이다." "외국이 우리에게 투자해서 성공을 거두었다고 할 만한 모델을 만들라."

놀라울 정도로 자본주의적 시각을 갖춘 북한 고위층 인사와의 만남에서 필자는 김정은 체제의 북한이 변화할 수 있는 싹을 보았다. 이런 인사가 경제 일선에서 뛴다면, 그리고 그것이 실현된다면 북한의 변화는 매우 긍정적이고 빠르게 진행될 것이라는 희망을 가졌다. 합리적이고 논리적인 사고를 가진 북한 엘리트는 꽤 있었다.

하지만 이러한 여러 긍정적인 요인에도 불구하고 북한은 아직까지 가시적인 외자 유치를 하지 못 하고 있다. 합리적이고 친경제적인 엘리트들은 결국 개인에 그치고 말았다. 이들의 사고방식은 북한 체제 속으로 흡수되지 못한다. 오히려 너무 앞서간다며 짓밟히거나 꺾여버렸다. 일정 지점에서 북한은 늘 도로아미타불이었다. 그 지점은 마치 도저히 넘을 수 없는 한계점과도 같았다. 결국엔 정치가, 사상이, 이념이 '변화의 가능성'을 짓뭉개 버렸다.

북한은 외자유치를 간절히 원하고 있지만 현재와 같은 방식으로는 목적 달성이 불가능하다. 정치가 경제를 좌지우지하는 현실에서 누가 안심하고 투자를 하겠는가? 일정한 돈을 투입했을 때 어떤 이익을 얻을 수 있다는 믿음이 없다면 누가 호주머니를 열겠는가? 이것은 아주 단순한 논리다. 그런데 북한은 국제사회의 신뢰를 얻지 않은 채 외자 유치를 원한다. 경제 개선을 위해 김정은 체제가 해야 할 가장 시급한 것은 투자자들에게 '신뢰를 주는 일'이다. 그 믿음만 준다면 한반도 통일을 대박의 기회로 보는 투자자들이 앞을 다퉈가며 북한으로 달려들 것이다. 오죽하면 투자의 귀재, 짐 로저스는 "북한에 전 재산을 투자하고 싶다"고 했겠는가? 그런 일이 실제로 일어난다면 아마도 21세기 최대의 '사건'이 될 것이다.

이 책은 필자의 첫 책이다. 막연하게 생각만 하다가 직접 책을 내보니 출간의 어려움을 실감하게 됐다. 이름을 밝히기를 꺼리는 여러 취재원들의 도움이 없었다면 이 책은 물론이려니와 필자의 북한 취재 자체가 불가능했을 것이다. 지면을 빌어 '익명의' 그분들께 감사를 전한다. 또 책을 낼지 말지 망설이는 필자를 격려하며 출간을 권유한 여러 북한 전문가 분들께 고마움을 전한다. 정세현 전 통일부 장관과 황재옥 원광대학교 초빙교수는 필자의 졸고에 관심과 격려를 아끼지 않아 필자가 글을 써가는 데 큰 힘이 됐다. 조봉현 IBK 경제연구소 수석연구위원은 필자의 독특한 경험을 반드시 책을 통해 공개할 것을 수차례 권유하며 격려했다. 정성장 세종연구소 수석연구위원은 북한 정치 체계와 파워엘리트에 대한 전문적이고 풍부한 지식으로 문외한인 필자가 북한 권력 체계를 이해하는 데 도움을 줬다. 아울러 동아일보 출판국 최영철, 황일도, 송홍근 기자에게도 각별한 감사를 전한다. 필자가 주간동아와 신동아에 1년여 기고를 진행하는 동안 이들은 방송기자의 '거친 문장'을 부드럽게 다듬어주는 수고를 아끼지 않았다. 또 졸고를 출간하기로 결정을 내려준 윤관백 선인 출판사 대표, 필자에게 '출간'이 어떤 것인지 생생한 가르침을 주며 처음부터 끝까지 원고 교정을 함께한 김명기 편집주간께 감사드린다. 누구보다 고마움을 전해야 할 이들은 필자의 가족이다. 퇴근 뒤 귀가해서도 글쓰기에 전념해야 했던 '불성실한' 아빠이자 남편을 참아주고 이해해준 처와 아이들에게 미안함과 고마움을 함께 전한다.

| 저자 소개

1994년 YTN에 입사. 2015년 3월 현재 YTN의 편집1부장으로 재직하고 있다. 2003년 8월 정몽헌 현대아산 회장의 투신자살을 특종 보도한 데 이어, 2003년과 2004년 '대한적십자사의 부실 혈액 관리' 집중 보도와 2006년 4월 '이명박 시장 황제 테니스 논란' 보도로 '이달의 기자상'을 수상하는 등 다수의 기자상을 수상했다. 2010년 1월부터 3년여 간 중국 베이징 특파원을 역임했다. 특파원 부임 직후인 2010년 4월 '북, 2010년 5~6월 3차 핵실험 가능성'을 보도했다. 이에 대해 한국과 미국 정부는 부정적 반응을 보였지만, 북한은 다음 달 '5월 핵융합 실험'을 발표했고, 이후 세계 곳곳에서 과학자들이 당시 핵실험을 인정하는 논문을 발표했다. 2012년 2월에는 북한이 제·개정한 14개 경제 관련법 전문을 입수 보도한 데 이어 그 해 3월에는 베이징에서 열린 '북·미 3차 고위급 회담'을 취재해 회담이 타결됐음을 특종 보도했다. 또 중국이 첫 수입한 북한 인력을 처음으로 파악해 잠입 취재를 통해 심층 보도하기도 했다. 특파원을 마치고 귀국한 이후에도 2014년 5월 김정일 위원장의 장남, 김정남이 인도네시아 자카르타에 등장한 사실을 특종 보도하는 등 북한 탐사를 이어가고 있다. 아울러 원광대학교 한중관계연구원의 초빙교수로 재임하며 북-중 관계와 관련해 다양한 글을 기고하고 있다. 저자는 다년간의 북한 관련 취재를 통해 남북의 오랜 분단 현실이 극복해야 할 과제임을 절감하며 앞으로도 한반도의 평화적인 통일에 기여하기를 간절히 바라고 있는 저널리스트다.